下册

细说易经

徐芹庭 著

目　录

六十四卦下经 ... 329

咸 ... 330
恒 ... 336
遁 ... 342
大壮 ... 348
晋 ... 355
明夷 ... 362
家人 ... 369
睽 ... 377
蹇 ... 385
解 ... 392
损 ... 398
益 ... 405
夬 ... 412
姤 ... 419
萃 ... 426
升 ... 433

困	439
井	448
革	455
鼎	463
震	470
艮	477
渐	486
归妹	494
丰	501
旅	509
巽	515
兑	521
涣	527
节	534
中孚	541
小过	549
既济	556
未济	563

系辞上译注 ... 571

第一章	572
第二章	575
第三章	577
第四章	578
第五章	579
第六章	582
第七章	583
第八章	583

第九章	587
第十章	593
第十一章	595
第十二章	601

系辞下译注 —— 605

第一章	606
第二章	608
第三章	614
第四章	614
第五章	615
第六章	622
第七章	623
第八章	625
第九章	627
第十章	629
第十一章	630
第十二章	631

六十四卦下经

咸

泽山咸

卦体	下卦艮	上卦兑
卦象	为山	为泽
卦德	为止	为悦

错卦	反卦	下互卦	上互卦	消息卦	附注
山泽损	雷风恒	巽卦	乾卦	五月公卦	咸者感应

《序卦》曰："有天地然后有万物；有万物，然后有男女；有男女，然后有夫妇；有夫妇，然后有父子；有父子，然后有君臣；有君臣，然后有上下；有上下，然后礼义有所错。"天地乃万物之本，夫妇乃人伦之始，所以上经首乾坤，下经首咸恒。咸，感也。天地万物、男女、夫妇、父母子女、君臣上下，皆需相感应，成就修齐治平之业。咸又有"皆"义，"皆相与感应"也。为《易经》第三十一卦，下经第一卦。

咸①：亨，利贞；**取**②女吉。

【音注】①咸：感应。　②取：娶也，"经典多叚（假）取为娶"（段玉裁），即"娶妇也"（《说文》）。男子取女为妻曰娶。娶妻需具备纳采、问名、纳吉、纳征、请期、亲迎、拜祖先，方可行夫妇之事。不依礼、不守正，则凶。

【义译】咸卦，能够感应，可以成功，但必须利于坚守正道。如此去做任何事，皆可以成功。它有娶女成亲吉利的现象。

【象证】咸卦是感应的意思。天地相与感应，则万物化生；贤明的君臣，上下能相感应，则官职立而事功成。父子、夫妇、亲戚、朋友，情意相感应，则和顺而亨通，人伦立矣，万事成矣。相感之道，利在于正也，不以正则入于恶矣。暴戾之君臣上下相应，则天下大乱而国危矣。故必以正道相感乃吉，故感应而亨通得正，则庶事皆吉，况娶妻乎？

咸之为卦，兑上艮下，兑为少女，艮为少男，少女在外、在上，少男在内、在下，以礼待之，故有娶女之象。天下之最易相感者，莫如男女。艮为止，为笃实、诚殷之义；兑为悦。男志笃实谦下，女心悦而相应。男先以诚感，女悦而相应，止而悦焉，故"取（娶）女吉"也。若不守正道，相感，则入于恶矣。

昔唐玄宗之宠杨贵妃，用李林甫、杨国忠为相而荒废朝政，遂肇安禄山、史思明之变乱，使得大好河山从此沦入危难之中，此皆君臣、夫妇、上下，不守正以相感之故也。

《彖》曰：咸，感也。柔上而刚下，二气①感应以相与②，止而说③，男下女。是以"亨，利贞；取女吉"也。天地感而万物化生，圣人④感人心而天下和平；观其所感，而天地万物之情可见矣。

【音注】①二气：指阴阳二气。艮为少男、为阳，兑为少女、为阴。　②与：助也，和也。　③说：同"悦"，喜也。　④圣人：天子也。

【义译】《彖辞》说，咸就是感应的意思。兑为柔顺，一顺百顺的居于上。艮为阳刚，坚毅刚健的位于下。阳刚阴柔二气互相感应以相通相融洽，能止于至善而欢悦。男以礼下于女，所以能亨通，而利于正，有娶女吉利的象征。天地互相感应，就使得万物化生。圣明的君王行仁政能感动所有人，就能使得天下和平，灾害不生了。我们只要观察宇宙万物感应的详情，就能知道天地万物的情态了。

【象证】咸，交相感应也。兑为少女，柔顺而居上，艮为少男，阳刚而居下，故云"柔上而刚下"。二气必相感应，乃能相通相与。天地二气生万物，君臣之治国，夫妇之齐家，皆待感应以相与、相助、相通。艮为止，兑为悦，故曰"止而说（悦）"。艮少男居兑少女之下，和之至也。相感之道如此，是以能亨通而得正，娶女是以吉也。

互坎为水，故为心、为平，兑为和悦，初、二坤象半见，坤为众，故圣人感人心而天下和平。天地感即阴阳和而万物生，圣人以德感天下，而亿兆之心服，故"天下和平"。盖天地万物之事莫不由感而通，由感而成。若无心以感则寂而不成，有心以感则私而非大公。唯以至公无私，存天理之正气，去人欲之私情，廓然大公之至德以相感应，斯圣人之存心也。观天地交感化生万物之理，与圣人感人心致和平之道，则"天地万物之情可见矣"。

《象》曰：山上有泽[①]，咸。君子以虚[②]受人。

【音注】①泽：水所钟（积聚）也，湖泊之类。　②虚：不自满，谦虚，虚心接纳他人。

【义译】《象辞》说，山的上面有泽，这是咸卦的象征。君子体察这种现象，即以虚怀若谷的精神，虚心地去接待他人。

【象证】咸卦艮为山而谦居兑泽之下，是虚心待人，谦虚之象。君子法之以空虚其怀，不自有实，受纳于物，无所弃遗，以此感人，则能相应矣。艮为君子、为山，高在地上，兑为泽，卑居地下，以至高而下至卑，是谦德之可贵。盖泽性润下，艮土受润，泽在山上，渐润渐通，万物以生以成，君子观山泽通气之象，故"以虚受人"。夫人中虚则能受，实则无由入，不受不入则相感之道穷，生生之机息，虚中则能无我，中无私主，则无感不通，闻一善言，见一善行，沛然若决江河，莫之能御矣。苟有私意，则先入为主，而感通之机窒，虽有至者，将拒而不受矣。故山以虚，则能受泽；心以虚，则能受善。君子能以虚受人，则人亦以礼相待。

是以虚受人，尧、舜、禹、子路皆优为之。魏征为谏议大夫，累官至左光禄大夫，进封郑国公，虽貌寝而有志胆，敢犯颜谏，唐太宗能明察善言而接纳之，故成贞观之盛治。又如刘备以虚受人，察纳善言，三访诸葛亮，始获见，卒赖其力以败曹操，建立蜀汉，与曹魏、东吴鼎足而立。

初六：咸其拇[①]。
《象》曰："咸其拇"，志在外也。

【音注】①拇："手、足大指皆曰拇。"（《说文通训定声》）即大指也，一名将指。此指足大指，足大指最居下位，故以象初爻。

【义译】咸卦初六，为士农工商之职，以处咸卦感应的开始，所感在末，故有感动其足大指的象征。

《象辞》说，感动了它的足大指，是因为它的心志已被打动而在外了。

【象证】初六以阴居阳，故失位，初六居士之位，但本身不得正位，因本爻居于内卦之下，所感微末，故有"咸（感）其拇"的象征，与外卦九四相应，所以说"志在外"。虽感在末，加之以弘毅，因之以仁义，亦可以成大功。

六二：咸其腓[①]，**凶，居吉。**
《象》曰：虽"凶，居吉"，顺不害也。

【音注】①腓（féi）："足之腓肠也。"（孔颖达）即小腿、足肚。或"脚膊，次于拇上，二之象也"（崔憬），亦即当人走路时足肚先动，然后脚、脚指，才能前进。

【义译】咸卦六二，有感动了他的小腿、脚肚，就去前进的象征，这是凶的，唯有静处而不前进，方能得到吉利。

《象辞》说，感动足腓就去前进，虽凶，但是静处不动是吉利的，因为能顺着柔顺的本性，就不会妄动遭害！

【象证】咸卦二至四互巽为股，二在最下，故有咸腓之象。旁通损，互震，为足，亦腓之象也。六二坤爻，坤为顺、为阴、为静，故静处顺则不害。六二以阴居阴位，柔顺得正，在内卦之中，得中，在大夫之位，当静处则吉，若咸其腓，足未行而腓先动。

商鞅因景监见秦孝公，三变其说以游说，虽得政权，而终死于法，岂非"咸其腓，凶"乎！

九三：咸其股①**，执**②**其随，往吝**③**。**

《象》曰："咸其股"，亦不处④**也；志在随人，所执下也。**

【音注】①股：胫上大腿，臀部。　②执：守。　③吝："恨惜也。"（《说文》）是以"悔吝者忧虞之象也"，"悔吝者言乎其小疵也"（《易·系辞上》）。　④处：居，止。"上古穴居而野处。"（《易·系辞下》）

【义译】咸卦九三，有感动了他的大腿，执守着他所跟随之人的象征，如安分守己则可以吉利，如前往，则必见凶灾。

《象辞》说，"感动了他的大腿"，是说也不愿意安处不进。所立的志向，只在跟随着他人，是说所执守之道非常卑下。

【象证】九三以阳居阳位，居三公之位而得其正。巽为股、为风、为随，艮为手、为执，三在艮上，下有六二、初六，故曰"咸其股，执其随"。三应于上，初四已变成既济，则上坎为阴，二至四互坎亦为险，历重险故"往吝"。

九四：贞吉悔亡，憧憧①**往来，朋**②**从尔**③**思**④**。**

《象》曰："贞吉悔亡"，未感害也。"憧憧往来"，未光大也。

【音注】①憧（chōng）憧："意不定也。"（《说文》）"往来不绝貌。"（王肃）即心意不定，志忐不停貌。　②朋：朋友，同志。　③尔：你。　④思：思想。

【义译】咸卦九四，有守正则吉，没有后悔的象征。又往来不停，想有所行动的样子。你为正为邪，跟随你的朋友也跟着为正为邪。所以要知道你的思想理念是怎样，你交的朋友也跟你一样，则不可不谨慎。

《象辞》说："贞吉悔亡"，是因为还没有感应到灾害；"憧憧往来"，是因为未能做到光明正大。

【象证】九四乃诸侯之位，九四以阳居阴位，失位不正。下应初六，易位则得正，故坚守正道，以相感应，则吉而无悔亡。九五阳承上六，九三阳下六二、初六，九四往来无定，故有"憧憧往来"之象。初至五互体遁卦，遁初六本坤之初六，《坤文言》云初六弑父，未至坤，故"未感害也"。又未变坎，坎为灾眚，亦未感害之象，未变离故，"未光大也"。

东汉之党锢之争，终使东汉灭亡，故用小人之党，去君子之党，则君子受禁锢而海内涂炭矣。舜用二十二贤臣之党，而成王治之极则，斯"憧憧往来"，思正则吉，不正则凶者也。

九五：咸其脢①**，无悔。**

《象》曰："咸其脢"，志末也。

【音注】①脢（méi）："背肉也。"（《说文》）脊椎两旁的瘦肉。

【义译】咸卦九五，有感动他的背脊肉的象征，这是无悔的。

《象辞》说，感动了他的背脊肉，是因志在浅末，未能光大。

【象证】九五为天子之位，以阳居阳，得正，居中，当以阳刚中正，存天理之正气，去人欲之私情，以感动天下，方是正理，即《象辞》所谓"圣人感人心而天下和平"。若志不在此，而在于末端，与正道相背，唯感其脢，则所立卑下，虽无悔，亦可鄙。四已变坎为脊，故"咸其脢"，得正故无悔。四变则外卦为坎，坎其于马也为美脊，故为脊，五以阳居阳，故无悔。唐太宗感罪囚以诚，而天下治，故感正则治，感背则亡也。

上六：咸其辅颊舌①**。**

《象》曰："咸其辅颊舌"，滕②**口说也。**

【音注】①辅颊舌："所以为语之具也"（王弼），盖"辅者，口辅也，近牙之皮肤，与牙相依；所以辅相颊舌之物，故曰辅。颊，面旁也，辅在内颊在外，舌动则辅应而颊从之。三者相须用事，皆所以言者"（来知德《周易集注》）。辅，面颊。 ②滕（téng）："水超踊也。"（《说文》）又"达也"（《释文》）。即张口骋辞的样子。

【义译】咸卦上六，感动了他的辅颊舌的样子。

《象辞》说，感动了他的辅颊舌，是说专门驰骋巧言去说服人家。

【象证】上六以阴居阴位得正，在咸卦上卦兑卦之上位，兑为口舌，四变则三至五互离为目，外卦坎为耳，故曰"咸其辅颊舌"。滕，送也，山泽通气，故"滕口说"。

昔苏秦、张仪纵横家之流，游说六国，或合纵或连横，以口舌相感，或救国于将危，或竟使某些国覆亡；而惠施、公孙龙名家之流，能服人之口，未能服人之心，亦皆肆其雄辩，各发妙思云耳。

六十四卦下经 咸卦 | 335

恒

雷风恒

卦 体	下卦巽	上卦震
卦 象	为风	为雷
卦 德	为入	为动

错 卦	反 卦	下互卦	上互卦	消息卦	附 注
风雷益	泽山咸	乾卦	兑卦	六、七月侯卦	有恒心必守正、努力才吉

《序卦》曰："夫妇之道，不可以不久也，故受之以恒。恒者，久也。"咸卦言感应，感应而后有夫妻、父子、君臣、上下之人伦。人伦不能不长久，长久才会成功，故恒卦继咸卦之后，为《易经》第三十二卦，下经第二卦。

恒①：亨，无咎，利贞，利有攸往。

【音注】①恒："常也。"（《说文》）"久也。"（《彖辞》）长久，恒常。②攸：所也。又"行水也"（《说文》）。

【义译】恒卦能永恒长久地去创造事业，是可以成功而没有灾害的，但必须具备：没有灾害地有恒，利于坚守正道，要向前努力不辍地奋斗。具此三者，就能有恒、成功、亨通而没有灾难了。

【象证】恒卦上卦为震，震为动、为长男，下卦为巽，巽为顺、为长女。长男位于上，动乎外，长女位于下，顺乎内，亦即刚者在上，而柔者在下也。有恒能成功，需守着三个条件：要没有灾害、恒久地坚守着正道、努力勇往直前。

王莽处心积虑篡汉，短短几年就烟消云散，便是由于他不守正道。而刘秀之起义是继承大统，所谓"光武中兴"，便是他守正道的结果。有坚忍的毅力，以奋斗创造才能成功，也就是要把握机会，不要畏缩，坐失良机。命运是人创造的，因此要有勇敢奋斗的开拓精神，像刘秀的事迹，便是勇往而终于成功的。

《彖》曰：恒，久也。刚上而柔下，雷风相与①，巽而动，刚柔皆应，恒。"恒：亨，无咎，利贞"，久于其道也。天地之道，恒久而不已②也。"利有攸往"，终则有始也。日月得天而能久照，四时变化而能久成；圣人久于其道，而天下化成。观其所恒，而天地万物之情可见矣。

【音注】①与（yǔ）：助，从，亲附。"二气感应以相与。"（《易·咸卦》）②已：止。

【义译】《彖辞》说，恒就是长远、恒久的意思。阳刚的震卦在上，阴柔的巽卦在下，雷风互相助益，巽逊、谦恭地去行动，阳刚阴柔都能相应相助，所以成为恒卦的象征。恒卦能成功、无咎而坚守正道，是因长久于其道，我们观察天地的道理，也是恒久永不停止的，利于有所前往去努力奋斗；是要能自始而终，又由终入始，长久不已地奋斗；日月得天而能长久地照耀，春夏秋冬能由春天之始至冬天之终，又能由冬天之终迈入春天之始，这样终则有始地变化，所以才能长久地成功，圣人能长久于其道，所以天下能教化成功。我们只要观察它所行恒久的道理，那么天地万物的情态，也就可以见而知之了。

【象证】恒卦，上震为长男、为阳刚，下巽为长女、为阴柔，故曰"刚上而柔下"。震为雷，巽为风，雷风能相与相助，更增益其势力，而能坚持永久，故曰"雷风相与"。巽逊、谦恭又能加之以行动，震为动，故曰"巽而动"。恒卦六爻皆阴阳刚柔相应，初六柔顺与九四阳刚相应，九二阳刚与六五阴柔相应，九三阳刚与上六阴柔相应。两两相应相与，故曰"刚柔皆应"，所以皆恒久者即此"刚上而柔下，雷风相与，巽而动，刚柔皆应"也。

一个团体，大至国家，小至家庭，若能阳刚在上以领导，能存天理之正气，去人欲之私情，而柔顺在下以匡辅，能一顺百顺地做好事情，刚柔两两相助相济，就像雷风的相济一样，又能够谦逊地去行动，君臣、上下、夫妻、阴阳、刚柔皆两两相应相助，则能够永恒生存、永恒成功。故曰"刚上而柔下，雷风相与，巽而动，刚柔皆应，恒"。

汉武帝、唐太宗的功业之所以能成，是因为得此恒久之道也。

《象》曰：雷风恒，君子以立①不易②方③。

【音注】①立："止于此而不迁也。"（来知德）　②易：改变。"子常易之。"（《国语·晋语》）　③方："方犹道也。"（孔颖达）即大中至正之道，仁义道德之事。"直方大。"（《易·坤卦》六二）再如"臣闻爱子，教之以义方。"（《左传·隐公三年》）

【义译】《象辞》说，雷风恒久不已地吹着动着，这是恒卦的象征，君子效法它的精神，树立自己，屹然不改变其正道。

【象证】上卦震为动而在外，下卦巽为入而在内，各居其位，不易方之象也。雷风递变而不失其常，君子有常，万变不失其道。

圣贤英雄莫不历经万变，在雷厉风行中仍然能够以"立不易方"之精神，成不朽之事业。文王、周公、孔子、孟子，莫不皆然，由此更可见孔子著作之"十翼"实是最好的人生哲学。

初六：浚恒①，贞凶②，无攸利。
《象》曰："浚恒"之凶，始求深也。

【音注】①浚恒：深切地求恒之道。浚者，"深之也"（《公羊传·庄公九年》），为深治之意。如"使浚井"(《孟子·万章》)。 ②凶:"恶也"(《说文》),或"咎也"(《尔雅·释言》)。

【义译】恒卦初六,深切浚急地去求恒久之道,虽是正道,仍有凶难,而无所利。

《象辞》说,深切迫急地求恒久之道而得凶咎,是因为一开始即求好过于深切。

【象证】初六以阴居阳,不合阴阳正位,又处恒卦的开始,为士农工商之职。若深求恒道过切,虽坚守正道,也是有害而无利的。士民之家往往因求好心切,不能行之以渐,而躁急深求,往往获凶,故交浅言深,非所宜也。

寄望愈深,失望愈大,是"浚恒之凶"。下巽为入,故曰"浚恒"。西方谚语云:"甲人的美食可能是乙人的毒药。"故当吾人全力以赴去追求永恒时,必须要先认清我们的立场与目标才能成功,否则必事倍功半,轻者浪费时间,或能悬崖勒马,严重者误入歧途,甚或走火入魔,不能自拔,遭受凶灾。

九二:悔①亡。

《象》曰:九二"悔亡②",能久中也。

【音注】①悔:"悔恨也"(《说文》),如"宜无悔怒"(《诗·大雅·云汉》);又如"尚速有悔于予身"(《公羊传·襄公二十九年》),则言悔亦有"咎"义。 ②亡(wú):音义同"无"也,如"日知其所亡,月无忘其所能"(《论语·子张》)。

【义译】恒卦九二,没有后悔遗憾。

《象辞》说,九二没有后悔,是因能长久地守着中道。

【象证】九二以阳居阴位,未得正位,是应有悔恨灾难的,然而其居下卦之中,上有六五之应,六五为上卦之中,是以中应中而得其恒。

"中也者,天下之大本也,和也者,天下之达道也。致中和,天地位焉,万物育焉。"(《中庸》)可见中道不仅有益于立身处事、经邦国、开太平、序人伦、利后嗣,其极致亦可参赞天地的化育,由此更可见《易经》是讲天人合一的哲学道理,万事万物均不能离其"中"而行。尧、舜、禹相传之心法曰:"惟精惟一,允执厥中。"(《尚书·大禹谟》)苟能行中道,圣可期矣。

九三:不恒其德,或①承②之羞,贞吝。

《象》曰:"不恒其德",无所容③也。

【音注】①或："有也，一云常也。"(《经典释文》)　②承："受也。"(《说文》)　③容："盛也。"(《说文》)即容纳。

【义译】恒卦九三，如果不能恒常地守着德性，就会承受他人的羞辱。虽是正的，但也是有鄙吝的。

《象辞》说，不能恒常地守着德性，就会无处容身。

【象证】二至四互乾，乾为刚德；下卦为巽，巽为进退、为不果，故有不恒其德与或承之象。此外，九三以阳居阳位，上应上六，过刚而不中，志急从上，也就是不满现状，不安于位，不能坚守固有德性，有违守常之道，是不恒其德者也，故曰"不恒其德"。三至五互兑，为口舌，为毁折，且"三多凶"《系辞下》，故有"或承之羞"之象。

春秋郑国之两从，吕布之屡叛，人谁纳我？宜其"无所容也"。

九四：田①无禽②。

《象》曰：久非其位，安③得禽也。

【音注】①田："田猎也，以譬有事也。"(孔颖达)即打猎。　②禽："鸟兽之总名，明为人所禽制也。"(《白虎通》)　③安：何。

【义译】九四，有打猎捕捉不到禽兽的象征。

《象辞》说，不能长久地安处其位，怎么能擒猎禽兽呢？

【象证】上震为动，故有田猎之象。三至五互兑为泽，古者春蒐于数泽。下卦巽为鸡，互乾为马，兑为羊，故泽有禽之象。然而九四以阳居阴位，所居失正，且所应之初六亦不得正位，初至四互体巽，巽为入、为木、为进退不果，则林禽深伏不能见焉，故有"田无禽"之象。处恒之时，其位不当，自无所得。

六五：恒其德，贞。妇人吉，夫子①凶。

《象》曰："妇人"贞吉，从一而终也；"夫子"制义②，从妇凶也。

【音注】①夫子：先生。　②制义：制，裁制。制义，以义制事。

【义译】六五，恒久地守着不变的贞德，这在妇人是吉利的，对先生而言是有凶害的。

《象辞》说，妇人守着永恒不变的贞德吉利，是说从一而终。先生需要裁度义理，如永久地只听从妇人的话语，而不能以义理裁度，就会有凶险。

【象证】震为长男，故有夫象，巽为长女，是妇象。裁度是非应以正常与否为依据，故弃义从妇，必遭凶险，故曰"'夫子'制义，从妇凶也"。

彭宠原为汉光武帝之功臣，受光武帝器重，因小有误会，听其妇人之言，不能裁度道义，遂反叛，而受诛灭，悲哉！扬雄不与忠臣恒久为伍，而赞美王莽、董贤，卒致身败。余每见今之为丈夫者，有唯顺妻子而背离父母者，不孝莫大乎是！缺德莫大乎是！身为人妻子者，自当劝自己的丈夫孝父母、裁义理，岂可操纵柔夫，唯遂女子之私欲而违害道德之正义哉？若彭宠之妻与骊姬、杨贵妃辈，岂特害夫、害国、害子女，亦且害于自己，可不慎哉！故为人妻者当明大义、识大体，方为贤妻良母。

上六：振①**恒，凶。**

《象》曰："振恒"在上，大无功也。

【音注】①振：动。李鼎祚《周易集解》作"震"，即："震恒凶。《象》曰：'震恒'在上，大无功也。"

【义译】上六，振动了恒久的常道，这是有凶灾的。

《象辞》说，振动了恒久的常道，而在上位，是大损害而没有成功的。

【象证】恒卦上卦震为动，故"振恒"。虞翻曰："在震上故震恒，五动乘阳，故'凶'，终在益上，五远应，故'无功也'。"上六，阴柔处震之上，居恒之终，震极则过动，恒终则无常，是以振为恒，不能安静之象。振动不定，处上无恒，是不安于本分，好大无功，误国误民，难致其久，故"大无功也"。

王安石以祖宗之常法不足法，而骤然振动，纷更旧制，卒以无成而败事，此蹈"振恒"之凶而"大无功"者也。

遁

天山遁

卦体	下卦艮	上卦乾
卦象	为山	为天
卦德	为止	为健

错卦	反卦	下互卦	上互卦	消息卦	附注
地泽临	雷天大壮	巽卦	乾卦	六月辟卦	退一步海阔天空 三十六计走为上策

《序卦》曰："物不可以久居其所，故受之以遁。"遁卦继恒卦之后，盖兴废盛衰，物之常态；消息盈虚，世之恒情，世物皆不能恒久而不迁，故久居其所则必退，此遁所以继恒也。为《易经》第三十三卦，下经第三卦。

遁[①]：**亨，小利贞。**

【音注】①遁："逃也。"（《说文》）即退避、隐遁。

【义译】能退避退让，是可以成功的。遁卦在小人当道的时候，君子怀道抱德以退避则亨通，小人则利于守着正道。

【象证】遁卦上卦乾为天、为健，下卦艮为山、为止，天高于上，山止于地，有遁止不进的象征。又二阴爻生于下，四阳爻在上，阴渐长，阳有渐消之势，有小人渐盛、君子退避之象。天下昏昧、小人当道之际，君子为明哲保身以守正道，只好遁而避之。

盖君子能遁斯能亨，能忍人之所不能忍，斯能成人所不能成之大事业。大凡横逆之来，君子动心忍性，困心衡虑，忍一时风平浪静，退一步海阔天空，既明且哲以保其身，贻其孙谋，以燕翼子，遁以保其亨也。以幸而进，如能守其正，不害君子，不害百姓，则化小人为君子，斯免败国殄民，故"小利贞"，希望小人变成君子，以保长久也。《易》为天下人谋，为小人谋，为君子谋，总之欲使天下人皆各行正道，而返于克己复礼之正道，以达内圣外王之治也。

东晋之时，政治黑暗，社会混乱，在一片昏昧之中，陶渊明"不为五斗米折腰"而辞官，赋《归去来辞》，隐居过着恬淡的田园生活，而成就其千古文章之大事业，此亦遁而亨。

《彖》曰："遁亨"，遁而亨也。刚[①]**当位而应，与时行也。"小利贞"，浸**[②]**而长也。遁之时义大矣哉。**

【音注】①刚：坚强。与柔相对，能存天理、去人欲则刚。　②浸：渐。

【义译】《彖辞》说，遁卦能够成功，是在当退避之时即行退避。阳刚得到正当的位置和柔顺相应，就能够随时而行了。小人利于坚守正道，乃是因正道的势力积渐而增长，如不守正道，必造成天下大乱，自己亦必随而灭亡之故，所以小人利于守着正道。由此可知，遁卦的时机和意义是很重大的。

【象证】遁卦的九五阳刚，当中正之位，而下与柔顺在中的六二相应与，进退裕如，所以能与时偕行，可为而为，应遁而遁，适应时宜，君子之道也。盖阳刚能大中至正，以存天理之正气，去人欲之私情，又能一顺百顺，柔顺得中地去应和于柔顺，此其所以亨也。然二阴浸而长，其势必至于害君子，故戒之以利贞，以勿乱国害身。亦期望小人能化为君子，小人能化为君子，天下亦安矣。明者审时度势，如遁不得其时，则或事业不成，或生命不保。不当遁而遁者非矣，当遁而不遁亦非矣。故遁之时宜时机，至为重要，能遁则亨，不能遁则身毁家亡，故遁之意义重大。

夫子赞《易》，有言时义者五：豫也、姤也、革也、旅也、遁也，皆际极天人，以人合天，揆度时义，故极言其大也。

昔范蠡事勾践、张良事刘邦，救亡图存，鞠躬尽瘁霸业成，天下已定即求遁去，既得其时又得其义。若霸业未就而遁，则勾践、刘邦有覆亡之祸，道义所不安；霸业已成，若流连富贵，眷恋禄位，将如文种、韩信而终招祸，身家毁灭，故"遁之时义大矣哉"！且君子之遁，乃是有远见、顾全大局之遁，视时而动。如姜太公遁于殷之时，而出佐周文王、周武王以灭殷。盖一进一退，必有其时；一行一藏，必有其义。合时义而一之，斯智者所以保全其功业者也。

《象》曰：天下有山，遁；君子以远①小人，不恶②而严③。

【音注】①远：离去也，疏也，疏远，远离。 ②不恶（wù）：厌恶小人但本身不要做得太过分，让小人衔恨在心。恶，憎也，疾也。 ③严：教命急也。庄严貌，在此引申为依礼律身，庄严而凛然不可犯也。

【义译】《象辞》说，天的下面有山，是遁卦的现象。君子体察此现象，即以此疏远小人，虽不过分嫌恶他，却很严肃地分辨清楚。

【象证】遁卦上乾下艮，乾为天、为君子而在上，艮为山、为止而在下，故曰"天下有山，遁"。正己以正人，斯严矣，严则奸邪敛迹，不恶则小人怀愧，有可教可化之道也，故君子之远小人，非绝之也，发其愧耻，导之以善也。能导之以善，全民皆善，则天下治矣。对于小人，若嫌恶得太过分，他们会一不做二不休，必乱国矣，故子曰："人而不仁，疾之已甚，乱也。"（《论语·泰伯》）宋闵公因侮小人南宫长万而被弑，导致国乱。

故"君子以远小人，不恶而严"，非独善也，所以使小人有可教之机，而导其入君子之仪，以求世治、人民和谐。孔子与阳货遇于路，语和而正；孟子同王驩出吊，朝暮相见，未尝与言行事；郭子仪对卢杞、鱼朝恩皆能委曲应变，和而不同，故安国三十年。是皆得"不恶而严"，和谐处世之道。

初六：遁尾①**厉**②**，勿用有攸往。**

《象》曰："遁尾"之厉，不往何灾也？

【音注】①尾：后。 ②厉：危。

【义译】初六，是遁卦最初始的一爻，有退避在后、将有危厉的象征。处在这个时刻，是不可以有所前往的。

《象辞》说，最后遁去会得到危厉，如不前往，则何灾之有？

【象证】初六，居卦之最下，故曰"尾"。下卦艮为止，故不利"有攸往"。以阴居阳，不得其正，在阳刚的君子遁去之时，己遁独在后，必危殆及之。然体艮为止，为士农工商之位，如不往亦无灾咎，隐忍待时，和光同尘，处微居末，以避世患。

六二：执①**之用黄牛之革**②**，莫之胜说**③**。**

《象》曰：执"用黄牛"，固志也。

【音注】①执：束缚。 ②革："兽皮治去其毛曰革。"（《说文》） ③莫之胜说：没有人能解开。说，音义同"脱"也。

【义译】遁卦六二，有用黄牛的皮执缚着它，没有人能解开的象征。

《象辞》说，执"用黄牛"是指意志很坚定。

【象证】下卦艮为手、为止，执之象也。黄是五行之中色，六二为阴、为坤爻，在内卦之中，故曰黄。遁，阴消阳至三，则成否（下坤上乾）。否之坤为牛、为黄，言执缚之以黄牛之皮。本卦六二与九五以中正当位而应，六二是大夫之位，九五是天子之位，六二以中正之才之德，上应九五阳刚之君，正是《象辞》谓"刚当位而应，与时行也"之意。体艮履正，志在辅时，而不随物遁，如黄之中，如牛之顺，独守中正柔顺之德，如皮革束缚之紧以辅时济国，故曰"执之用黄牛之革"，喻其志洁，坚固不可脱。

盖君子皆遁，孰与守国？能拨乱世而返诸正，固所愿也；如其不能，虽继之以死，死且不朽，其志至坚。如纣之父师、叔父，比干、箕子是也。

九三：系遁①**，有疾厉，畜**②**臣妾吉。**

《象》曰："系遁"之厉，"有疾"惫③**也；"畜臣妾吉"，不可大事也。**

【音注】①系遁：有所维系眷恋，而不忍遁去。 ②畜：养。 ③惫：疲极，困病。

【义译】九三，系恋于功名富贵，怀禄徇私，隐忍而不肯遁去，当遁不遁，而有所眷恋，正像有疾病的危厉。若"无成有终"蓄养臣仆婢妾，不问政事则吉。

《象辞》说，心有维系、眷恋不遁的危险，是因为有迷恋富贵、不愿遁避的毛病，以至于疲惫不堪了。若畜养臣仆婢妾，则吉，是说此时不可以做大事。

【象证】互巽为绳故曰"系"，体下卦艮止，故有蓄养之象。艮为少男、为阉寺，巽为长女、臣妾之象也。虞翻云，"巽为四变时，九三体坎，坎为疾，故有'疾厉'"，苟全性命而已，不可为大事也。昔文种不听范蠡之劝以退遁，后终为越王勾践所杀；韩信迷恋富贵，终死于刘邦夫妻之手：是"系遁有疾厉"者也。范蠡功成身退，不为荣华所系，遁至五湖蓄妻妾、置家产，则致赀累巨万，逍遥幸福，亦善遁者也。

九四：好遁，君子吉，小人否①。

《象》曰：君子"好遁"，"小人否"也。

【音注】①否：恶也，不也。

【义译】遁卦九四有好遁的象征，君子处于应当遁避的时候，即能退遁以保身远害，所以是吉利的；小人则不然，徇私恋禄，不知遁去，所以没有吉利可言。

《象辞》说，君子是喜好遁避的，小人则不然。

【象证】阳为君子，阴为小人，九四应于初六，二爻皆失位，不正而应，不佳，故君子知遁藏，小人则不知遁藏矣。老子曰："功遂身退，天之道。"

汉高祖刘邦打败项羽称帝后，许多功臣皆喜因功而得赏，唯独留侯辞谢之，而只"愿弃人间事，欲从赤松子游耳"，乃学辟谷导引轻身。及至后来，所有功臣皆被一一杀戮，唯有留侯存活，死后尚谥"文成"，故可知当遁而遁则吉，有所眷恋不去则凶。颜渊、闵子骞处乱世，隐遁以乐圣人之道。

九五：嘉①遁，贞吉。

《象》曰："嘉遁，贞吉"，以正志也。

【音注】①嘉：美好。

【义译】九五：有嘉美遁去的象征，是正而且吉利的。

《象辞》说，"嘉遁，贞吉"，是因为能端正其志。

【象证】五为尊贵之位，九五以阳处阳，得正居中，以刚健中正之德居元首之位，下应六二中正之辅，当遁之时，居中得正，而应乎中正，正是《象辞》

"刚当位而应,与时行"者也。君子之遁,或在倦勤之后,觅圣臣以禅让,如尧之让舜,自能善用其机;或嘉美、嘉奖隐居之君子,或从君位遁避,而与时偕行,是为遁之嘉美者也。二者皆须得正大者,否则如嘉奖假隐士,若唐之终南捷径,禅让权奸,如燕王哙之让其相子之,乃至历代之篡位,皆非正,故皆不吉。至如尧之嘉美许由,汤之嘉美务光,尧之让舜,舜之让禹,皆贞而且吉,以正志者也。

世之解说者多以美好之遁以解,然九五之君遁去,孰与理国?国必乱矣。

上九:肥①遁,无不利。

《象》曰:"肥遁,无不利",无所疑也。

【音注】①肥:"多肉也。"(《说文》)引申为余裕。

【义译】上九,宽裕地远遁,这是无所不利的。

《象辞》说:宽裕地远遁,无所往而不利,是毫无疑问的。

【象证】虞翻曰:"乾盈为肥,二不及上,故肥遁无不利。"盖上九以阳刚而居卦外,为隐士宗庙之位,去柔最远,无所系应,独无所疑,此心超然于物外者也。唯其刚健,斯有必遁之志;因其无应,可免私系之累;故得宽裕远遁,无所不利,并无所疑,而超世高举。来氏谓:"睟面盎背,莫非道德之丰腴,手舞足蹈,一皆仁义之膏泽,心广体胖,何肥如之?"(《周易集注》)故有"肥遁"之象。

如颍水之滨的许由,虽尧让天下于他,他亦不为所动,而不受,遁于山野而逍遥,直可谓为"天子不得而臣也,诸侯不得而友也",宠辱不惊,治乱不闻,何利如之?若孔子在陈而思归,孟子之浩然而归志,而皆为百代之师。太公避纣而开周朝八百载之天下,或遁于暗而伸于明,或遁一时而伸万世,皆遁而宽裕宏伟,"无不利"者也。

大壮

雷天大壮

卦体	下卦乾	上卦震
卦象	为天	为雷
卦德	为健	为动

错卦	反卦	下互卦	上互卦	消息卦	附注
风地观	天山遁	乾卦	兑卦	二月辟卦	非礼勿行，大壮

大为阳，小为阴，本卦四阳盛长，故为大壮。《序卦》曰："物不可以终遁，故受之以大壮。"

遁卦倒过来，成为大壮卦。遁卦退避谦让，终有壮大之时，至大壮则积极有所作为，连续四个阳爻，成长壮大。

大壮①：利贞。

【音注】①大壮：伟大强壮之意。"壮，盛也。"（《经典释文》引王肃云）

【义译】大壮，是伟大强壮，应该利于坚守正道。

【象证】大壮，伟大强壮，在盛壮之时，有飞黄腾达的机会。若不正，便要恃血气的刚猛，任意前进势必有所伤害，此乃君子所不为也，故圣人简洁示以利贞。利而守正则吉，才能获盛壮之利，所以大壮要利贞。上卦震为雷，下卦乾为天，雷在天上，其势强大、强壮至极，故曰"大壮"。

"大"代表阳，"壮"表示盛，如项羽起来革命，得最壮大之势，在将成功之时，却放逐义帝而杀之自立，不正。所以被刘邦作为攻击的把柄，最后失败。而张良教刘邦遥奉义帝，不杀秦王子婴，约法三章而得秦民之心。初造事业时守着正道所以成功，其后大杀功臣则残暴不正矣，所以不能常王天下。如史墨曰："社稷无常奉，君臣无常位，自古以然。故《诗》曰：'高岸为谷，深谷为陵。'三后之姓，于今为庶，王所知也。在《易》卦，雷乘乾曰大壮，天之道也。"（《左传·昭公三十二年》）故君子以利贞守大壮，恐其败也。

《彖》曰：大壮，大者壮也。刚以动，故壮。"大壮利贞"，大者正也。正大而天地之情可见矣！

【义译】《彖辞》说，大壮，是说强大者盛壮。能刚健地去行动，所以能得壮盛至大的形势。强大壮盛，而需要利于坚守正道，是以"大壮利贞"，才能长久存在。既能坚守正道，又能强大，乘此正大的原则，就可以看见天地万物的情态了。

【象证】大壮四阳二阴，阳为大，阴为小，四阳大而下，有强大壮盛之势，故曰"大者壮也"。下乾为刚健、为阳，上震为动，亦为阳。刚健地去行动，所以能壮也。势既大壮，利正斯久，故宜于利贞。天地正大，故其势大壮而常存不毁。又阳长过中，大者壮也，正月泰，阳长而未盛，三月夬，阳盛而将衰，皆不可言壮，唯四阳则壮盛强大矣。且乾刚震动，刚健则能胜其人欲之私情，而存天理之正气，行动则能奋其必为之志，而保其强大壮盛。卦体则势壮，卦德则理壮。理势皆壮，所以能成其大。正则能一正百正，得天地长久，方能保其大，故利于贞。若不贞，则大不保矣。上天下地，莫非此正大之理，且天地覆载生成，万事万物繁荣发展，一往一复，皆正大方能久长。既正且大，"而天地之情可见矣"。一阳来复，可见天地之心，四阳壮大而利贞，可见天地之情。

《象》曰：雷在天上，大壮。君子以非礼弗履①。

【音注】①履：行。"足所依也"（《说文》），弗履即不行。

【义译】《象辞》说，雷在天上，这是强大盛壮的现象。君子立身处世，依礼而行，除非合礼，否则决不去做。

【象证】雷在天上，其势甚壮，大壮之象也。雷从地而生，本卑者也，而乘于乾天之上，则盛壮至极矣，极则必衰，终有消除之日。君子体此象，则以行礼保其壮，若非礼则虽或壮于一时，终必消除于恒久，故君子行礼以达，小人违礼以亡。故大壮宜顺礼而行，而君子非礼不行。非礼者，人欲之私情也，履者践履也，依礼而行（"非礼弗履"），则有以胜其人欲之私情，而保其天理之正气，以得见其壮。

孔子以"非礼勿视，非礼勿听，非礼勿言，非礼勿动"教人克己复礼，以实践仁道。

初九：壮于趾①，征②凶，有孚③。
《象》曰："壮于趾"，其孚穷也。

【音注】①壮于趾：壮于行也。趾，脚趾、足也。　②征："行也。"（郑玄《毛诗·小雅·小宛·笺》）　③孚：信也，诚信也，实也。

【义译】大壮初九，强壮于下面的脚趾，如此而勇于前往，没有理智的话，一定会有凶咎。只有本着诚信的精神，养其壮，而安守待时，才可以无咎。

《象辞》说，"强壮于脚趾"，是说他实在会走到失信的穷途末路上。

【象证】震为足，又初在下，趾之象也。初九以阳刚居最下之位，为士农工商之职，当大壮之时，已有强大壮盛之初基，即仗血气之勇，未有理智之思维，而锐于前往，有如人之强壮唯在于脚趾，故曰"壮于趾"也。如是而贸然前往，轻用其锋，必定翅翻摧折，而有所伤损，故曰"征凶"。

贾谊欲去绛灌，南蒯欲去季氏，所以凶且穷。

九二：贞吉。

《象》曰："九二贞吉"，以中①也。

【音注】①中：指居中位，能守中道而言。

【义译】九二在大壮之时，居内卦之中，不过于壮，故有正而且吉利的象征。

《象辞》说，"九二贞吉"是因为居在中位，能守着中道，不过于盛壮。

【象证】九二以阳爻居阴位，不得正位，故宜守正方吉，故曰"贞吉"。九二虽然位置不当，却居内卦之中，有中庸的德位，例如张良、狄仁杰、郭子仪皆刚柔调剂得中，所以得"贞吉"。

九三：小人用壮，君子用罔①，贞厉②。羝③羊触④藩⑤，羸⑥其角。

《象》曰："小人用壮"，君子罔也。

【音注】①罔："无也。"（《经传释词》）本义"网"也，此通作"亡"，无也。 ②厉：危也，凶之次也，凡可致凶，而尚未至者曰厉。 ③羝（dī）："牡羊也"（《说文》），公羊。 ④触："牴也。"（《说文》） ⑤藩："篱也"（《广雅·释言》），即藩篱，犹今之围墙。 ⑥羸（léi）：本为羸弱，此处解为缠累牵系。俞曲园云："《周易》'羸'字皆以作'纍（缠绕）'者为正。"（《群经平议》）

【义译】大壮九三，以阳爻居阳位而得正，但已经在一连三个阳爻之后，未得其中，所以有过度强大、强壮的形势。小人就会利用这种过度刚强大壮的势力，欺凌他人，但君子就不会这样做。因为这种作风，即便本心纯正，也有危险。就像公羊去牴触藩篱，角被挂住，无法摆脱。

《象辞》说，小人每使其血气以用壮去欺凌人物，君子则秉其中道惕若而无所用。

【另译】大壮卦的九三，以阳刚处内卦之上，过于盛壮，有小人以其盛壮的势力凌暴于人，而为君子的法网所网罗捕捉的现象，即使正也危险，何况不正？有如强壮的羊，去牴触藩篱，而使它的角受缠累牵系一样。

《象辞》说，小人用壮以凌辱他人，会被君子捕获。

【象证】大壮卦下卦为乾，乾三阳，九三居下乾之上位，阳盛矣，壮之极矣。在乾卦九三则以"君子终日乾乾，夕惕若厉"，可保"无咎"。盖三多凶，故在小人用其壮，而不中不惕则危矣。在君子则不用其壮，而乾乾夕惕，以免其咎，故"君子用罔"。

君子"有若无，实若虚"。虽有过人的大勇，也如弱不胜衣、毫无勇力似的，如张良是也。反之，小人不知过刚不中，且为"多凶"之位，乃顺其壮而用之，好勇斗狠、恃强凌人，无事不用其壮，故曰"小人用壮"。

初至五互体兑为羊，三至五亦互兑，下卦乾为阳刚，九三阳爻，故有"羝羊"之象。上卦震为动、为触，震为苍筤竹，上有九四阳刚之爻，故有"触藩"之象。旁通观，巽为绳，此"羸"所以取象也。上卦震，又互兑阴爻在五上，作两开势，故有"角"象。且九三阳刚在下乾之上位，故曰"角"。

秦桧与宋高宗因为岳飞反对和议，便记恨在心，于是诬之以"抗命""莫须有"的罪名，把这位精忠报国的英雄害死了。然而秦桧与宋高宗因此遗臭万年，受到后世千千万万人的唾骂，此"小人用壮"不正之厉也。春秋时晋国阳处父，以其刚而擅易中军，终被杀。老子曰："刚强者，死之徒。"至于市井游侠富豪以其盛壮凌人，亦终蹈贞厉之危，至若劣绅与流氓无赖、奸臣之用壮，最后皆为法网所罗致，而难逃制裁。若怙恶不悛而用其壮，终被处决。

九四：贞吉，悔亡。藩决①不羸。壮于大舆②之輹③。
《象》曰："藩决不羸"，尚往也。

【音注】①决：溃决，崩缺，排除。　②舆：车。　③輹："车轴缚也。"（《说文》）即将皮革捆在车轴上，犹今轴心，关键引擎。

【义译】大壮九四，守着正道，就吉利而没有后悔。藩篱围墙等障碍，已经去除，不再牵缠阻碍。强壮于大车的车轴、引擎，可以用壮而前往了。

《象辞》说，藩篱的障碍已经决除，不再牵缠着了，可以崇尚于前往了。

【象证】九四已超过大壮卦的一半了，连续四个阳爻重叠，象征非常壮大。但九四阳爻阴位不正，继续下去，就会后悔。不过，正因为阳爻阴位，并非极端刚强。只要坚持纯正，仍然吉祥，可使后悔消除，故曰"贞吉悔亡"。因其不得正位，故唯正得吉而后无悔。又因为前方都是柔爻，没有阳爻，上卦震为大涂，互兑为毁折，故"藩决不羸（累）"，可以前往了。

四、五坤卦半象，四变正，外卦亦坤，坤为大舆、为牛、为腹、为柄，故像坚牢的皮革绑住重车车轴，不会断落，故曰"壮于大舆之輹"。震为动，故可以前往，盖本爻"悔亡"之机在于"变正"，即此以为戒也。"羝羊触藩"，此逞其壮而"羸"也。"壮于大舆之輹"，此见其壮以利行也。不羸，利行，则大壮之效见矣。

司马光为相，既得国君宠信之专，而新法之阻挠已无，故可以遵循旧章，与文彦博等同心治政，终能展长才于一时。

六五：丧羊于易①，无悔。

《象》曰："丧羊于易"，位不当也。

【音注】①易：疆域界限，即"田畔地"。域，区域。

【义译】大壮卦六五，有在田畔疆域之内，失落了羊的象征。因为没有谨慎于先，而致损失于后。

《象辞》说，羊在田畔失落，是因为"六五"阴爻居阳位，位置不当。

【象证】本卦九三、九四、九五互兑，兑为羊、为毁折；上震为动，四、五半象坎，坎为盗；初至五互体夬，夬有溃决之义，此"丧羊"所以取象也。又上卦为震，震为大涂，应于九二，于三才为地上之位，地上曰田，《易》之象也。六五以阴柔居阳位，以居天子之尊位，虽得中而未得正位，轻用其大壮，又不守正道，进入物极必反、壮大衰败之时。国君之治民，犹牧羊者之牧羊，羊既丧亡，则天下已失，后悔已无及，故曰"丧羊于易，无悔"。

袁世凯在民国初年气盛一时，但当护国军出师，二次革命节节胜利，袁氏的下场便是忧愤悔恨而死。

上六：羝羊触藩，不能退，不能遂①，无攸利，艰则吉。

《象》曰："不能退，不能遂"，不详②也。"艰则吉"，咎③不长也。

【音注】①遂：达到前进的目的。　②详：就是"吉祥"的意思，有吉祥善美之意。另一解为详察。　③咎：灾难。

【义译】上六，已是大壮卦的终极。公羊牴触藩篱，角被挂住，不能后退，又不能穿破藩篱，达到前进的目的。像这样逞强冒进是没有任何利益的。能够以柔弱的本领，一顺百顺，知道成功之不易、创业守成之艰难，忍耐以等待时机，就会得到吉祥。

《象辞》说，不能后退，又不能达到前进的目的，这是不吉祥的征兆，是由于自己不能在事先详细研究事况。如能及时觉悟立场的艰难，忍耐等待时机，就会吉祥，这样灾咎就不会长久。

【象证】上六，应于九三，三至五互兑为羊，上卦震为动、为长男，故亦有"羝羊触藩"累其角之象。羊角触入藩篱，前进不能过去，后退被卡住了，是退也不能如意，进也不能遂心，故曰"不能退，不能遂"，可谓失利极了，故曰

"无攸利"。

上六居上卦震动之极，为大壮卦之终，以柔居阴位，得到正位，能坚守正道，不轻用其壮，而能本柔顺之性，能够知创业维艰、守成不易，便能一顺百顺地渡过难关，而不至如商鞅、李斯之骑虎难下，大祸临身了，故曰"艰则吉"。

这一爻，是告诉我们当处于既不能进又不能退的状态时，就应当及时觉悟，艰难已经到来，应力求自保以待时机。如范雎为秦昭王相，在壮大之极而受困时，听蔡泽之谋，荐蔡泽为相，而得以全身引退，保持功名，是知艰难壮极能退而得吉者也。

晋

火地晋

卦体	下卦坤	上卦离
卦象	为地	为火
卦德	为顺	为丽

错卦	反卦	下互卦	上互卦	消息卦	附注
水天需	地火明夷	艮卦	坎卦	二月卿卦	晋，进也

《序卦》曰："物不可终壮，故受之以晋。"为卦上离下坤，火在地上，如日初升，光明前进之象也。不云"进"而云"晋"者，"进"，前进也，未足以该明其义，故为"晋"。

晋①：康侯②用锡③马蕃④庶⑤，昼日⑥三接⑦。

【音注】①晋："进也，日出万物进。"（《说文》）卦名。 ②康侯：安邦定国之侯爵也，或指"卫康叔名封，周武王同母少弟也"（《史记·卫康叔世家》）。而"康，畿内国名。宋忠曰：康叔从康徙封卫"（《索隐》）。是以古人多以康叔封为卫侯以解之，以其初封于康，故称康叔，亦称康侯。 ③锡：本为一种金属，但古大都作"赐"之假借，如"锡者何？赐也"（《公羊传·庄公元年》）。 ④蕃："多也。"（《释文》）即繁多。 ⑤庶："众也。"（《释文》） ⑥昼日：白日，一天。 ⑦接："交也。"（《说文》）即会合；另解"捷速也"（孔颖达疏《礼记·曾子问》）。

【义译】晋卦在光明的时代，有所升进。就像康侯受天子赐给很多马，并且在一天之内被一连接见三次。

【象证】下卦为坤，坤为牝马、为众，互坎为美脊、为亟心、为下首、为薄蹄之马，错乾为马、为良马，故赐马繁多。观卦，四五易位，则成晋卦，晋初失位，变正则初至五，互体屯下震为长子、为诸侯、为多，坤为众，亦"锡马蕃庶"之象。上离日，日出地上，为"昼日"之象；下坤三爻，以象三，艮为手，故"日三接"。

【笺注】"以武庚殷馀民封康叔为卫君，居河、淇间故商墟。周公旦惧康叔齿少，乃申告康叔曰：'必求殷之贤人君子长者，问其先殷所以兴，所以亡，而务爱民。'告以纣所以亡者以淫于酒，酒之失，妇人是用，故纣之乱自此始。为《梓材》，示君子可法则。故谓之《康诰》《酒诰》《梓材》以命之。康叔之国，既以此命，能和集其民，民大说。成王长，用事，举康叔为周司寇，赐卫宝祭器，以章有德。"（《史记·卫康叔世家》）

"分康叔以大路、少帛、綪茷、旃旌、大吕。"（《集解》）

案：大路即金路，好车马也，是康侯即时能修身、齐家而治国、平天下，受赐蒙恩也。

《象》曰：晋，进也。明出地上①，顺②而丽乎大明③，柔进而上行④，是以"康侯用锡马蕃庶，昼日三接"也。

【音注】①明出地上：明指离，离为日，故明。地指坤，坤为地。明出地上，指光明照耀在大地上，是文明太平的时代，可以有为之时。　②顺：顺指内卦坤，坤为顺。坤为臣道。　③大明：大明指外卦离，离为目、为日、为光明，故大明。以五居离中，为君位，此指英明的国君，六五柔顺在中当之。　④柔进而上行：指六五以柔居尊位。

【义译】《彖辞》说，晋就是前进。如太阳的光明出现在地上，渐渐光明上升而前进。这时候，光明出现在地上，是光明可以前进、可以公平竞争的时代，能够和顺安恰地去追随伟大英明的君主，柔顺和谐地上进，所以能像康侯一样，受天子赏赐很多车马财富，屡得天子的礼遇，在一天之内，就蒙受天子召见三次。

【象证】坎于马为美脊，坤为邑、为民、为众，故曰"蕃庶"也。为人臣下，能柔和安恰地上进，而在光明的时代，隶属于英明伟大之国君，自能有光明灿烂之前途。如卫康叔，入辅成王，得大司寇之重任，受成王之赏赐，为成王所信托倚重。

《象》曰：明出地上，晋；君子以自昭①明德②。

【音注】①自昭：自己昭明其德，使其显著。昭，"日明也"（《说文》）。引申为"凡明之称"（段玉裁）。　②明德：光明的德性。

【义译】《象辞》说，光明出于地上，这是晋卦光明上升前进的象征。君子体察此现象，即自己显明其光明的德性。

【象证】上离为明，坤为地在下，故曰"明出地上"。离为明、为昭、为日，故"自昭明德"。

《大学》："大学之道，在明明德，在亲民，在止于至善。"又曰："《康诰》曰：'克明德。'《大甲》曰：'顾諟天之明命。'《帝典》曰：'克明峻德。'皆自明也。"尧克明峻德，汤日新又新，就是所谓"自昭明德"。能"自昭明德"，才能临民、治民、亲民。

初六：晋如摧①如②，贞吉。罔③孚，裕④，无咎。
《象》曰："晋如摧如"，独行正也。"裕无咎"，未受命也。

【音注】①摧：摧折。　②如：句末语气辞。　③罔：犹"无"。　④裕：宽大。

【义译】初六，在晋卦光明前进的时候，既已前进，但又因受挫折而后退了。不管进退如何，只要能坚守正道，就能得到吉利。因尚未能取信于人，而没有达到前进的目的，只要将心放宽裕一点，就没有灾害了。

《象辞》说，"既已前进，又受挫折"，是说仍要独自地行正道，"罔孚，裕，无咎"，是说尚未接受任官任职之命，只好宽裕不忧地从容待时。

【象证】初六，居晋卦光明前进的开始，上应九四，理应可以前进，四、五震象半见，震为足、为行，故"晋如"。然初为阳位，初六以阴居之，既柔弱又失正，欲进而未逮，故"摧如"。三、四、五互坎为多眚，四、五兑象半见，兑为毁折，下互艮为手，故"摧如"；方晋之始，将晋且摧，不可苟进，处晋初之道也。唯不怨天、不尤人，安处以待，故"罔孚，裕，无咎"。上互坎为多眚、为曳、为狐疑，"罔孚"之象也。然而阴柔居始，欲进而不躁，坤为顺、为众、为厚德载物，故曰"裕，无咎"。初六为士农工商，始进之时，无论遂意不遂意，终守之以正为吉。虽未为人所深信，然能进以礼、退以义，进退绰有余裕，也可无过。

孔子之"不怨天，不尤人，下学而上达"（《论语·宪问》）与"学道不倦，诲人不厌，发愤忘食，乐以忘忧"（《史记·孔子世家》），是罔孚而不遽进、绰有余裕者也。孟子去齐，是罔孚而便退的绰有余裕。

六二：晋如愁①如，贞吉，受兹②介③福，于其王母④。
《象》曰："受兹介福"，以中正也。

【音注】①愁：忧愁。　②兹："此也。"（《尔雅·释诂》）　③介："善也。"（《尔雅·释诂》）又"大也"（《康熙字典》）。　④王母：如慈母一样慈祥的君王。

【义译】六二，在晋卦光明前进的时候，既前进，又有忧愁的样子。能守正，就能吉利，并能从他慈爱如母的君王那里接受宏大的福气。

《象辞》说，"受此大福"，是因为能守中而行正。

【象证】二为柔位，本爻以阴居之，得正，又当下卦之中，履正居中，故《象》曰"以中正也"。大中至正，以在晋卦，得其晋矣，故曰"晋如"。然六五之君未得正位，其前之六三、九四、六五互坎，坎为加忧，为心病，故有"愁如"之象。

晋旁通需卦，乾为君、为王、为大、为善，坤为母、为厚，下互艮为手、为受，故有"受兹介福，于其王母"之象。六五以柔居天子之尊位，居上卦离之中，离为中女、为明，正是《象辞》所谓"大明"之君，故曰"王母"。六五变正应乎六二，上施下受，亦"受兹介福，于其王母"之象。

昔周公相成王，管叔、蔡叔流言周公将不利于成王，成王亦疑之。及雷电震动，现出周公愿代武王死之宗庙祝言《金縢》，成王感泣而迎周公，终得平乱致泰。汉朝朱买臣、匡衡亦由苦读，终成名任职，名垂青史。

六三：众允①，悔亡。
《象》曰："众允"之志，上行也。

【音注】①允：信也，从也。

【义译】六三，在晋卦光明上升的时候，得到大家相信、遵从，他是没有后悔的。

《象辞》上说："众允"的心志，是说能上行而升进。

【象证】六三，以柔顺处三公之位，在晋卦之时，正是《象辞》所谓"柔进而上行"者也，故能"上行"。然未得正位，以三公而未得正位，故必众允乃能上行而悔亡。坤为众，坎为信，故"众允"。三失位，变正，又能"柔进而上行"，故"悔亡"。

姜太公、伯夷、叔齐，为天下之大老也，往归周，是天下皆归周矣，故武王革命即成功，是"众允，悔亡"。

九四：晋如鼫鼠①，贞厉②。
《象》曰："鼫鼠，贞厉"，位不当也。

【音注】①鼫（shí）鼠："五技鼠也。能飞不能过屋，能缘不能穷木，能游不能渡谷，能穴不能掩身，能走不能先人。"（《说文》）且"好在田中食粟豆"（郭璞注《尔雅·释兽·鼠属》）。 ②厉：危也。

【义译】九四，当晋卦光明前进的时候，在诸侯之位，而以阳居阴位，不中不正，如前进时像大老鼠一样贪进，则虽是得正，也有危险，何况本身不得正位。

《象辞》说，鼫鼠贞厉，是由于居位不当。

【象证】九四，阳刚在诸侯之位，下有初六之应，三、四震象半见，震为足，在晋卦之时，故曰"晋如"。本卦六二、六三、九四互艮，艮为鼠，此"鼫鼠"所以取象也。在晋卦光明前进之时，应"柔进而上行"，九四阳刚不正以前进，故有"晋如鼫鼠"之象。以刚进，虽正亦危，故"贞厉"，况不正乎？极言其危也。

如昔宋襄公才小志刚而假行仁义，贪心图霸，终败死。又如明代魏忠贤、刘瑾及清代和珅，当相国之位，皆贪污且害贤忌能，终被诛贬而死，是"晋如鼫鼠"而危亡者也。至如古今中外身为诸侯而不得正位、无道德而发动政变者，多败死。

六五：悔亡，失得勿恤①。往吉，无不利。
《象》曰："失得勿恤"，往有庆也。

【音注】①失得勿恤：荀爽、虞翻谓失得之"失"都作"矢"解，矢是誓的意思，"矢得勿恤"即誓必有得，勿须忧恤。或以"失"为得失之"失"，"失得勿恤"即或得或失皆不要忧恤。恤，"忧也"（《说文》）。

【义译】六五，在晋卦光明前进的时候，以柔处尊位，没有悔吝的。得失皆不要忧恤，前往必吉利，没有不利的。

《象辞》说，"失得勿恤"，是说前往会得吉庆。

【象证】六五，正是《象辞》所谓"明出地上，顺而丽乎大明"之君，故可以无悔，柔顺得中，以居尊位。离为日、为大明，变正，以达"悔亡"之效。离为火，火无定体，而其光或明或灭，此"失得"所以取象。三、四半象见巽，巽进退不果，亦"失得"之象也。六三、九四、六五互坎，坎为加忧，五既失位，变正，则非坎，故曰"勿恤"。以柔居上离之中，如火之炎上，故有"往吉，无不利"之象。坤厚载物，德合无疆，故"往有庆也"。劳于知人而逸于治事者，其世治；明于察事而暗于用人者，其世乱。

武后以女子之身而明于知人，能用贤，亦能安其天下。刘后主事无大小，皆取决于诸葛孔明，"失得勿恤"，亦得以鼎立三国于一时。唐太宗常以用人得当与否为念，故百忍魏征之直言进谏而使国治。不以一事得失为忧，而以用人得当与否为虑，故"往有庆"。

上九：晋其角①，维②用伐邑，厉吉，无咎，贞吝。
《象》曰："维用伐邑"，道未光也。

【音注】①角：兽类头上突出的硬物。易例上爻或称角者，以其在最极之位，莫能再进也。上九刚极，故象角。　②维：与"惟"通，计度也；又与"唯"通，独也；而邢昺以为"维"乃发语词（《尔雅·释诂·疏》）。

【义译】上九,在晋卦光明前进的时候,最在其上,已无法再前进了,故有前进而它的角无所容纳、碰壁的样子,这时候只能讨伐不服从命令的城邑,这是很危险的,但知其危而修德,可以得吉而无咎。

《象辞》说,"维用伐邑"是说其道未能光大。

【象证】上九,阳刚处晋之极,进而至于角,必以其刚极触物,然而进已至极,无所可进,唯有以之伐己邑、伐己之属下耳。既不能进,维用伐己邑,是道未光而有危厉者也。知其道未光,而危厉,能反省修德,戒其刚进,惕厉谨慎,斯能"吉,无咎"。然已至伐己邑,而无德以临民,故虽正亦鄙吝者也,况不正乎?处上爻而失位,进无可进,故"晋其角"。离为戈兵,坤为邑,故"维用伐邑"。应于六三,皆不正,故"厉",变正而惕厉修德,故"吉,无咎",处上而刚进不正,故虽贞亦吝,互坎为灾眚,故"未光"。

城濮之战,楚师成得臣(子玉)以刚而无礼伐宋,而与晋交战,晋退九十里,得臣犹强而追进,故败于城濮。晋阳处父过于刚强,以太傅之任,党于赵盾,轻率替换狐氏家族,而易其中军之位,故遭杀害。唐德宗轻用其刚,以刚而进,故藩镇叛。

明夷

地火明夷

卦体	下卦离	上卦坤
卦象	为火	为地
卦德	为明	为顺

错卦	反卦	下互卦	上互卦	消息卦	附注
天水讼	火地晋	坎卦	震卦	九月卿卦	黑暗的时代

《序卦》曰："晋者进也，进必有所伤，故受之以明夷。"《杂卦》曰："晋，昼也。"而"昼日三接"（《易·晋卦》）。晋卦是光明普照可以前进之时，明夷则明入地中，夜也，是黑暗的时代，君子受创伤的时候。明夷卦离下坤上，离为日，坤为地，日入地中，光明为其所掩，象征着黑暗的时代，光明受到伤害，故名其卦曰"明夷"。

凡六十四卦皆两两相承，或相错旁通，如乾坤、坎离，或相反相综，如屯、蒙，晋、明夷。亦有既相错又相综者，如泰、否，既济、未济与随、蛊，皆所以示盛衰祸福相倚之理，阴阳刚柔相反相生、相助相变、相辅相成之道。

明夷[①]：**利艰贞。**

【音注】①明夷：夷者，伤也。

【义译】明夷，黑暗的时代，在光明受到伤害之时，利于在艰难中守着正道。无论遇到任何艰难，仍然不违正道。

【象证】明夷，上卦坤为地，而掩下卦离日之光明，光明受损伤，故曰"明夷"。互坎为艰难危险，君子守正，不因流离颠沛而改节，故"利艰贞"。昏君在上，明哲见伤，立场非常艰难，去之则亡国而失君子明道淑世之心，守正道吉，则不免于祸。在此多方艰难中不背正道，方是君子。

箕子守正以自晦其明，以待时之可为。比干杀身成仁、舍生取义，以持正道于不坠。文王刻苦忍耐，柔顺委曲以受灾难，而不失其正。微子痛定思痛，艰持祖业香火于不坠，而远离难区，守正以另创基业。要之皆在艰难中坚持正道。

《彖》曰：明入地中，明夷。内文明而外柔顺，以蒙[①]大难，文王以之[②]。"利艰贞"，晦[③]其明也。内难而能正其志，箕子以之[④]。

【音注】①蒙：遭遇。 ②文王以之：文王被囚羑里之时，内蕴文明之德而不露，外用柔顺以服事纣，所以蒙大难而身得保全，不失其正，此文王所用之道也，故曰"文王以之"。以，"用也"（虞翻）。 ③晦：隐藏，隐蔽，昏暗。 ④箕子以之：箕子为纣之叔，见纣之残暴，微子去之，以存殷祚，比干既谏而死，箕子知谏无用，即晦藏其光明的德性，佯狂以避祸，而守着正道，以待时，故曰"箕子以之"。

【义译】《彖辞》说，光明入于地中，这是明夷卦光明受伤害，是黑暗时代的现象。内守着文明，而外表现出柔顺，以蒙受大难，这是文王被纣所囚禁时所用的态度。利于艰难地守着正道，是说隐藏着他的英明而韬光养晦。蒙受灾难于自己家族核心之内，而能守着正大的志洁，这是箕子蒙难时所用的态度。

【象证】 明夷卦，下卦为离、为日、为明，上卦为坤、为地，离明在地下，故曰"明入地中"，光明入于地中，则明灭矣，故曰"明夷"。

以文王释卦德，内卦离为文明，外卦坤为柔顺，故曰"内文明而外柔顺"。圣明的文王，遭暴虐的商纣，与鬼侯、鄂侯为纣之三公。鬼侯有好女献纣，纣不喜而杀鬼侯，鄂侯争之急又被杀，文王闻之喟然而叹，被纣囚之羑里。文王际此黑暗无道之时代，唯有以外表柔顺、内心文明的态度，忍耐被囚禁的无奈，不敢以强争，恐如鄂侯之被杀也。数年后，散宜生之徒方得计，献美女珍宝于纣，文王终得脱险。

以箕子释卦辞，互坎为灾难，上坤为地、为阴、为晦，下离为明，故曰"晦其明也"。韬光养晦，隐藏其智计行踪，以待可为之时，既不失其正，又不显其正，是谓"'利艰贞'，晦其明也"。箕子为纣近亲，谏纣而纣不听，乃外而佯狂，披发为奴，内而明哲以待时。是既晦其明，又不能视家族国家之灭亡，故在内难中，多方暗中维护，以待时之可为。比干已谏而死，微子已存殷祀而去。假使纣死，武庚继位，以图强救存，非箕子谁能辅之？故箕子在纣之黑暗时代，独自地隐藏其明智，佯狂以避开纣王的杀害，受辱于囚奴，犹自忍耐，艰贞晦明，守正以待时，而不妄自菲薄。周武王革命成功，封箕子于朝鲜，开朝鲜半岛之文明，何其伟矣。

《象》曰：明入地中，明夷，君子以莅众①，用晦②而明③。

【音注】 ①莅众：临民，治民。莅，临。 ②用晦：隐藏其明智光芒，不使锋芒外露。晦，阴，柔。 ③用晦而明：光明外露，光辉外润。若锋芒敛藏即是"用晦"，光辉蕴蓄即"而明"。明，阳，刚。

【义译】《象辞》说，光明入于地中，这是明夷卦光明受伤害，是黑暗时代的现象。君子体察此现象，故而在莅临政事治理大众时，能用阴柔的一面，晦藏其聪明睿智于内，同时也能用阳刚的一面，以表现其明智的成功于外。

【象证】 下离为明，藏在上坤为地、为晦暗之中，故曰"明入地中"，"用晦而明"。盖"用晦而明"，即《象辞》所谓"晦其明也"。能晦其明，而其明终不晦，终能光辉外润，故曰"用晦而明"。如箕子是也，此一意也。

用晦如用明，此二意也。在黑暗之时，不能用明，故用晦。能晦藏其明于内，不以察察为功，而能敦厚修德。治人尚晦，古之君主以冕旒蔽明，黈纩塞聪，亦用晦之道。虽则用晦，而其明自能外著。如孙中山先生明知某人革命不诚，而亦给钱，终使彼人感动而输诚革命。

盖水至清无鱼，人至察无功，故老子曰："其政察察，其民缺缺。"是故苛刻不久，敦厚可久，故"用晦而明"，此三意也。

用晦，阴也，即用六也；用明，阳也，即用九也。明夷之世，既能用晦，又能用明，能柔能刚，斯能担当大业。

初九：明夷于①飞，垂其翼②。君子于行，三日不食。有攸往，主人有言。
《象》曰："君子于行"，义不食也。

【音注】①于：前往。　②翼：鸟翅膀。

【义译】初九，在光明被伤害的黑暗时代，有所前往，像鸟飞行而鸟翼已被伤害而下垂了。君子在这光明被伤害的黑暗时代，有所行动的话，会有三日无物可食的灾害；以此而有所前往，必遭主人之闲言。

《象辞》说，君子的前往，在道义上，不接受他人之食。

【象证】荀爽说："火性炎上，离为飞鸟，故曰'于飞'。为坤所抑，故曰'垂其翼'。阳为君子，三者，阳德成也。日以喻君，不食者，不得食君禄也。阳未居五，阴暗在上；初有明德，耻食其禄，故曰'君子于行，三日不食也。'"（《周易集解》）伯夷、叔齐之避暴政入周，亦皆此类。

来知德注："离为雉鸟之象也。此爻变艮，独一阳在中卦之中为鸟身，初与六上下为翼，故《小过》初六曰飞，上六亦曰飞，皆以翼言也。此爻居初，故曰垂翼也。垂其翼而犹能飞，则伤亦未太重矣。'三日不食'者，离居三，三之象也，离为日，三日之象也；离中虚，又为大腹空腹不食之象也。"（《周易集注》）

昔韩信居黑暗时代，寄食于友，而友以为烦。信不得已而去，三日不食，漂母食之。至市，少年辱之，信隐忍行其胯下，终辅刘邦成帝业，名扬后世。

六二：明夷于左股①，用拯②马壮吉。
《象》曰：六二之"吉"，顺以则也。

【音注】①左股：股，大腿。左股，左大腿。　②拯：救援。

【义译】六二，在明夷光明受伤的黑暗时代，居大夫之位，有伤于左股的象征，能用强壮之马、有力的后援，去拯救，则吉。

《象辞》说，"六二之'吉'"，是因为能顺合于法则。

【象证】下互坎为灾难，故夷伤，二、三巽象半见，巽为股，故为"左股"，坎于马为美脊，二、三艮象半见，艮为手，故"用拯马壮吉"。前人以为此爻指文王。明夷二爻至五爻，有小过的现象，小过有飞鸟之象。"夷于左股"，言伤之犹未在上体也。三、四、五互震，震错巽，亦股之象也。明夷象人身，故初、二为股，三、四为腹，五、上为首。坤为顺，故曰"顺"；坎为律，故"顺以则也"。文王因于羑里，"夷于左股"也。散宜生之徒，献珍物美女，"用拯马壮"也。脱羑里之囚，得专征伐，"吉"也。"六二之'吉'"者，即《象辞》所谓"内文明而外柔顺"，有中正之则，故能"用拯马壮吉"。

九三：明夷于南狩①，得其大首②，不可疾③贞。
《象》曰："南狩"之志，乃大得也。

【音注】①狩：冬猎曰狩。 ②大首：大头领，最高君主。 ③疾：急，速。

【义译】九三，居明夷黑暗的时代，以三公，在内卦之上，阳刚当位，有向南方狩猎而捉获其大首的象征。以人事言之，即武王的革命，灭除纣王。居此时，不可急切地匡复正道，当渐渐地改革。

《象辞》说，向南方狩猎的心志，是说大有所得。

【象证】明夷卦下卦为离，离为明、为南方之卦，又为戈兵。《说卦》曰：离，"南方之卦也，圣人南面而听天下，向明而治，盖取诸此也"。又二至四互坎，坎为弓轮、为豕，施之于猎，此"南狩"之所以取象也。南面为君，南狩者犹言革命，犹商汤之伐桀，武王之伐纣，为君讳，且用隐喻象征，故曰"南狩"。

君者，伟大之首领也，故曰"大首"。上卦错乾为首、为君、为大，故曰"大首"。互坎为疾、为亟心，互震为动，初至四互革，已日乃孚，革言三就，故"不可疾"。九三虽刚明，臣也；上六虽昏暗，君也。必迟迟以俟之，出于万一不得已，如天命未绝，人心尚在，则一日之间，犹为君臣也。征者伐暴救民，其事正也，故不可疾，唯在于"贞"者此也。又天下方革命之后，改正朔，易服色，政治改革，亦不可疾。盖在暴政之下已久，须慢慢渐渐改革，导之以德，齐之以礼，教之以正，故"不可疾贞"。

武王革命成功后，即解散兵甲。及武王崩，成王幼小，周公辅政，三监与武庚造反，周公三年东征始平。周家胜利，亦即遣散兵甲。而变起匆促，卒难能应付，此亦"不可疾贞"之故。王安石变法，操之过急，致群小当位、君子远离而致失败，此亦当行之以渐，亦"不可疾贞"之故也。

六四：入于左腹①，获明夷之心，于出门庭②。
《象》曰："入于左腹"，获心意也。

【音注】①左腹：人心在左，重心在腹，左腹犹心腹，心为人体最重要关键之处，犹微子为纣之兄，乃左右腹心之臣，深知其心意。 ②出门庭：遁去。

【义译】六四，诸侯之位，以阴爻居阴，得正，在明夷光明受伤害的黑暗时代，进入人的腹心，深知将伤害明德之心意，即离开门庭，以避免灾难。

《象辞》说："入于左腹"，是说已获知他的心灵意志。

【象证】初爻指伯夷、叔齐，二爻指文王，三爻指武王，五爻指箕子，上六指纣，则此爻（四爻）乃指微子。微子见纣之残暴，将亡身灭族，为存祖先之香火，为免玉石俱焚，为不愿同流合污，为保全祖先之宗庙祭祀以承先启后，故归于有德之文王、武王。

六五：箕子①之明夷，利贞。
《象》曰：箕子之贞，明不可息②也。

【音注】①箕子：纣之叔父，孔子以为"殷有三仁，微子去之，箕子为之奴，比干谏而死"，皆以圣人之心，行圣人之志，诚仁矣。而箕子之用心，独难，故此爻以比之。 ②息：灭。

【义译】六五，以柔中之德，在明夷光明受伤害的黑暗时代，本来具有做君王的德性，但在黑暗时代，反有杀身之危，应当如箕子处纣伤明之时，多方委曲地藏着明德而不露，艰难地坚持着正道，而暗中保持宗社国家，这样利于守持正道，方可保身卫国。

《象辞》说，箕子守正道，是说他的光明不可熄灭。

【象证】六五，在坤阴暗之中，居至暗之地，近至暗之君，然有柔中之德，晦其明而正其志，正是《象辞》之"'利艰贞'，晦其明也。内难而能正其志，箕子以之"，所以佯狂受辱而不惧也。居明夷如箕子，乃贞之至矣。

诸爻以五为君位，此以六者，何也？盖九三明之极，唯武王可以当之；上六暗之极，唯纣可以当之。六五有柔中之德，非纣之所能当也，故以箕子当之。

上六：**不明晦**①，初登于天，后入于地。

《象》曰："初登于天"，照四国②也。"后入于地"，失则也。

【音注】①不明晦：不明而晦。即当明而不明，反而黑暗。 ②四国：天下四方。

【义译】上六，居明夷黑暗时代，最居上位，为明夷之主，是暗君之位。最黑暗之人不能够光明地治理天下，反而黑暗到极点，因此初则锋芒显露，如登上天的得意，后则失败，如埋于地的悲哀。

《象辞》说，"初登于天"，是说他的威风照耀天下四方；"后入于地"，是说失去法则，终至于失败。

【象证】明夷上坤为地，而高压在下的卦离之上。离为日、为明，是火在地下。光明受伤害的黑暗时代，故不光明而黑暗。而上六即如纣王，为明夷之主，极尽黑暗之能事，而如小人之得意，高居天子之位，以黑暗临民伤民，胡作非为，极其暴虐无道之威风，以临耀天下，故天下畏之。故"'初登于天'，照四国也"，民忍无可忍，至武王革命，皆相率倒戈相向，卒使商纣灭亡，故"后入于地"，乃因黑暗失则，终至败亡也。

家人

风火家人

卦 体	下卦离	上卦巽
卦 象	为火	为风
卦 德	为明	为入

错卦	反卦	下互卦	上互卦	消息卦	附注
雷水解	火泽睽	坎卦	离卦	五月大夫卦	修身以齐家

家人，意指修身以齐家，把家庭治好，方能齐家以治国。

《序卦》曰："夷者伤也，伤于外者必反其家，故受之以家人。"明夷卦是伤害光明的黑暗时代，人在外受伤害时，必定要返回其家，得到家庭温暖，以慰其创伤，或修身以齐家，以待可用之时。所以明夷卦之后就是家人卦，是下经第七卦。

"家人，内也。"（《杂卦》）做到内部团结，方能治外。"君子不出家而成教于国。孝者所以事君也，弟者所以事长也，慈者所以使众也。"（《礼记·大学》）而君子"居家理，故治可移于官"（《孝经·广扬名章》）。是故君子修身方能齐家，齐家方能治国。

家人：利女贞①。

【音注】①利女贞：自古男管外、女管内，治家最重要者为家庭妇女，妇女以正则齐家成功一半，故"利女贞"。《易经》以阳为男、阴为女，阳为君、阴为臣，"利女贞"，亦即在一个团体或国家之内，做部属臣下的，亦即其内部成员，须利于守着正道，这个团体或国家，方能治好。

【义译】家人，要修身以齐家。利于它内部的成员，即妇女、臣下，守着正道。

【象证】家人卦上巽为风、为长女、为入、为恭逊，下离为火、为中女、为明。下互坎为中男，初、二兑象半见，兑为少女，二、三艮象半见，艮为少男，三、四震象半见，震为长男，五、上乾象半见，乾为君、为父，而高居上位以领导，乾错坤，坤为母，家之成员已具，故曰"家人"。

家人之道，首在乾父之修身齐家，今九五居中正之位，既已得正，有修身齐家之德，尚需贤内助及家中成员之配合，故曰"利女贞"。任何企业，乃至国家皆如此，领袖已正，尚需好的臣下以正配合，则家齐而国治、天下平矣。

下离为中女而二得正位，上巽为风而四得正位，故曰"利女贞"。历观帝王将相、士农工商，多有因得贤妻、良臣而齐家保业，乃至治国平天下者，故家人之最重，乃"利女贞"焉，诚哉圣言。《诗》曰："刑于寡妻，至于兄弟，以御于家邦。"（《诗·大雅·思齐》）末世之君不正，不能刑于寡妻，以至于兄弟，以至于国家、天下，亦因得恶妻而促其亡也。家有恶妻，则家国毁矣。

舜得娥皇、女英，夏得涂山氏女，而成圣王之业。周之太王、王季、文王亦得嘉妻，而齐家，治国，以至于平天下者也。故夏桀之亡也以妹喜，商纣之亡也以妲己，周幽之亡也以褒姒，唐玄宗之败也以贵妃，清之亡也以慈禧，家人宜"利女贞"者此也。

《彖》曰：家人，女正位乎内，男正位乎外；男女正，天地之大义也。家人有严①君焉，父母之谓也。父父，子子，兄兄，弟弟，夫夫，妇妇，而家道正，正家而天下定矣。

【音注】①严：庄严尊敬。

【义译】《彖辞》说，家人，女守着正道，处理家内之务；男守着正道，处理家以外的事业；男人女人各各坚守正道，这是天地间的大道理。家人之中有一家之主，如庄严而受尊敬的国君，那就是家中的父母呀。全家之内，父母亲尽到为人父母亲的责任；子女尽到为人子女的责任；哥哥姐姐尽到哥哥姐姐的责任，去爱护弟妹；弟弟妹妹尽到弟弟妹妹的责任，去恭敬兄姐；丈夫尽到丈夫的责任，妻子尽到妻子的责任，父母、子女、兄姐、弟妹、夫妇皆各守正道，家庭之道就端正了，所有的家都守着正道，天下也就安定了。

【象证】乾为君、为父、为夫，坤为母、为妇，震坎艮为兄弟，巽离兑为姐妹，家人上六变为既济，六爻皆得正位，故父母、兄弟、姐妹、夫妇皆正，家道正，而国治、天下平。

吾儒内圣外王之学，自格物致知、诚意正心以修身，以成内圣之功夫，然后以之齐家、治国、平天下，以成外王之业，而内圣外王之基成于家人，家人之重要，由此可见。程子曰："世人多慎于择婿而忽于择妇。其实婿易见，妇难知，所系甚重，岂可忽哉？"

桀纣以身不正，而妇不正，而失其天下。

《象》曰：风自火出，家人，君子以言有物①，而行有恒。

【音注】①物：事物，事实，内容实物。"天生蒸民，有物有则。"(《诗经·大雅·荡》)

【义译】《象辞》说，"风自火出"，是家人卦的现象，君子体察此现象，言语就必须要有事实实物，行事必须要有恒心。

【象证】巽为风、为木，离为火，夏天火盛热后，继之以秋风起，故曰"风自火出"。钻木可以取火，五行木生火，古时取火必扇风，是火亦由风生，故曰"风火家人"。家人卦，八卦之象皆具焉（见卦辞"象证"），故"有物"。兑为口、为言，故"言有物"。震为行、为动，有巽有震之象，雷风恒之卦具焉，故"行有恒"。故《易·系辞上》曰："言行，君子之枢机；枢机之发，荣辱之主也。言行，君子之所以动天地也，可不慎乎？"

【笺注】 程子曰："正伦理、笃恩义，家人之道也。"（《伊川易传》）

初九：闲[①]**有家，悔亡。**
《象》曰："闲有家"，志未变也。

【音注】 ①闲：防闲，防范；闲习。

【义译】 初九，在修身以齐家的开始，为士农工商之位，从自己至家人，皆须坚持正道，若能防范邪恶不正的事情，就没有后悔了。

《象辞》说，能事先防范全家邪恶不正的事，是说修身以齐家的心志，仍然坚持着，未有改变，所以不会有悔吝。

【象证】 二、三艮象半见，艮为手、为闲，二至四互坎，坎为盗、为亟心、为志，故宜防闲，使心志正，初九得正位，故"志未变"也。子女之教育，自童蒙始，方能有修身以齐家，齐家以治国平天下之志，故蒙卦卦辞曰"童蒙吉"，蒙卦《象辞》曰"蒙以养正，圣功也"。媳妇娶进门，翁姑告之以家道。娶妻，夫导之以正，故古人床头教妻，盖夫正则妻正矣。

昔帝尧妻舜以二女，欲以"观厥刑（法度）于二女，（舜）厘降二女于妫汭，嫔于虞"（《尚书·尧典》）。舜能以义理下帝女之心，于所居妫水之汭，行妇道于虞氏，故能由齐家而治国。文王能"刑于寡妻，至于兄弟，以御于家邦"，故国治。昔鲁桓公不能防闲其妻姜氏之淫，卒身死异国。唐玄宗不能防闲其家，君不君而父不父，终肇安史之乱。而昔窦禹钧（燕山）教五子，名俱扬，柳公绰以礼法传家，皆是善防闲其家而得吉者也。

六二：无攸遂[①]**，在中馈**[②]**，贞吉。**
《象》曰：六二之"吉"，顺以巽也。

【音注】 ①遂：进，如"不能退，不能遂"（《大壮卦》）。另解为"成"，如"百事乃遂"（《礼记·月令》）。 ②馈：馈饷，进献食物。

【义译】 六二，在修身以齐家的时候，为大夫之位，而得其正；象征着不要追求私人的目的，只在内部主持本分以内的工作，比如馈饷膳食等内政就可以了，就如家庭主妇，主持家中馈食享献人神的礼节，如此坚守正道，是吉利的。

《象辞》说，六二得吉利，是因为柔顺。一顺百顺，而又谦逊谦卑。

【象证】此即卦辞"利女贞"。古者诸侯有国，大夫有家。小国相当于县，大国相当于一省；小家则乡、镇、村、里而已，大家则有县或数县之大。六二得正位为大夫之位，但治好自己分内之事，主持己之城邑、市镇或村、里之事可矣，勿干预诸侯或天子之内政，而把持其权。坚守其大夫之正位，柔顺谦逊以事其上则吉。如为家庭主妇，当正位乎内，管理家政，主持馈食享宴，守正以持家则吉也。六二坤爻，坤为顺，应于上卦，巽为恭逊，故曰"顺以巽也"。互坎为水，兑羊象，兑为口、为食，艮为手，震为行，震象不行，故"无攸遂，在中馈"。

春秋时子产治郑，秉此以兴。商鞅治秦，反此以败。翼缺耕田，其妻亲馈之以食；胥臣荐之于晋文公，卒当大任。舜之二妃，唯顺舜事，谦卑恭逊，斯皆持家有法者也。

九三：家人嗃嗃①，悔厉②吉，妇子嘻嘻③，终吝。
《象》曰："家人嗃嗃"，未失也；"妇子嘻嘻"，失家节也。

【音注】①嗃（hè）嗃："严酷貌。"（《说文》）"严厉貌。"（《广韵》）"严大之声也。"（《玉篇》） ②厉：危。 ③嘻嘻：笑乐。

【义译】九三，在修身以齐家之时，以阳刚居阳位，得刚正之气，以严厉、严格的方式，来管理家人，有时因过严而有懊悔和危险，但"棒下出孝子"，最后能将其磨砺成才，成就齐家治国之业，所以吉利。如果家教不严，让妻妾、部下与子女整天嬉玩、笑乐不已，最后势必家业破败而有吝咎。

《象辞》说，"治家以刚严"，并未失道，是不会有损失的。"妇子嘻嘻"，是失去治家的节度法制的。

【象证】九三以阳刚居阳位得正，在下卦之最上位，故有"嗃嗃"刚严的气氛。下卦离为火，炎上太猛，初二兑羊象为口，故有"嗃嗃"之象。互坎为险、为亟心、为灾眚，故未受悔厉，得齐家治国之正道，故吉。古人棒下出孝子，治家以刚严也，治国以刚猛辅宽柔之不足，能刚柔相济，亦成功之道也。

九三居三公之位，以刚严辅国齐家，此国家之福也。如德国俾斯麦，居三公宰相之位，以刚猛治国，而德国赖以整治富强，世号之为铁血宰相，虽悔厉而吉。

治家时，若任其臣下、妻妾、子女玩乐、挥霍、嬉笑，终必国破家亡，而身败矣，故"妇子嘻嘻，终吝"。如唐玄宗之纵容杨贵妃荒唐，乃至古今中外亡国破家之公卿将相、士农工商，莫不皆然。

上巽为长女、为妇，坎、离为中男、为中女、为子。初、二半象兑为口、为悦、为毁折，初至四互体节卦，故"'妇子嘻嘻'，失家节也"。

六四：富家大吉。
《象》曰："富家大吉"，顺在位也。

【义译】六四，在修身以齐家的时候，以阴居阴，得到正位，在诸侯而得正位，所以能保有富贵幸福的家，这是大吉的。

《象辞》说，"富家大吉"，是因为能和顺地守着正位。

【象证】六四，在诸侯之位而得其正，能顺从九五阳刚中正之君，以辅治臣民，故能保其富贵，而得大吉。上自帝王将相，下至士农工商，待人能柔顺，一顺百顺，顺天理，应人心，顺道德，坚守正位，而又能上承于其刚健中正之长辈，一定能保其"富家大吉"。

昔姜太公辅佐文王、武王，谨慎在位，奋其雄武，助武王平纣，而得齐国之封，是"富家大吉"者也。管仲相桓公，九合诸侯，一匡天下，伸正气于天下，而有三归，巽为近利市三倍，亦"富家大吉"者也。

九五：王假①有家，勿恤②，吉。
《象》曰："王假有家"，交相爱也。

【音注】①假（xiá）：与"遐"通，"大也"（《尔雅·释诂》），如"假哉天命"（《诗经·大雅》）。 ②恤：忧。

【义译】九五，在家人卦修身以齐家的时候，以阳居阳，大中至正，而居天子之尊位，已由身修、家齐、国治而至天下平的阶段，以至于天下一家了，所以九五之尊的君王，能平治天下而大有其家，此时唯由亲亲而仁民而爱物，使天下交相爱而成一家即可，勿用忧虑，这是吉利的。

《象辞》说，"九五之尊的君王定四海为一家"，是说使天下的人皆相互爱护，把天下看作一家人一样相亲相爱。

【象证】吾中国人自古即有"天下一家""大一统""一统江山"的思想，所以《礼记》上说："圣人耐（能也）以天下为一家，中国为一人。"《公羊传·隐公元年》曰："何言乎王正月？大一统也。"而其大一统之思想，是从内圣外王的哲学基础建立起来的，所以《礼记》《大学》载"诚意正心"（德）、"格物致知"（智），德智双修以至内圣的功夫，以修身齐家，身修、家齐而后去治国平天下，以完成外王的事业。家人卦整个卦的过程，即是说明此段过程的。

初九是修身以齐其家庭（狭义的家），六二是修身以齐其广义的家，即在大夫之位所管理的行政事务，故必须大公无私，完成上级所交代的职务，唯其官守是务，而务守其正道，故"无攸遂，在中馈，贞吉"矣。大夫之家既能治，则治其狭义之家，亦容易，故能夫义妇顺，妇内夫外，故使其家齐，使其妇能"无攸遂，在中馈，贞吉"。

九三是以刚明严厉修身以齐其家，故能助天子与诸侯治国平天下。故治之以刚健得悔厉之吉，若辅之以散漫、游乐，则终于吝咎。六四是能齐家而治其国者也，故"富家大吉"。九五是天子，历经修齐治平者也，故能感格天下，使天下为一家，而教相亲相爱，以进大同。上九是宗庙隐士之位，诚信、威仪、反省而保其家业。此《易经》家人卦所以指导吾人内圣外王之道者也。

五、上乾象半见，乾为君、为王、为大，旁通坤，坤为臣、为妇、为家，二至五互体双艮，艮为门阙，亦家之象也。阳大阴小，九五以阳刚居阳位，居中而得正位，居天子之尊位。阳刚则能存天理之正气，去人欲之私情，中正，则能大中至正，允执厥中而尽善尽美，又能居天子之位，一统江山，故曰"王假（大）有家"。

互坎为忧，坎在其下，已出坎险之上，故勿恤。得正位，天下一统，完成内圣外王之业，故吉。

文王在羑里患难之中，不敢明正其言，故隐之以象，以感格天下，既仁且智，此文王之所以为圣也。

上九：有孚威如[①]**，终吉。**

《象》曰："威如"之吉，反身[②]**之谓也。**

【音注】①威如：有威严的样子。　②反身：反省自身。

【义译】上九，在修身以齐家的时候，以阳爻而居家人卦的最上，为宗庙隐士之位，要以诚信的态度，庄重而有威严的精神去修身齐家，最后才能得到吉利。

《象辞》说，"诚信威严"而得吉利，是因为能够常常反省自身。

【象证】下互坎，坎为水，水流不失其信，上九以阳居阴位，不正，变正则上卦成坎，变家人为水火相济，故有孚、有诚信。乾象半见，乾为刚健威严，上九又阳刚，故有"威如"之象。上九不正变正，坤为自，艮为身，故有"反身"之象。

反省自身，使德智日进，又辅之以诚信，庄敬威仪，方能修身以齐家。如孔子、孟子，未得帝王将相之位，然以其孚信威仪，垂范千古，为万世之师表，"终吉"之道也。

睽

火泽睽

卦体	下卦兑	上卦离
卦象	为泽	为火
卦德	为悦	为明

错卦	反卦	下互卦	上互卦	消息卦	附注
水山蹇	风火家人	离卦	坎卦	十二月卿卦	事与愿违

《序卦》曰："家道穷必乖，故受之以睽，睽者乖也。"家人之道，是要修身以齐家，乃至治国平天下。若违背了这个原则，身不修，则家不齐，而至于国不治而天下乱，也就有违背的事情发生，而动则得咎，事与愿违了，所以接着是睽卦，是下经第八卦。

睽：小事吉。

【音注】①睽（kuí）：睽违，乖违，违背。

【义译】睽，在天下违背，事与愿违的时候，做小事，是吉利的。

《彖》曰：睽，火动而上，泽动而下；二女同居①，其志不同行。说②而丽③乎明，柔进而上行，得中而应乎刚，是以"小事吉"。天地睽而其事同也，男女睽而其志通也，万物睽而其事类也。睽之时用大矣哉！

【音注】①二女同居：离为中女，兑为少女，同在一卦，故曰"二女同居"。②说：悦。　③丽：美丽，引申为附丽、归附、附着。

【义译】《彖辞》说，睽卦违背。比如说火是向上燃烧，泽水是向下凝聚，一个要上，一个要下，两个就乖违、违背了。又比如说中年女生和少年女生同居，她们的心志行为都不同，就互相隔阂、乖违、违背了。这就是构成违背、睽违的因素和象征。倘若能够抱着欢悦的态度去克服一切违背、乖违的事物，能附丽于英明、聪明的人主或事业，柔顺且一顺百顺地前进，向上行进，从容中道，做到面面俱到，恰到好处，能应合于阳刚。在事与愿违的时候，做小事是可以得到吉利的。我们看天地是上下互相违背的，但其生成万物的事功是相同的。男女在外表上是互相睽异不同的，但他们的心志是相通的。万事万物的形形色色是相互睽异、各异其趣的，但它们所构成的事类，为人类所应用，是相类的。睽违的时机和功用是多么重大呀！

【象证】上卦离为火，火性炎上，故曰"火动而上"；下卦兑为泽，泽性向下，故曰"泽动而下"。离为中女，较成熟沉着，较懂世故，德性明；兑为少女，较幼稚天真，较不懂事，德性悦。上离下兑组成睽卦，故曰"二女同居，其志不同行"。

兑为悦，离为明，能心悦诚服地跟随英明的国君，或做聪明的事情，就能在天下睽违、事与愿违的时候，突破难关。六五柔顺得中而居上卦之中，在天子之位，而下应于九二的阳刚，故曰"柔进而上行，得中而应乎刚"。能柔顺，一顺百顺地前进，同时是向上进步而不是向下退步，是上升而不是下降，又能得中，允执厥中，从容中道，尽善尽美，面面俱到，又能应合于阳刚的君子，而存天理的正气，去人欲的私情，是以在睽违之时，可以从小事中得吉，而慢慢地开拓新机运。

坎为志、为通，故曰"其志通也"。坤为众、为万物、为类，故曰"万物睽而其事类也"。方睽违之时机，事与愿违，所求不遂，不能有为，未得其时，不能突破，故其时机重大，须用六种精神处理，方能得小事之吉，而转大事之用。

昔汉光武帝刘秀，在兄长为更始皇帝所杀，危机重重、百般困难违背之时，独能隐忍，虽心中不悦，但不动声色，而表现出服从、和悦的态度，能柔顺得中，得贤以自佐，终成帝业。

《象》曰：上火下泽，睽。君子以同而异。

【义译】《象辞》说，上面有火性的炎上，下面有湖泽的凝聚于下，上下互相违背，这就是睽卦，违背的象征。君子体察此种现象，则在与天下的人地事物、政事伦理和同之中，又能显出他特异的才智人品，有异于众。人同天下之所同，而才德卓然超群有异。

【象证】睽卦，上卦离为火的向上，下卦兑为泽的聚下，上下相违背，故曰"上火下泽，睽"。离为中女，兑为少女，同为女性之象征，而大小有异，同为八卦之一，而离明、兑悦，其卦德有异，《彖辞》所谓"二女同居，其志不同行"，亦同中有异之意。

民吾同胞，物吾与也，泛爱众而亲仁，是君子与万民所同也，然"施由亲始"，由亲亲而仁民，由仁民而爱物，是同中有异者也。君子与众德性相近也，而学行之努力，卓尔不群，是"同而异"也。《中庸》曰："万物并育而不相害，道并行而不相悖，小德川流，大德敦化。"是君子在大同之中，亦容许小异也，故能涵盖万有，弥纶天下，而修齐治平，而进大同，此亦"以同而异"之另一层意义。

初九：悔亡。丧①马勿逐②，自复。见恶人，无咎。
《象》曰："见恶人"，以辟③咎也。

【音注】①丧：失去。 ②逐：追。 ③辟：避。
【义译】初九，在天下睽违、事与愿违的时候，以阳刚得正，居士农工商之正位，所以没有后悔。纵然丧失了马，也不用急着去追赶，久之自能回来。这时候，恶人当道，君子要有以同而异的容人之量，即使是恶人，也需要适度地去见他，能改变他固然好，不能改变，对自己也没有灾咎。

《象辞》说，"见恶人"，是为了避免灾咎呀！

【象证】以阳居阳，得正位，故在睽，违而无悔。互坎为盗、为亟心，于马也为美脊，故"丧马"。震为动，不成动体，而居下卦，兑为悦，故"勿（不）逐"。初应于四，四失正，变正，二至五体复，故"自复"。坎为亟心、为盗，故为"恶人"。上卦离为目、为见，得正，故"见恶人，无咎"。四失位，在睽违之时，初应之，本有咎，四变正，上离为明，下兑为悦，悦而明故可以"辟（避）咎"。

昔孔子在卫，卫灵公夫人南子欲见孔子，孔子见之。子路不悦，以其恶人也，孔子见之，"以辟咎也"。再如"互乡难与言，童子见，门人惑；子曰：'与其进也，不与其退也；唯何甚？人洁己以进，与其洁也，不保其往也'"（《论语·述而》）。是孔子见恶人，欲用机会教育感化之，斯不亦有教无类，而化恶为善，有益国家耶？若皆不见恶人，谁来教化、启迪之，使向善耶？操纵鲁国政权之阳货希望孔子去见他；孔子不见，而阳货赠孔子豚。孔子看他不在之时去答谢，不料在途中见面，阳货训孔子，孔子亦唯诺以应之。此不得已而见恶人，亦恭顺谦逊以见之，欲以免咎者也。

后汉时，中常侍张让操纵政权，张让父死，君子多避而不吊，唯陈实吊之。其后张让逐党人，陈实独免咎，此亦"'见恶人'，以辟咎"者也。郭子仪在病中，卢杞往见，郭子仪立屏左右家人肃恭以见之，亦见恶人于机先，以避咎于事后者也。

九二：遇①主②于巷③，无咎。

《象》曰："遇主于巷"，未失道也。

【音注】①遇：遇见，相逢，不期而会曰遇。 ②主：主人，君主，上级。③巷：小的街道，古时乡里弯曲的小路曰巷。

【义译】九二，当天下睽违的时候，有应于六五柔中失位的国君，所以有在巷道之中遇到君主的现象，这是没有灾咎的。

《象辞》说，在天下睽违的时候，能于小巷遇到君主，是没有失道。

【象证】九二以刚中之才，居大夫之位，上应于六五柔中之君主。上卦离为见，三、四离象半见，艮为径路，故曰"遇主于巷"。

昔周幽王被杀，周平王遇难，而晋文侯拯之，辅之迁都洛阳，肇立东周，此晋文侯之拨乱反正，"遇主于巷"，虽未中兴，亦无咎之道也。

六三：见舆①曳②，其牛掣③，其人天④且劓⑤，无初有终。
《象》曰："见舆曳"，位不当也；"无初有终"，遇刚也。

【音注】①舆：车。　②曳：牵引，拖着。　③掣：牵拉。　④天："黥额"（虞翻），五刑中最轻者，夏商称"墨刑"，最初是凿额，故又称"天刑"，简称"天"。　⑤劓（yì）：割鼻，为古代五刑之一，割去鼻子。

【义译】六三，在天下睽违的时候，应于上九。在下有九二的阳刚牵制于后，所以只得将车子拖着走。想要前进，又有九四横梗于前，又得牵拉其牛慢慢前进。这时候进退维谷，前后都寸步难行，所以身心都伤痕累累，前额与鼻子都有受伤害的痕迹，但是本着刚毅宽弘的器度，去解决天下的睽违，终能克服艰难，而得合同，所以这一爻的核心意思是，最初是不好的，但是最后是有好结果的。

《象辞》说，最初不好但最后好，是说能遇到阳刚的君子，使合异而同。

【象证】上离为目、为明、为见，互坎为曳、为车、为多眚，故曰"见舆曳"。六三阴，坤爻，坤为牛，三、四艮手半见，而九四不得其位，横梗于前，故曰"其牛掣"。兑为毁折，初、二乾之半象，乾为首，艮为鼻，故曰"其人天且劓"。二、三、四、五、上，皆不当位，三在其中，动辄得咎，故"无初"。二至五互既济，故"有终"。乾为阳刚，变乾故遇刚。六三在天下睽违之时，居三公之位，而失正。在前九二之大夫，在后九四之诸侯，与六五之天子，亦失正。三应于上九之宗庙隐士，上九亦失正。三将合睽异为齐同，以共效劳王室，调和鼎鼐，然有百般之困难，故有舆曳、牛掣、面目全非之象。

春秋时子产得子反之助治郑，外有晋、楚超级强国之夹攻，内有伯有、子晳众大臣之刚愎难调，甚而相攻伐，致有人欲攻杀子产，郑人日游于乡校以论子产执政。子产皆宽容之，终能以宽容弘毅之精神治郑，而得成功。昔郭子仪遭囚禁，得李白之助而脱险，后终平安史之乱，以安定国家。古圣贤英雄，皆历经患难，方能合睽异为成功，是"无初有终"也。

九四：睽孤①，遇元夫②，交孚，厉，无咎。

《象》曰:"交孚""无咎",志行也。

【音注】①孤:孤单,单独。　②元夫:元,大。夫,人。元夫指初九元士之位,故曰"元夫",犹大丈夫。

【义译】九四,以诸侯之位,遇天下睽乖违背之时,以阳居阴,不得正位,所以也孤单地违背了,一落入孤单便有危险;但能遇到初九元士的帮忙,彼此互相以诚信相交,就能化解天下的睽违。彼此能抱着危险惕厉的精神去克服危险,就无灾咎。

《象辞》说,彼此相交互信,就没有灾害,是说合异为同、救天下睽违的心志,终能实现。

【象证】九四,夹在二阴之间,下无应援,中互坎险,在睽违之时,亦独自落单、孤单地失朋丧侣,故有"睽孤"之象。能变正以应初九,初为元士之位,离为见,震为行,故有"遇元夫"之象。互坎为心、为志、为通、为信,故"交孚",在睽违故"厉",变正得应,故"无咎"而"志行"。

狄仁杰在武则天改唐为周时,身居相位,颇思匡复,其最初孤立无援,是"睽孤"者也。及遇张柬之,浩然有共复唐朝之志,非"遇元夫,交孚"而何?后仁杰死,张柬之为相,与李多祚、杨元琰、桓彦范、敬晖、袁恕己、崔玄暐等复唐朝之江山。张柬之昔与杨元琰于江中亦有复唐之志,卒相与谋而复唐,居武则天残暴多疑之时,其危为如何也?而张柬之等,合异为同,共解天下之睽违,而天下再安,是虽危而无咎者也。

六五:悔亡,厥①**宗**②**噬**③**肤,往何咎?**

《象》曰:"厥宗噬肤",往有庆也。

【音注】①厥,其。　②宗:宗族,同类者为宗。　③噬:咬,食。

【义译】六五,以柔中之才,居天子之尊位,当天下睽违之时,力图合异为同,能举贤才以自佐,下应于九二阳刚的君子,所以无悔;远看天下在睽违离异之时,其宗族家国,已有噬肤受伤之痛,这时前往去匡救,又有何灾咎呢?

《象辞》说,其宗族家国,有噬肤受伤的痛苦,这时前往去解救,终能救时之离散,所以有吉庆。

【象证】六五,以柔中之才,当天下睽违之时,应于九二的贤才,可以得助而济时艰,故无悔。唯六三既天且劓,如被黥额、如被刑鼻,伤痕累累。三与五同功而异位,三为三公之位,而在多难,天下又多艰,故其国家宗族实在艰难受伤害之际，故曰"厥宗噬肤"。且二至上互体噬嗑，噬嗑六二亦"噬肤灭鼻"，故曰"厥宗噬肤"。下兑为口、为食、为噬，三、四半体艮象为手、为肤，三、五同功，故曰"宗"。六五不正，变则二至上互体同人，同人九五曰"大师克相遇"，故六五奋勇直前，与群贤同心同德，可济天下之艰，故"往有庆也"。变成同人，则坎险不见，故"往何咎"。

周成王即位，周公辅政，管、蔡与武庚叛，天下有睽异之危，是"厥宗噬肤"矣。而成王委周公以东征，卒使天下复安，是"有庆"也。刘秀之兄刘演为更始皇帝所杀之时，刘秀与邓禹、岑彭、吴汉等相应，以解天下之睽异，终能削平天下而一统江山，是"往有庆"矣。

上九：睽孤，见豕①负涂②，载鬼一车；先张之弧③，后说④之弧，匪⑤寇婚媾⑥，往遇雨则吉。

《象》曰："遇雨"之吉，群疑亡也。

【音注】①豕：猪。 ②负涂：负，背。涂，泥途、路途。 ③弧：木弓，弓箭。 ④说：音义同"脱"，为"脱"之假借，解下。 ⑤匪：非。 ⑥婚媾：原为婚姻的遇合，此指君臣上下的遇合。

【义译】上九，当天下违背的时候，最在其上，又不得正位，所以也就孤单地违背离散了。因为应于六三，忽然远见猪趴在泥途之中，载着一车的鬼。于是赶紧张开弓箭，准备射击。走到面前，方知是居三公之位的六三（他因夹在九二、九四之间，车曳牛掣，其人天且劓），而不是鬼，所以后来赶紧脱下弓箭，前往救助六三。上九宗庙隐士之位，他解救的六三并非寇盗，而是六三的三公，如是而前往，得到六三的谅解和六五天子的恩惠，就能得到吉利了。

《象辞》说，遇雨的吉利，是说所有的疑问也就涣然冰释了。

【象证】上九，在宗庙隐士之位，最居上位，有应于六三，然三在二、四阳刚之间，未克前来相应，故有孤独睽违之象。离为见，坎为豕、为水，坤为土，故"见豕负涂"。坎为盗、为疑、为车，兑为毁折，故"载鬼一车"，此指六三之"车曳牛掣，其人天且劓"，正是"见豕负涂，载鬼一车"之象。坎为弓轮，艮为手，故为"先张之弧"。兑为毁折，故为"后说（脱）之弧"。坎为盗寇，五变天火同人，坎象不见，故非为暴寇。

六三得与上九相应，下兑为少女、为臣，上乾为夫、为君，且三至五互巽为长女、为妇、为臣。同人九五曰："大师克相遇。"同人上九曰："同人于郊。"

君臣、上下、夫妇皆得相遇，故有"婚媾"之象。五已变，四至上互体天风姤。姤，遇也。乾为天、为君。乾《象》曰："云行雨施，品物流行。"故遇雨则吉，得君臣、上下、夫妇之相遇，君臣、上下、夫妇相欢。坎为亟心、为疑，五变，坎象不成，故"群疑亡也"。

如三国演义所载关羽、张飞兄弟分散。及关公破五关斩六将，以寻刘备，欲与刘备相聚，而路遇张飞，兄弟几兵戎相见。后得解说，群疑尽亡，而三兄弟复聚会，欢好如初，共同拥戴刘备，复得徐庶、诸葛孔明、庞统诸贤，遂能鼎立三国，亦先"睽孤"，后遇合者也。

人生悲欢离合之际遇，古今中外可歌可泣之故事，在此爻之象见之矣。

蹇

水山蹇

卦体	下卦艮	上卦坎
卦象	为山	为水
卦德	为止	为险

错卦	反卦	下互卦	上互卦	消息卦	附注
火泽睽	雷水解	坎卦	离卦	十一月大夫卦	灾难

《序卦》曰："乖必有难，故受之以蹇。蹇者，难也。"在睽卦违背离异之后，必定有灾难。

蹇卦上卦坎为水、为险，危险在前，下卦艮为山、为止。水在山上，为无源之水，经风吹日晒，旋即干涸，所以有险难、艰险、危机。危险在前，艮止不进，则不能突破险难，所以仍在险难之中，此亦所以为蹇也。

蹇①：利西南②，不利东北③，利见大人，贞吉。

【音注】①蹇：灾难。 ②利西南：后天八卦坤位西南，为顺，一顺百顺、平易近人地前进，方能出蹇难而立功业，故曰"利西南"。 ③东北：后天八卦艮的方位。艮为山、为止、为阳刚、为少男、为小石、为刚躁。若入于险阻，刚躁或停止，则不足出险，故曰"不利东北"。

【义译】蹇卦，在灾难险阻来的时候，利于西南，用坤卦柔顺的精神去顺应，去设法克服；不利东北，用艮卦刚躁的态度去应付；亦不利于艮卦，艮止不进，一筹莫展；这时候有利于去见伟大的人物，应该设法直接或间接地去见有大力量的人，得其扶助即能出险，同时要坚守正道才吉利。

【象证】"利西南"，利于以坤卦含弘光大、宽厚温顺的态度，以适应险难，再突破险难。"不利东北"，不利于以少年盲目刚强的态度行事，艮止不进则终在险难，不能出险，暴虎冯河、盲目刚强，非特无补时局，反增危机。"利见大人"，唯找有力或有德、有位、有势、有才者之帮助，方可出险也。"贞吉"者，一正百正，有道德之正义，方得吉也。

昔者鄂侯、鬼侯、文王为纣之三公。鬼侯有女献之纣，为纣所杀。鄂侯争之，亦为所杀。文王喟然而叹，为纣囚于羑里。文王逆来顺受，卑顺至极，而气度宽弘，"利西南"也。不意气用事，不争不辩，不疾言厉色，不暴虎冯河，然亦非停止不进，此不用"东北（艮）"也。此后文王大臣闳夭、散宜生等以美女珍宝，因纣之嬖臣以献纣，此"利见大人"也，终得出险，而益修其德，至其子武王，终得天下，此"贞吉"也。

初、二坤象半见，坤在后天八卦为西南，二、三巽象半见，巽为利，故"利西南"。下卦艮为东北，艮止不进，艮为少男，少年刚躁锐进，暴虎冯河，血气之勇，故"不利东北"。九五乾爻，乾为大人，互离为见，故"利见大人"。

项羽不能忍受失败的打击，自刎乌江，此即不能止于险。若能明蹇卦之义，"利西南"，先退回自己老家，君子复仇十年不晚，率江东子弟卷土重来，创下邦国也未可知。

《彖》曰：蹇，难也，险在前也。见险而能止，知①矣哉！蹇"利西南"，往得中②也；"不利东北"，其道穷也；"利见大人"，往有功也；当位"贞吉"，以正邦也。蹇之时用大矣哉！

【音注】①知：智。　②中：面面俱到，尽善尽美，不亢不卑。

【义译】蹇卦是灾难的意思，也就是危险在前的意思。遇到危险而能暂时停止不进，不动心，不为所惧，而冷静设法，这是多么的聪明啊！遇到灾难的时候，利用坤卦柔顺的精神，去顺应，去突破，这样一顺百顺、平易近人地前往，就能面面俱到、不亢不卑，得到中道了。不利于用东北，艮卦的精神，"停止""刚躁"，停止则一筹莫展，刚躁则盲目冲动，这样前进，就会困穷了。这时设法去见有德、有位、有才、有势或有财的大人物帮忙，这样前往，就可以有成功的机会了。守着正当的位置，紧守正道，可以得到吉利，因为有这种精神才可以匡正国家啊。蹇卦的时刻，是考验圣贤和英雄豪杰的时候，它的时机和运用，是多么重大啊！

【象证】坎为水、为险，艮为山、为止，下艮上坎，山顶之水，易干涸，犹人在灾难，易入险境，故曰"蹇"。坎险在前，故曰"险在前也"。坎险艮止，互离为见，坎为水、为智，故"见险而能止，知（智）矣哉！"初、二坤半象，坤为西南方，二、三巽半象，巽为利，三、四震动半象，坤顺，故利西南，"往得中也"。下艮卦东北方之卦，二至上互二坎卦，坎险，陷阱重重，又二至五互体未济卦，故"'不利东北'，其道穷也"。九五，乾卦爻体，故"利见大人"，三至上互体水火既济，故"往有功"。初变则全卦成既济，既济六爻皆得正位，坤为邑、为国，故曰"当位贞吉"，可"以正邦也"。

蹇卦之时，受尽灾难，虽圣智英杰，亦不得不忍受。如舜、禹、傅说、文王、周公、管仲、孔子、卫青、李广、李世民、薛仁贵、郭子仪、岳飞，皆历经患难，然灾难正是造就英雄圣智的时机，故其时用大矣。

《象》曰：山上有水，蹇。君子以反身①修德。

【音注】①反身：反省自身。

【义译】《象辞》说，山的上面有水，这就是蹇卦的象征。君子体察这个现象，即以反省自身，修好品德。

【象证】蹇卦上卦坎水在下卦艮山之上，故曰"山上有水，蹇"。

九三、九五，皆乾爻。乾九三曰"君子终日乾乾，夕惕若厉，无咎"。乾为德，坤为身。艮卦卦辞曰"艮其背"，故"反身"。震为行、为修，故曰"反身修德"。

昔文王拘于羑里，作《易》修德。孔子畏于匡，厄于陈蔡，一生皆在蹇难之中，然而"不怨天，不尤人"（《论语·宪问》），且反求诸己。尝曰："德之不修，学之不讲，闻义不能徙，不善不能改，是吾忧也。"（《论语·述而》）皆反省自身，猛修其德者也。

初六：往①蹇来誉②。
《象》曰："往蹇来誉"，宜待也。

【音注】①往：进为往，上卦为往。　②誉：荣誉，美誉。

【义译】初六，在蹇难的时候阴爻失位，如果贸然前进，则陷于危难之中。如果回来多方考虑计划，待时而进就能获得美誉。

《象辞》说，前进就会遇到灾难，回来就可以得到荣誉。即是说要冷静思考，等待时机到来，相时而动。

【象证】初六，以阴居阳位，不得正位，在蹇难之始而不得正位，二至上互二坎卦，坎为险难，重重险难，故"往蹇"。这时如果出来冒险，只会陷于危险中，初体艮止而上无应援。应少安毋躁，回来做好准备工作，以待时机之至。初为士农工商之位，又不得其正，如贸然前往，终遇险难，甚者危亡，唯回来守正待时。此颜渊、闵子骞所以隐居乐道、好学而不仕者也。

六二：王臣蹇蹇，匪躬①之故。
《象》曰："王臣蹇蹇"，终无尤②也。

【音注】①躬：亲自，自身。　②尤：过失，指责。

【义译】六二，当蹇难之时，得正，而居大夫之位，上应九五之天子，所以历尽艰难危险，竭心尽力，公忠体国，全是一片忠诚地发挥，并非为了自己。

《象辞》说，"王臣蹇蹇"，是终究没有过失的。

【象证】二至上互体二坎，而二居其初时，坎为险难，"习坎入于坎窞，凶"（坎初六）。二在大夫王臣之位，故曰"王臣蹇蹇"。艮为自身，二得正，不居艮止，而往应五以济险难，三至上互体既济，故匪躬之故，"终无尤也"。

诸葛孔明之扶持刘备非徒无尤，而名扬万古。昔荀息受晋献公之托，辅奚齐、卓子，虽身死主灭，亦无负其主矣。至南宋末之三杰，文天祥、陆秀夫、张世杰，历经险难而以身殉国，杀身成仁，伟矣壮哉！至于平时空谈而不努力，临危一死报君王，则非矣，然犹较叛臣如明之洪承畴、金之张弘范等为贤也。

九三：往蹇来反①。

《象》曰："往蹇来反"，内喜之也。

【音注】①反：返，回归。

【义译】九三，当天下蹇难之时，处三公之位而得其正。如果暴虎冯河，冲动而前往，就会遇到灾难。只有返回本处，团结内部，厚积实力，待时机成熟以救天下的险难。

《象辞》说，"往蹇来反"，是说他的内部喜欢他回来领导，以待时拯救天下，以共图太平。

【象证】上卦坎险，在九三之上，三、四震动半象，故"往蹇"。下艮止不进，而三在其上，为其卦主，往则遇蹇，唯返回内部以团结内部以待时，艮错兑悦，而在内卦，故曰"内喜之也"。

昔徐敬业内部团结不够坚实，而贸然前往，反武则天以致兵败身死，是"往蹇"也。

六四：往蹇来连①。

《象》曰："往蹇来连"，当位实也。

【音注】①连：连结，联合，连成一气，合力以济。

【义译】六四，以阴居阴，得正，以居诸侯之位，在天下蹇难的时候，若贸然前往，就会遇到灾难，应当回来团结内部，联合国内外的一切力量来共济蹇难，才有拨乱世、返诸正的可能。

《象辞》说，"往蹇来连"，是说应当正其位，而且脚踏实地，实实在在地努力。

【象证】三、四震动半象，四居坎险之下，故"往蹇"。四既不能进，故"来连"。九三之三公、六二之大夫、初六之士农工商，乃至国内外之一切力量，以济蹇难，下艮为止，四动以连之，而又厚实其力，当位以正，方有出蹇之时。

当天下蹇难之时，兄长被杀，而刘秀能联合国内一切力量，团结二十八将，击降铜马、高潮、重连等不服者。降者不安，刘秀乘轻骑案行部阵，降者曰："萧王（刘秀）推赤心置人腹中，安得不投死乎。"（《后汉书·光武帝纪》）刘秀终联合一切力量而削平群雄、匡济时艰，且王有天下。至若陈平联合周勃，以诛吕产而安汉；温峤联合陶侃，诛苏峻以安晋；郭子仪联合李光弼，诛安禄山以定唐；许远联合张巡，守睢阳以安江淮：皆合此爻义。特别是许、张壮烈成仁，舍生取义，皆名扬后世。

九五：大蹇朋①**来。**

《象》曰："大蹇朋来"，以中节也。

【音注】①朋：朋友。君以臣为师者王，如武王师姜太公；以臣为友者霸，如刘备友诸葛孔明；以臣为臣者亡，如桀纣之君，皆以臣不如己而役使之。

【义译】九五，在天下蹇难之时，居天子的正位，身受大的灾难，这时四方的臣子、亲戚、朋友都前来共赴灾难。

《象辞》说，"大蹇朋来"，是说天子要居中节制、领导，分派工作，调兵遣将，以挽狂澜，而救天下，拨乱世而反诸正。

【象证】阳大阴小，九五阳刚得正，而在坎险之中，故曰"大蹇"。旁通睽卦，睽下兑为泽、为朋，三、四震象半见，震为动、为长男，坎为中男，艮为少男，互离为中女，巽兑半象见，为长女、少女，九五乾爻，乾父，六二坤爻，坤母，父母、兄弟、姊妹、朋友皆来，故曰"朋来"。盖九五在蹇难居天子之位，居中得正，正是卦辞"利见大人"，是"大蹇朋来"，非特求朋之来，而且利见，而见需三顾。居"中节也"，亦《彖辞》"当位'贞吉'，以正邦也"之义。盖以大中至正之君，方能居中节制、调度群臣以出险难也。

昔文王得太颠、闳夭、散宜生、鬻子、辛甲、太公，而能居中节制、领导，终肇王业之深基，而得出险难。刘备得关羽、张飞、赵云、黄忠、马超、法正、庞统等之助，而鼎立一方。皆大蹇朋友，居中节制，以成大业者也。

上六：往蹇来硕①**，吉，利见大人。**

《象》曰："往蹇来硕"，志在内也；"利见大人"，以从贵也。

【音注】①硕：大。

【义译】上六，在蹇卦灾难之时，如果前往，就有灾难，回来守宗庙隐士之位，得正则大吉，同时，有利于去晋见大人。

《象辞》说，"往蹇来硕"，是说他的心志在内。"利见大人"，是说遵从贵重的人、事，以弘教化，以济蹇难。

【象证】上六，以阴居阴，在宗庙隐士之位，而合于正道。在坎险之极，五、上震动半象见，故"往蹇"。应于九三，且三至上互体既济，三至五互离为明、为见，三阳为大，故"来硕，吉"。三在内卦，故"志在内也"。"大人"，谓九五之君，"利见"则得保宗庙之任，富贵之位，故曰"以从贵也"。

昔周公匡辅成王，握发吐哺以见天下之贤，故肇周代之盛治，以宗庙之位辅政，未有私天下之心，故得"来硕"之吉。陶侃既定苏峻之乱，本有天下之志而不敢篡位，安分守己，既知"往蹇"而得"来硕"之吉，名留青史，子孙保之，宗庙享之，斯大吉者也。

解

雷水解

卦 体	下卦坎	上卦震
卦 象	为 水	为 雷
卦 德	为 险	为 动

错 卦	反 卦	下互卦	上互卦	消息卦	附 注
风火家人	水山蹇	离卦	坎卦	二月公卦	

解除灾难宜用坤卦柔顺之精神，一顺百顺。柔则能顺刚，进则能克服一切困难，而得灾难之解除。是以《序卦》曰："物不可以终难，故受之以解。"

解①：利西南；无所往，其来复，吉；有攸往，夙②，吉。

【音注】①解："判也，从刀判牛角。"（《说文》）解除，解决，解除灾难。 ②夙（sù）：早。昔汤武革命，百姓皆悦，有顺天应人而吉者也。

【义译】解除灾难，是要用坤卦西南方，以柔顺的精神去解除。灾难既已解除，如无所前往，而回来，复回于原地，也是吉利的。如有所前往，则早得吉利。

【象证】五、上半体坤，坤位西南，故"利西南"。灾难解除，则东西南北皆吉，其无所前往、复回原位亦吉。能克己复礼，恢复天理之正气，克制人欲之私情，在修心养性，以去除灾难，亦吉利者也。灾难解除，正圣贤英杰创业之良机，故有所前往，早创业，则早得吉也。上震为往、为来，互离为日、为早。

《彖》曰：解，险以动，动而免乎险，解。解"利西南"，往得众也；"其来复，吉"，乃得中也；"有攸往，夙，吉"，往有功也。天地解而雷雨作，雷雨作而百果草木皆甲坼①。解之时义大矣哉！

【音注】①甲坼（chè）："雷雨既作，百果草木皆孚甲开坼，莫不解散也。"（孔颖达）甲，生物之硬壳曰甲。孚甲，草木种子分裂发芽。坼，"裂也"（《说文》），剖开。

【义译】解卦，解除灾难，是在危险中能够有所行动，同时能用行动去克服灾难，所以叫作"解"。解"利西南"，因西南是坤方，坤为柔顺、为众，以柔顺的精神，则能得众人的扶助。灾难已被解除，无所前往也吉，若来复于原地，也得吉利，是因为能复回于原位，能恢复天理之正气，克制人欲的私情，能得中道，"允执厥中"。有所往则早得吉利，是因为早前往则早有成功。天地解除万物的灾难，则雷动雨兴，以苏醒润泽万物，雷雨交兴，则百果、草木都萌动而发芽，而开展繁盛了，解的时机真是重大！

【象证】坎险，震动，动而出险，所以为解；解二月之卦，《说卦》曰："帝出乎震。"又曰："雷以动之，雨（坎）以润之。"二月物盛孚甲而出，雷动地中，坎解为雨，润泽苍生，亦"动而免乎险"之象也。震为动、为往，错巽为利，为进退不果，坤为众、为西南方，六五坤爻，五、上坤象半见，故"利西南，往得众也"。盖坤为顺，坤元亨，利牝马之贞，坤厚载物，德合无疆，一顺百顺，故"往得众也"。

《易》例之外为"往"，返内为"来"。解之时，进退皆吉。初、四皆不正，变正，则二至上互体复卦。复能克己复礼，存理正、去欲私，由不正而变正，得天下之正位，行天下之正道，允执厥中，从容中道，故"'其来复，吉'，乃得中也"。唯灾难已解，早往创业，早得成功。二至五互体既济，而"既济，定也"（《杂卦》）。

震为出、为足、为往，错巽近利市三倍，故"'有攸往，夙，吉'，往有功也"。震为动、为作，其于马也为作足，解错家人，五、上乾象半见，乾天坤地，震、雷、坎、雨，故"天地解而雷雨作"。乾为木果，初至四互体二艮，艮为果蓏，震、巽为木、为草，震为出，故为"甲坼"，互离为甲胄，为龟，解二月仲春、万物滋荣，故"百果草木皆甲坼"。

汤武革命，是从险而动，动而免天下于险，而解除天下之险难者也。而吊民伐罪，诛暴安民，是利西南、坤卦柔顺之精神，而得天下群众之心者也，故民箪食壶浆以迎王师。灾难既解，商周之民"无所往"亦吉。既已往，而难已解，复返故乡，复员解甲归田，亦吉而得中。

唯值圣贤英雄创业之时，有所前往而立功立业，与仁王共谛中兴之政绩。如伊尹之于商汤，姜太公、周公之于周武王，则使个人乃至天下皆早得吉。

《象》曰：雷雨作，解。君子以赦^①过宥^②罪。

【音注】①赦：赦免。 ②宥（yòu）：宽恕。

【义译】《象辞》说，雷雨交互的动作兴起，这是解卦的现象。君子体察此种现象，则效法它；以赦免人的过失，宽减罪犯的刑罚。

【象证】上震为雷、为动，下坎雨，故曰"雷雨作，解"。三在人位，而六三阴柔失位伏阳，变正则为君子，三变正则解，初至五互体大过。解内卦及三至五皆坎，坎陷为罪，三不变，则不成大过，故"赦过"。二、四皆失位，在两坎中，坎陷为狱，三变则二至四体乾，坎象不见，外卦震春为出，三至五兑悦，罪人出而悦，故"宥罪"。唐太宗尝纵囚恕之，政亦能治。

昔楚庄王宴百官，酒兴方酣，火烛忽灭，有一臣子牵扯王妾衣袖，侍妾拉断其帽带，希望上烛火以查何人无礼，楚庄王反下令所有臣子绝缨，于是大家继续痛快喝酒。后来楚与敌交战，有一臣子跑到前锋杀敌立功，楚庄王问其故，其言以前酒醉失礼，是王饶其不死。所以得饶人处且饶人，心存宽大，后福可望，赦其误失，宽减重罪，亦仁政也。

初六：无咎。

《象》曰：刚柔之际①，义②"无咎"也。

【音注】①刚柔之际：初六之柔，应于九四之刚，刚柔交相为用。又蹇难为刚，解除为柔，初六际于灾难初解，故曰"刚柔之际"。②义：理。

【义译】初六，在解卦灾难解除，万物舒解之时，是无咎的。

《象辞》说，在刚柔之际，于义是无咎的。

【象证】初六，失位本有咎，然在灾难解除之初时，居士农工商之位，于义理上讲是无咎的。失位，变正，得居正位，故"无咎"。能刚柔并用于灾难初解之时，刚则能存天理之正气，无欲则刚，柔则能一顺百顺、敦厚温柔，足以有容，故于"义无咎"。范蠡辅勾践灭吴后，知其不可共富贵，只可共患难，故辞官归隐于商，明哲保身，得"无咎"。

九二：田①获三狐，得黄矢②，贞吉。

《象》曰："九二贞吉"，得中道也。

【音注】①田：打猎。②黄矢：黄，五色之中色，喻中。矢，箭。黄矢，黄喻中，箭（矢）喻直。

【义译】九二，以刚处中，在解除灾难、万物舒解之时，去除暴安良，又猎得三个狐狸，得到黄矢的象征。应当坚守正道，允执厥中，如箭的正直，就吉利。

《象辞》说，"九二贞吉"，是因得中道能允执厥中。

【象证】二在地上为田位，坎为盗、为狐、为弓轮、为弓箭，离为戈兵，九二据初六，比六三，应六五，制上六，三阴爻为三之象，初、二艮象半见，艮为手、为获，二在内卦之中，五坤爻，坤为黄，黄者五行之中色，故有"田获三狐，得黄矢"之象。九二失位，不正，变正，立天下之正位，大中而正。居下卦之中，上有六五之应，故"贞吉"。如驰骋田猎，既有遂愿之获，且有意外之得。既有获、得，故宜"贞吉"。因居中位，故"得中道"。九二刚中之才上应六五之君，欲解除其灾，唯去小人，方得解难，故以"田获三狐"，喻去群小之乱政也。

秦桧、贾似道乱宋，不去，所以宋难不解。周公去三监之害，王曾为宋仁宗之相，去王钦若等五鬼，而政皆能和。

六三：负①且乘，致②寇至，贞吝。

《象》曰："负且乘"，亦可丑③也；自我致戎，又谁咎也。

【音注】①负：背负。 ②致：招致。 ③丑："可恶也。"(《说文》)

【义译】六三，以阴处阳，在三公而不得其正，在灾难舒解的时候，它背负着东西，又乘在车子上面，像这样贪鄙的人，是会招致盗寇来抢劫的，虽正，也是很鄙吝的。

《象辞》说，既背负着东西，又乘在车子之上，这是很丢脸、丑恶的，自己使自己遭遇兵戎的寇掠，又能归咎于谁呢？

【象证】六三，在三公之位而不正，在天下灾难既解之时，而贪污枉法，终使寇盗垂涎而致害，非特个人之灾，亦使国运为之倾坠也。艮象半见，艮为背，三阴在九二阳刚之上为乘，故曰"负且乘"。震为动、为致，下坎为盗，三至五亦互坎，二坎在前后，故"致寇至"，三公而不正，故可丑而鄙吝。国家之破灭，多由小人窃据高位也。

乾隆武功文治既盛而用和珅，而和珅卒以贪鄙致败，清朝亦由盛而衰矣，有国者可不正其三公之位哉？昔王莽、曹操、司马懿、刘裕，受三公之重任，而贪帝王之位，本身或其子孙皆遭败亡，且相与残杀。安禄山反叛自帝，而败亡于子弟之手，亦"负且乘，致寇至"者也。或在其身以亡，或咎及子孙，或祸延天下，皆贪鄙之害也。

九四：解而①拇②，朋至斯孚。

《象》曰："解而拇"，未当位也。

【音注】①而："汝也。"(孔颖达)你。 ②拇：足大指。

【义译】九四，以阳居阴，在解之时，居诸侯之位，应当解除你所亲近的小人，且去除你自以为是的狂妄，这样朋友才会到来、相助，才能孚信于天下。

《象辞》说，"解而拇"，是因为以阳居于阴位，未当位。

【象证】上卦震为足，四居其下，拇之象也。用足之大指喻亲幸之小人，指九四比六三，应初六，皆不得正位，又以喻自大，自以为是。去除二者，而礼贤下士，得君子之朋，方能一匡天下，解救时灾。坎水为孚信，四五兑卦半象，兑为朋，震为动，故曰"解而拇，朋至斯孚"。以阳居阴，故未当其位。阳刚方能存天理之正，去人欲之邪；阴柔则陷小人之害，而灾难不解。故九四任诸侯之重任，当"解而拇"，得君子之位，方能有为。

昔太公治齐杀华士，孔子相鲁去少正卯，皆去拇以得贤，而著政绩者也。至于王安石为相，自以为是，用小人吕惠卿等而日渐亲幸，君子日离日远，此王安石变法之所以失败，皆由于不能"解而拇"，而孚君子故也。

六五：君子维①有解②，吉；有孚于小人。
《象》曰："君子"有解，"小人"退也。

【音注】①维：系缚。虞翻作"惟"，即思。维、惟、唯，音义皆同，唯有。②君子维有解：唯有君子可以解天下之灾难。

【义译】六五，以柔居尊位，在万物舒解灾难时，将君子受系的灾难解除了，这是吉利的。能进而用君子以治国，则国治，而且有孚信于小人。

《象辞》说，君子灾难解除，小人就退隐了。

【象证】当灾难解除，六五以柔中而居君位，当先解君子之灾难，方能借以治国平天下。

昔周武王征伐商纣之乱，即释箕子之囚，而从箕子得《洪范》九畴治国之道，建周代王朝，而使殷民乃至小人皆受化，共成王道之治，而君子进用于朝，小人退于野，天下大治。震为动，坎为险、为穴，动而出险，故"君子维有解"，则"小人退"，天下治矣。

上六：公用射隼①于高墉②之上，获之，无不利。
《象》曰："公用射隼"，以解悖③也。

【音注】①隼（sǔn）：鸷鸟似鹰而略小，唯敏锐，飞速善袭，能捕兔鸟，故用以喻小人盗首。②墉："城垣也。"（《说文》）城墙之意。③悖：逆。

【义译】上六，在解卦解除灾难之时，最居上位，有如王公射除隼鸟于高墙之上，射而捕获凶鸟，是没有不利的。

《象辞》说，"公用射隼"，是说解除天下的悖乱。

【象证】上卦为震，震为诸侯，上六为宗庙之位，与三相应，三公位故称"公"。互坎为弓轮，故为"射"。又震为鹄、鸟属，离为雉，故引申以象"隼"。最居高位，三、四艮象半见，艮为宫阙，故曰"高墉之上"，艮手为"获之"之象。上六得位，故"无不利"。上六以柔居阴位，得正，当解之时，解之既极，在宗庙隐士之位，出而解除天下之悖乱，如诸葛孔明治蜀而擒服孟获，姜太公助周而平商纣。

六十四卦下经 解卦 | 397

损

山泽损

卦体	下卦兑	上卦艮
卦象	为泽	为山
卦德	为说	为止

错卦	反卦	下互卦	上互卦	消息卦	附注
泽山咸	风雷益	震卦	坤卦	七月公卦	损极必益

泽深山高，损其深，以增其高，又泽在山下，其气上通，润及草木百物，是损下而益上也。《序卦》曰："解者缓也，缓必有所失，故受之以损。"所以损卦继解卦之后为第四十一卦。

损①：**有孚，元吉，无咎；可贞，利有攸往。曷之用**②**？二簋**③**可用享**④。

【音注】①损："灭减也。"（《说文》）即减省，损失。 ②曷之用：曷，音义同"何"。曷之用，犹何以用之也。 ③簋：用竹或木制成，用以盛黍稷的方形容器。二簋，犹二盘、二碗也。古礼应"陈馈八簋"（《诗经·小雅·伐木》），而此为二簋，是其减省之极。 ④享：献，祭祀天地鬼神，使之来食。享宴，犹今时祭享天地鬼神后，人得以享受食用。

【义译】在损卦减省损失的时候，必须有诚信的道德，才能在逆境中转成大吉，这样才没有灾咎。必须坚守正道，始可以去开源节流，去利于有所前往。在这个减损的时候，因财物减损，何以用之呢？只要你有诚信，虽然很节俭地装着两盘饭，也可以祭祀鬼神，宴享亲友宾客。

【象证】损卦下卦兑为泽，上卦艮为山，山在泽上，风吹、雨打、地震、水侵蚀，日渐减少、损失，所以为减损、损失、亏损之意。人在损失、亏损的时候，如果无诚信，没道德，就无可救药，而自取灭亡了。故在减损亏损时，仍须守着道德，具有诚信，抱着自信的精神，积极努力奋斗，这样就可以从亏损的逆境中走出来，走上成功的光明旅途。自古英雄圣贤，皆由此成名，因为天无绝人之路，所以"损有孚"，就能得"元吉，无咎"。五不正变正，为中孚，故"有孚，元吉，无咎"。能损人欲以复天理，岂非"元吉，无咎；可贞"而"利有攸往"哉？

除此之外，尚须注意决不可走上邪路，而须走上正途，守着正道气节，才可以有所前往，去奋斗努力。"可贞"才能"利有攸往"。除了以"有孚""可贞""利有攸往"开源之外，尚须节流，停止浪费，才能挽救亏损，所以只要你有诚信，虽只两碗饭，也可以祭祀鬼神，宴享亲友贵宾。所以周文王西邻的禴祭仅有微薄的祭品，却胜过商纣丰盛的杀牛羊的太牢祭祀。故宫之奇曰："鬼神非人实亲，惟德是依。故《周书》曰：'皇天无亲，惟德是辅。'"（《左传·僖公五年》）故有德有诚而行正道以努力奋斗，则虽二簋也可用享。

纵观古今中外，弥补亏损之道在于：诚信自信，守正，努力奋斗去开源（"利有攸往"），节流，停止浪费。昔孔子厄于陈蔡、畏于匡，孟子困于齐梁，颜渊箪食瓢饮，犹以有孚，可贞，二簋用享，是善处损者也。

《彖》曰：损，损下益上，其道上行；损而"有孚，元吉，无咎；可贞，利有攸往。曷之用？二簋可用享"，二簋应有时，损刚①益柔②有时，损益盈③虚④，与时偕⑤行。

【音注】①刚：刚为阳、为君、为上。　②柔：柔为阴、为臣下。　③盈：充满，百分之百。　④虚：空虚。　⑤偕：具也，共也，同也。

【义译】《彖辞》说，损卦是说损下卦的兑泽，来增益上卦的艮山，使它看来更高，它的道理是向上行的。犹如天下国家之所以亏损，是在亏损下级的收入而增益上级的享受，其道向上发展，所以使得天下、国家与人民，日益亏损。在亏损的时候要具足：诚信，即能扭转逆境而得大吉无咎；务要合于正道；去利有所往、前去努力奋斗，去开源，去创业；应当节流，虽只有两盘饭，也可以享祀鬼神、宴享亲友。

二簋的节约，是应用在亏损、减损的时机，扭转它。唯有减省阳刚、君上的享受、浪费，来增益阴柔、臣下的幸福美满，照这样去做，有相当的时间后，就能由损而增益了。天地之道，在亏损、增益、盈满、空虚，都有一定的变化规则和时机。能够顺此规则随时以俱行，就可以成不忘败，而在亏损中变富益，并永远保持不败了。

【象证】损卦，下卦兑泽，使其益深益下，而增上卦艮山之高，故"其道上行"。下愈亏损，上愈高亢，故使天下、君、国、人民俱已亏损，此所以为损也。治损之道有四，已如卦辞与上文所述。反损为益之法，在乎减省阳刚、君上的享受，以增益阴柔、臣下之幸福，行之有时，即能反损为益。研《易》之士，永远保持不败，在乎识时、明道、诚信、利行，知损益、盈虚各有其时，而随时俱行。随时有法则，守之保之，故能立千秋。

少康有田一成、有众一旅而中兴夏朝，勾践十年生聚、十年教训而亡吴称霸，皆由损而益，善持损道者也。

《象》曰：山下有泽，损，君子以惩①忿②窒③欲④。

【音注】①惩：惩戒，戒止。　②忿：愤怒，怨恨。　③窒：窒塞，阻塞。　④欲：情欲，人欲之私情。

【义译】《象辞》上说，山的下面有泽，这是损卦的象征。君子观察此现象，即以惩戒停止自己的愤怒怨恨，窒塞阻塞人欲的私情。

【象证】上卦艮为山，下卦兑为泽，故曰"山下有泽"。艮山在上，日受风吹雨打、流水侵蚀、地震，因此不断亏损其高。兑泽居下，艮山在上，愈见兑泽之减省亏下，皆有损之象焉。

乾为君子、为刚健、为忿怒，坤为阴柔、为人欲，上艮为止。昔孔子畏于匡，厄于陈蔡；颜渊不迁怒，不贰过；孟子困于齐梁，能惩其忿，不怨天，不尤人。孔子饭疏食，饮水；颜渊一箪食、一瓢饮以忘忧，不知老之将至：是能窒其欲者也。刘邦抑制其怒而封韩信为齐王，终得霸有天下，然其后贬退、诛杀韩信，是不仁而非真能惩忿者也。柳下惠中心有守，虽袒裼裸裎在侧而能不动心，是真能窒欲者也。

初九：已事①遄往②，无咎，酌③损之。
《象》曰："已事遄往"，尚合志也。

【音注】①已事：既已成为事实之事，谓已成亏损之事。②遄（chuán）："疾也，速也。"（《玉篇》）即快速。③酌：斟酌，酌量时宜。

【义译】初九，在亏损减省的时候，为士农工商之位，既已造成亏损的事实，赶快设法停止亏损，就没有灾咎。这时要开源，更须节流，要能酌量减少用费、撙节开支。

《象辞》说，"已事遄往"，是说尚能合于减少损失的心志。

【象证】既已构成损卦，上艮为止，互震为往、为快，下兑为毁折，二、三坎象半见，坎为水、为心，艮为手，故"已事遄往"，"酌损之"。居初得正且有应，故无咎。下兑为毁折，故有"酌损之"之象，开源节流，故从斟酌减省中挽救时机。

鲁仲连挽救赵之危亡，是能"已事遄往"，斟酌时宜，以救损者也；功成而隐退，既救赵国之君臣，又合己义侠、舍己救人之心志。邓禹在刘秀志气暗淡减省、兄长被杀之日，能助成帝业，亦善济损道者也。

【笺注】周子曰："君子乾乾，不息于诚，然必惩忿窒欲，迁善改过而后至……圣人之旨深哉！"（《通书》）

九二：利贞，征①凶，弗②损益之。
《象》曰："九二利贞"，中以为志也。

【音注】①征：行。 ②弗：不。

【义译】九二，以阳刚得中，在大夫之位，当天下亏损之时，有利于坚守正道。如果继续已往亏损之事，而有所前往，就会得凶。这时节，不应该再使它亏损，应设法增益才好。

《象辞》说，"九二利贞"，是说守着允执厥中的心志。

【象证】损而至二，愈见其损。君子在亏损乃至流离颠沛之时，仍须守正行仁，故"利贞"。二失位，不正，居内卦之中，上有六五之应，故《象》曰"中以为志"。如此允执厥中，方能挽损为益，困穷而通；不然，杀身成仁，亦千古有荣，若因亏损而为非作歹，则败亡随之矣。居亏损之时，当停止其亏损，若再有所浪费行动则凶矣，故王船山曰："戒之以守正则利，往损则凶。"下兑为毁折，互震为行、为动、为征，故"征凶"，唯当另辟坦途以求增益（开源），停止浪费（节流）以求不损。上艮为止，故"弗损"；反损为益，故"益之"。

昔马武劝汉光武帝刘秀讨伐匈奴，光武帝不许，盖天下初定，从损中得益，唯在"利贞，征凶"，而不能再损。

六三：三人行则损一人，一人行则得其友。
《象》曰："一人行"，三则疑①也。

【音注】①疑：怀疑。

【义译】六三，以柔居阳，为三公之位，在天下亏损减省之时，当同心协力以救国。若三公三人三心二意而行，就会造成其中一人的损害；若三公团结成一人，大家同心协力，共谋救损之道，如此大公无私，就能获致天下友情的助力。

《象辞》说，全体三公合成一人，同心协力，就能实行救损之道而匡救王国了。如三人三心二意而前往则互相猜疑，那就不能救损了。

【象证】虞翻曰："泰乾三爻为三人，震为行，故'三人行'；损初之上，故'则损一人'，一人谓泰初之上，损刚益柔，故'一人行'；兑为友，初之上据坤，应兑，故'则得其友'。言致一也。……坎为疑，上益三成坎，故'三则疑'。"

孔子之《系辞》则以人事以解，盖纣有臣亿万，唯亿万心，是"三人行"者也，终离心离德而失天下，是"损一人"，纣也。君王既损而天下亡矣，讳言之也。周武王有臣三千，唯一心一德，终能顺天应人，革命成功，而得天下人心，是"得其友"也。

盖天下之治，三公一心，则天下治，若三公人各异心、离心离德、三心二意则天下乱矣，此所以亏损者也。故济损之道，关键在三公一心一德，这是圣人之教，如此则能见万古之圣心！

六四：损其疾①，使遄有喜，无咎。
《象》曰："损其疾"，亦可喜也。

【音注】①疾：即病，引申为缺点。

【义译】六四，以诸侯之位，而得其正，当天下亏损之时，能亏减他的疾病缺憾，并且尽快地减损，则有喜，没有灾咎。

《象辞》说，减少其疾病，就是很可喜的事。

【象证】天下之所以亏损、减损者，以其有缺点弊病也，今使其缺点弊病减少，乃至于无，则所以济损者也，故尽快减省其弊病缺点，则有喜而无咎了。小之则个人，如周处之除去三害，改过自新，终成大器，匡济邦国。大之则邦国，除去奸邪、弊政，有喜而无咎者也。下兑为毁折，五、上与二、三坎象半见，坎为疾，故曰"'损其疾'，亦可喜也"。初九"已事遄往"，本爻与应，则其疾可遄（速）往而有喜，故"无咎"。

六五：或益之，十朋之龟①，弗克②违，元吉。
《象》曰：六五"元吉"，自上佑也。

【音注】①十朋之龟：龟值十朋，其物则贵重之珍宝，其卜则灵明之神筮。十朋，百贝也。此据王国维云"古贝五枚为系，二系为朋，释二贝者言其系，释五贝者举其一系之数也"（《观堂集林·释朋》）。龟，"决疑之物也"（《周易正义》）。②弗克：不能。

【义译】六五，以柔居尊位，当损卦损下益上之时，实获其利，故或有人以十朋之龟赠送于他，他不能违背推辞，故大吉利。

《象辞》说，六五获得的"大吉"，是从上而获得护佑的。

【象证】六五之君在损卦损下益上、其道上行之时，独居柔中至尊之君位，天下皆其有也。故有益之至贵、至多之物，而"弗克违"，自得大吉。然宜守柔中之德，尚须注意于"损刚益柔有时"，损己之享受以照顾百姓，使民生乐利，国以殷富，家家安康，斯能得上天之佑助，而长享"弗克违"之"元吉"，否则，必为下级所推翻，损极而亡。二、五易位成益，互坤为十，兑为朋，五、上巽半象见，巽近利市三倍，五、上与二、三皆离半象，离为龟，故或益之"十朋之龟"，下应九二之阳刚，九二"弗损益之"互震为动、为行，艮为止，故"弗克违，元吉"。

昔周武王得治天下之臣十人，成王得周公、召公以夹辅，亦"十朋之龟"，所宝唯贤者也。

上九：弗损益之，无咎，贞吉。利有攸往，得臣无家。
《象》曰："弗损益之"，大得志也。

【义译】上九，居损之极，物极必反，故有不减损而获增益的现象；它是无咎、以守正而得吉利的，此时可以利有所前往，去努力奋斗，并且可以得到公忠体国、公而忘家之臣下的助力。

《象辞》说，"弗损益之"，是因大得志。

【象证】上九，在宗庙隐士之位，当亏损之至极，已不能再亏损，否则家破人亡。不能亏损，须去增益，方保无咎；尤须守正，方得吉利；更须努力奋斗，去力挽亏损之狂澜，求取增益之宏图：故须"利有攸往"。又宜得众属下家臣之忠心辅助，有公而忘家之臣的帮助，斯能大得增益、大展鸿图，而大得志矣。损反为益，"弗损益之"之象也，变正故"贞吉"。下互震为往，有六三之应，故"利有攸往"。

昔舜得禹治洪水，禹三过家门而不入；禹得益扶助，益公而忘家：故能成舜禹之功业。

益

风雷益

卦体	下卦震	上卦巽
卦象	为雷	为风
卦德	为动	为入

错卦	反卦	下互卦	上互卦	消息卦	附注
雷风恒	山泽损	坤卦	艮卦	正月卿卦	益动而巽，日进无疆

《序卦》曰："损而不已，必益。"故益卦继损卦之后。

益①：利有攸②往，利涉③大川。

【音注】①益："饶也。"(《说文》)即增益、增加、饶益之意。 ②攸："行水也。"(《说文》)或"所也"(《尔雅·释言》)。 ③涉："徒行濿水也。"(《说文》)引申为渡水，冒险犯难、努力奋斗之意。

【义译】益卦，在增益的时候，利于有所前往，利于去跋涉大川。

【象证】上巽为风，下震为雷，风雷交相助益故为"益"。增益富饶之时，更宜有所前往去奋斗，去福国利民，去开辟更灿烂的前途，故利有所往。唯此，有待于勇往直前，克服一切险难，方能成大功、立大业，故"利涉大川"。若不去行动、不去涉险，终致坐吃山空而为平凡无用之人而已。下震为足、为动、为大涂，上巽为顺、为近利市三倍，且初与四、二与五、三与上皆两两相应，此"利有攸往"之象也。上巽为木、为舟，下震为动，初、二、四、五坎象半见，坎为水、为大川，六三变正，二、三、四亦为坎，而二至上互体涣，涣有舟楫象，此"利涉大川"之象也。

孙中山领导革命，努力勇往直前，终于推翻清朝，解救全国人民免于涂炭。卫青、霍去病之征讨匈奴，皆能成增益之功，立不朽之业。

《彖》曰：益，损上益下，民说①无疆②。自上下下，其道大光。"利有攸往"，中正有庆。"利涉大川"，木道乃行。益动而巽，日进无疆。天施地生，其益无方。凡益之道，与时偕行。

【音注】①说：音义同"悦"。 ②无疆：无穷尽。

【义译】益卦，在增益的时候，象征着做君子的上级，减损了自己的享受，而去增益下级人民的幸福，所以人民的喜悦是无穷尽的。上级施恩于下级，以君子之尊严礼下于臣下，更使得他的道德大为光明显耀。利于有所前往地去奋斗，而秉持着大中至正，所以有喜庆。利于跋涉大川地去冒险创业，是用巽为木、为风、为卑顺，恭逊谦卑于下，逐渐发展繁荣于上的精神，才能行得通。在增益的时候，能够去努力行动，而又谦卑恭逊，所以能够天天进步，以至于无穷。正像上天以雷雨、阳光、空气的施惠，使大地万物生生不息地成长繁荣，它的利益普被万方，是没有地方不曾得到的。凡是增益之道，要随时而偕行，才能益为光大。

【象证】损益相反相综，损下益上，所以成百姓之损。益二至四互坤为民、为地、为无疆，损下卦兑为悦，故"民说无疆"。六三变成离火，为光明，且初、二与四、五半象，初至五大象浓缩皆离火光明之象，震为大涂、为道，故"其道大光"。二、五中正相应，坤为庆，兑为喜，故"中正有庆"。巽为木，震为行，故"木道乃行"。下震为动，上为巽，动而巽所以成"益"。离为日，坎为月，震为行，坤为无疆、为地方，五、上乾天半象，故有"日进无疆""其益无方""与时偕行"之象。

如昔尧、舜、禹、汤、文、武之为君，皆"损上益下""自上下下""中正有庆""益动而巽"，子育万民者也。

《象》曰：风雷益，君子以见善则迁①，有过则改。

【音注】①迁：移。

【义译】《象辞》上说，风雷交相的助益，这便是益卦增益的象征。君子效法这种精神，见到善行就立刻迁向善，有了过失就立刻悔改。迁善以尽天下之善，有过则改，以至于至善而无过，如此则德益行修而名立。

【象证】孟子曰："子路，人告之以有过则喜。禹闻善言则拜。大舜有大焉，善与人同，舍己从人，乐取于人以为善，自耕稼陶渔以至为帝，无非取于人者，取诸人以为善，是与人为善者也。故君子莫大乎与人为善。"（《孟子·公孙丑上》）与人为善，则迁善至矣；闻过则喜，则改可知也。此皆圣贤之事，吾辈当效之。

初九：利用为大作①，元吉无咎。
《象》曰："元吉无咎"，下不厚事也。

【音注】①大作：大事。农则扩大耕稼之事，士则增益服务君国之大事，工商则增益其工商之事。

【义译】初九，阳刚在增益的时候，为士农工商而得到正位，可以利用于大做一番属于自己本分内的事。必须大吉，没有灾咎。

《象辞》上说，大吉无咎，是因为处于下，不可做不合自己身份的厚重事业。

【象证】初九为阳，阳称"大"。本卦下卦为震，震为作，本爻以阳刚居震之初位，上巽为近利市三倍，故有"利用为大作"之象。做大事，必守本分、合天理、顺人情才可以得大吉，得大吉才可以无咎。以阳居阳，得正位有应于六四，所以大吉而无灾咎。

　　石显、秦桧、刘瑾、魏忠贤、严嵩、和珅、慈禧太后，皆才识卑下，仅能做士民或家庭主妇者也，反而担当国家重任，致使国家元气大伤，而本身遗臭万年。

　　六二：或益之十朋之龟①，弗克违，永贞吉，王用享于帝，吉。
　　《象》曰："或益之"，自外来也。

　　【音注】①十朋之龟：朋，朋之本义为成串的两个贝，此处指当时贝的计量单位。十朋之龟，有三解：一、喻甚多之财富。朋值二百一十六，十朋则二千一百六十。"元龟岠（至）冉（甲边）长尺二寸。直（值）二千一百六十，为大贝十朋。"（《汉书·食货志》）此一元龟之价，十朋则其平方数，是甚多之财货也。二、虞翻引《尔雅·释鱼》之十龟，指"灵智吉祥可用占"。三、指十友灵智如龟者，以助成其事业也，如周武王有治臣十人，而天下治者也。

　　【义译】六二，大夫之位，以柔处中，得正位，在增益的时候，"有人赠益他以十朋的龟"，不能推辞，这是很吉祥、能增益发达的，必须永远守着正道才吉；王在此增益之时，可以用其祭祀上帝，这是吉利的。

　　《象辞》说，有使他增益，这是从外得来的。

　　【象证】已具损之六五，五、上乾象半见，乾为王、为帝，五君位，二至上互体观卦，故有祭享之象。

　　昔卫青、霍去病讨伐匈奴有功，增益大汉江山，汉武帝赏黄金以万计。此得财富者也。汉惠帝得商山四皓为友，而保太子帝王之位。周武王有治臣十人而天下治，有臣三千而一心，此得十朋之友，其智足用以佐国治家，而得保其宗庙祭祀者也。臧文仲居蔡（大龟）以决大事，此得龟筮之灵者也。斯"十朋之龟"三解皆通。

　　《孝经》曰："昔者周公宗祀文王于明堂，以配上帝。"是享于帝以配祖先而得吉者也。治天下有三宝，曰"宗教、礼教、法律"。君亲祭上帝，所以导万民之诚，而辅政教之治者也。

　　六三：益之用凶事①，无咎。有孚，中行，告公用圭②。
　　《象》曰：益"用凶事"，固有之也。

　　【音注】①凶事：凶礼之事。详见《周礼·春官宗伯》云："以凶礼哀邦国之忧，以丧礼哀死亡，以荒礼哀凶札（疫厉），以吊礼哀祸灾，以襘礼哀围败，以恤礼哀寇乱。"　②圭：瑞玉。圭为五礼皆用，所以申信，如"大夫执圭而使，所以申信也"（《礼记·郊特牲》）。再如"王执镇圭，公执桓圭，侯执信圭，伯执躬圭，子执谷璧，男执蒲璧"（《周礼·春官宗伯》）。

【义译】六三，以柔处阳，在三公之位，当增益有利益的时候，纵使增益它以凶礼如吊祭、危险如军事的行动，也是没有灾害的。但必须有诚信相孚，依中道而行，这时候公爵晋见天子或宗庙朝遇会同，相告语是要用桓圭以昭信的。

《象辞》说，增益它以凶危之事，因不得正位，所以固然会有的。

【象证】六三，以三公而未得正位，在增益有利益之时，未克任匡辅君王治国平天下之吉礼、宾礼、嘉礼，而唯任以凶礼（丧）、凶厉疾疫，吊问祸灾，哀邻国之受围败，受寇乱的慰问、救恤的工作，或军礼（增益领土），保国卫民的军事行动，只要执守信物桓圭，有孚、中行，可保无咎，而有益利也。

春秋时诸国遇有死丧、疾疫、饥荒、兵灾、人祸，往往派公卿大夫分赴邻国以相闻问，或求恤助。此史不绝书，可为佐证也。公爵执桓圭，侯爵执信圭，卿大夫亦各执圭玉，以为凭信。《系辞》以"三多凶"，三失正，变正互坎为多眚、为信，故"孚"，乃至受命之士大夫，皆各执信物所以昭信也。

六四：中行，告公从，利用为依迁国①。
《象》曰："告公从"，以益志也。

【音注】①迁国：迁移国都。

【义译】六四，以柔居柔，得诸侯之正位。在增益之时，上佐天子增加版图。此时当笃行中道，做到尽善尽美，面面俱到。告诉王公，获得他的信任和遵从。可以利用依山面水、形势稳固之地，迁移国都，以增益国家的安全，便于统一天下。

《象辞》说，"告公从"，是说能增益他的心志。

【象证】三、四在六爻之中，四得正为诸侯之位，震为动、为行，反卦损，上兑为口，益初、二半象亦兑口，三变坎为耳、为听，故有"中行，告公从"之象。下互坤为土、为国，巽为进退、为近利市三倍，故有"利用为依迁国"之象。坎为心，故"益志"也。崔憬曰："益其勤王之志也，居益之时，履当其位，与五近比。"

宋太祖想徙长安，因晋王固谏未迁，叹曰："不出百年，天下民力殚矣。"

汴京四面受敌，无所凭依，所以宋太祖发此叹。而商朝为政治经济之需要，曾经五迁，最后盘庚迁殷始定，此皆以增益心志，"利用为依迁国"的明证。次则国将危亡，迁都以固存，如东周东迁洛阳，东晋东迁建康，南宋南迁临安，担负天下之重任，则为保国安民，以图复兴，不得已而迁都者也。

九五：有孚惠①心，勿问元吉，有孚惠我德。
《象》曰："有孚惠心"，"勿问"之矣；"惠我德"，大得志也。

【音注】①惠：恩惠膏泽。"爱民好与曰惠。"(《谥法解》)

【义译】九五，以阳刚中正处天子的尊位，在增益的时候，很诚信地以德惠恩泽布施其民，这是不必问就知道是大吉的。同时人民也很诚信地感念我布施的恩德于无穷。

《象辞》说，"有孚惠心"，不必问就知道是大吉的；惠施我德于人民，真是大得志于天下。

【象证】三变坎为心、为信，九五阳刚居中得正，以居天子之正位，当增益之时，故可以"有孚惠心""惠我德"。

孔子叹尧之德"荡荡乎民无能名""大哉尧之为君也。巍巍乎，唯天为大，唯尧则之"。《史记·五帝本纪》载尧"其仁如天"，《书》称尧"光被四表，格于上下""协和万邦""有孚惠心"，有孚"惠我德"，君臣相应可知也。而文王泽及枯骨，德感虞芮之君。二帝三王皆如此，一一可见。

上九：莫益之，或①击之，立心勿恒，凶。
《象》曰："莫益之"，偏②辞也。"或击之"，自外来也。

【音注】①或：有也。 ②偏：不是全体，偏在一方，片面的。

【义译】上九，以阳居阴，不得其正，而在隐士宗庙之位，在益卦增益的极点，即物极必反的时候，变成没有任何人助益他，孤立无援，甚至有人来攻击他。此时如果立心无恒，就会遭遇凶事。

《象辞》说，"莫益之"，是举一例说明的片面之辞。"或击之"，是从外而来的攻击。

【象证】上九，以阳刚，最居上位，在益卦损上益下之时，下有六三之应，本当有以益之，但居益之终，又因阳居阴位而非其正，则无以益之。助人者人恒助之，今不助人，安得人助？所以说"莫益之"。莫有益之者则孤立无援矣，孤立无援，则有恶人攻击之矣。三上易位，坎为盗贼，离为戈兵，所以有"或击之"之象。坎为心，本卦三上不变，则水火既济不成，上卦巽进退不果，故有"立心勿恒"之象。居终失正，故"凶"。上九不中不正，刚而在上，又在益极将变的时候，当宗庙隐士之位，不正，无德，不助人，又不知谦虚，必至满招损。故"莫益之，或击之"，故"立心勿恒，凶"矣。

昔项羽霸有天下，有惠泽未施与其部将，致兵困垓下，无助无援，而自刎以死。向使恩泽德人，范增不去，张良、韩信、陈平皆在其下，而能以恩德施之用之，则可以王天下矣。商纣居可益之地，而不益其民，卒遭凶死，亦此爻之义也。

夬

泽天夬

卦体	下卦乾	上卦兑
卦象	为天	为泽
卦德	为健	为悦

错卦	反卦	下互卦	上互卦	消息卦	附注
山地剥	天风姤	乾卦	乾卦	三月辟卦	排除

泽水在天上，势必溃决于下，五阳盛长终将决去一阴，这是夬卦的现象。《序卦》曰："益而不已，必决。故受之以夬。"故夬卦继益卦之后，为《易经》第四十三卦。

夬①：**扬于王庭，孚号**②**有厉，告自邑，不利即戎**③**，利有攸往。**

【音注】①夬："分决也。"（《说文》）决去，排除，溃决。阳决去阴，三月之卦。　②号：呼喊，号召。　③戎：兵戎，军事行动。

【义译】夬卦，是决去、排除小人，小人得意扬于王者的朝廷。一阴的小人高居上位，难以决去、排除，所以君子当以诚信相号召，并且要以危厉相与警惕，这时须告诉自己同志、同邑之人，在准备未周时，不利于用兵戎、采取军事行动，须利有前往，继续积极地努力，协助决去小人，方有成功的希望。

【象证】夬卦，以五阳刚而欲决去小人。不易者，盖因小人（上六）在上位，得意扬扬于王者朝廷，大权在握，生杀随心，可以挟天子而令诸侯。如昔董卓、曹操、司马懿、慈禧太后之窃夺君权。君子虽多，且皆欲决去之，然皆在其下位，无势无力以决之，此时如果贸然前往，以兵戎相见，势必兵败身亡，如董承、王服、种辑、刘备受密诏诛曹操不成，而前三人皆被诛夷，故"不利即戎"。宜以诚信、孚信相号召团结，时时以危厉自警，庄敬自强，慎谋必成之策，励勇奋之气，待时机成熟，准备既定，遂成功于一役，此即所以"不利即戎"，而"孚号有厉""利有攸往"者也。如张柬之等人之排除武则天是也。

兑为悦，乾为王，故"扬于王庭"。四变上卦坎为水、为信、为孚、为危险、为惕厉，兑口为号，故"孚号有厉"。兑为口、为舌，旁通"剥"，坤为邑，故"告自邑"。兑为毁折，故"不利即戎"。二、四变成水火既济，故"利有攸往"。

《彖》曰：**夬，决也，刚决柔也；健而说**①**，决而和；"扬于王庭"，柔乘五刚也；"孚号有厉"，其危乃光也；"告自邑，不利即戎"，所尚乃穷也。"利有攸往"，刚长乃终也。**

【音注】①健而说：乾为刚健，兑为悦，下乾上兑，故曰"健而说（悦）"。

【义译】夬，是排除、决去的意思，即阳刚的君子，排除、决去阴柔的小人。为此必须做到：刚健努力，同时能存天理的正气，去人欲的私情；心悦诚服地顺天应人；排除、决去之；和平和谐的精神。小人得意光扬于王庭，是因为象征阴柔的小人上六，乘于象征君子的五个阳刚之上啊！诚信地号召天下君子团结，同时以危厉自我警惕，是说在危险之中，努力奋斗，克服危险，就有光明的前途了。告诉自己的同志、同邑，不利于即刻的兵戎行动。因为决去应该和平和谐，如崇尚刚暴的流血暴动，就会困穷。利于有所前往地团结努力，是说阳刚君子的力量增长时，就可达到排除、决去小人，而得到成功的终点。

【象证】荀爽曰："信其号令于下，众阳危去上六，阳乃光明也。不利即尚兵戎，而与阳争，必困穷。"荀爽以为小人不利崇尚兵戎，以与阳刚君子相争，亦所以化小人为君子，拨乱世而返诸正，义得兼通。决去小人，应以"健而说（悦），决而和"四点精神，方不致闹成流血残暴的暴民政治。中国古代圣哲早已看出暴动、暴力的不和谐，而提早提出警告，曰："不利即戎，所尚乃穷。"这种文化的融合，道德的感化，以王道的"利有攸往"统一江山，即使在要动武之前，仍本着道德的各方感召，不听信诉之以武力之行动。

如三苗逆命，欺中国，舜命禹征之，而"诞敷文德，舞干羽于两阶，七旬有苗格"，达到决除小人、化小人为君子的王道精神。商汤之伐葛伯，文王之伐崇，武王之伐纣，汉武帝、唐太宗之伐匈奴、突厥，皆先之以和平和谐的道德感化，甚至做到婚姻、粮饷的给予赠送，不听，而后讨伐动武，此亦"健而说（悦），决而和""利有攸往"的开创者也。唐张柬之为相后，与敬晖、崔玄暐、桓彦范、杨元琰、袁恕已、李多祚深谋良久，因武则天生病，而使之退位，返政于中宗，是"健而说（悦），决而和""利有攸往"，图谋良久而以武力为后盾，准备既周，一举而成功者也。

《象》曰：泽上于天，夬，君子以施禄①及下，居②德则忌③。

【音注】①禄：福禄恩泽。　②居：居留，停止。　③忌：忌讳，禁忌。

【义译】《象辞》上说，泽水在天上，这是夬卦的象征。君子观察此种象征，即以施其俸禄恩泽与其臣下、人民，如居留、停止他的恩德而不施与其臣下、百姓，这是君子所忌讳的，不可以这样做。

【象证】上兑为泽，下乾为天，乾为君子、为天、为施禄、为恩德，兑为泽、为卑下，旁通"剥"，剥夺则忌讳矣，上艮为止、为居，故"施禄及下，居德则忌"也。

尧、舜、禹、汤、文、武施德、施禄与众民臣下，故能成二帝三王之政绩。赵盾施惠于桑下挨饿之志士，独赖其力，免于被晋灵公残杀。范仲淹出将入相，散置钱财，购置义田，体恤并救助民生疾苦，故子孙多福禄而垂范千古，永远为大众所称述。反之若是身居高位，搜刮民脂民膏，毫不怜惜民众之贪官污吏，总会灾难临身，祸延子孙。如宋朝田登这个州官，思想顽固腐化，自高自满，目空一切，只知自己，不知有人，苛捐杂税，横征暴敛，终致死亡之祸。君王如桀纣，相辅如董卓，贪官如何曾、田登，皆因忌德而亡，祸延子孙，君子知之，故"施禄及下"也。

初九：壮于前趾，往不胜为咎。
《象》曰："不胜"而往，咎也。

【义译】初九，以阳刚居阳位，在排除、决去小人时，为士农工商之位，如只有强壮于前趾，一味地凭着血气之勇而前往，如得不到胜利，就有灾咎。

《象辞》说，不能胜其任而硬是前往，就有灾咎。

【象证】夬卦，决去小人，应当如《彖辞》所说"健而说（悦），决而和……孚号有厉……不利即戎……利有攸往"才能胜其任。初九位卑，体乾之刚健，九四又阳刚，前无应援，如是而往，未得其和，暴虎冯河，未见其功，故必得其咎。二至上互体大壮，其初九"壮于趾，征凶"，故不胜为咎。

太子丹使荆轲刺秦王，在准备未周之时，仓促成行，终致失败，而加速六国的灭亡，自己亦亡家灭身。莽撞唐突只有祸害。盖初九居士农工商之位，欲决去上六威权之小人，须服从君上之领导，团结合作方能胜任。独自前往，不胜则祸咎踵门，胜则壮烈成仁，从容取义，故圣人戒之。必以庄敬自强，深谋远虑，服从领导，团结共进，待时而行，方为上策。

九二：惕号，莫^①夜有戎，勿恤^②。
《象》曰："有戎，勿恤"，得中道也。

【音注】①莫："暮"之古字。　②恤：忧恤。

【义译】九二，以阳刚处阴位，当决去、排除小人之时，为大夫之任，能够号召同志、同邑之人，团结努力，从早上到晚上，乃至深夜，都随时准备着有军事行动的任务，像这样慎谋能断、处变不惊、庄敬自强地努力、团结、奋斗，是不用忧恤的。

《象辞》说，"有戎勿恤"，是因为得中道能够做到面面俱到、尽善尽美。

【象证】九二，以阳刚居中，在决去小人之时，有阳刚之"健"，居中得中道，面面俱到的考虑之"悦"，以大夫之任，可任领导以团结士众，能做到"健而说（悦），决而和"，又能戒惕谨慎，"莫（暮）夜有戎"的准备，故可以胜任而"勿恤"。九二不正变正，二至四互巽，为号令、为谦逊、为入，下卦离为火、为明，夬旁通剥，坤为阴暗，离为干戈，故"惕号，莫（暮）夜有戎"。坎为险陷，不成坎象故"勿恤"。

昔曹操挟天子以令诸侯，既破袁绍，灭袁术、吕布，降刘琮，图刘备、孙权。刘备为救亡图存，与诸葛孔明商议，终在诸葛与周瑜之策划下，号召孙、刘全军于赤壁破曹军，使奸臣怖惧而不致篡位。是"惕号，莫（暮）夜有戎"，万全之策，用必胜之谋，以救亡图存者也。

九三：壮于頄①，有凶。君子夬夬，独行遇雨②，若濡③有愠④，无咎。
《象》曰："君子夬夬"，终无咎也。

【音注】①頄（qiú）：脸也，面也。　②遇雨：阴阳和而降雨，《易》中言雨者喻蒙受恩泽也。　③濡：沾濡，湿润。　④愠：怒在心里。

【义译】九三，为三公之位，以阳刚得正，在决去、排除小人之时，如对小人深恶痛绝，将内心强烈地表现在脸上，必遭小人的谋害而有凶咎。君子和光同尘，如莲花出污泥而不染，心中存着排除、决去小人的心志，非常坚决，表面却能不动声色地独自与上六的小人相应，且蒙受他的礼遇。假使沾濡了他的恩泽，怒在心里，而不现出忿怒的义愤，因而劝小人化为君子。若小人怙恶不改，即在暗中备战，待时机成熟，即将小人排除、决去，这样的正义之怒是无咎的。

《象辞》说，君子排除小人之心志，是如此坚决，最后一定是没有灾咎的。

【象证】乾为首、为健，二至上互体大壮，故"壮于頄"。君子排除小人，当如《象辞》"健而说（悦），决而和"乃克有济。若壮于颜面，非健而悦、决而和矣，则必败无疑，故"有凶"也。初至五互体乾卦，乾为君子，上下皆乾，九三"乾乾夕惕"，故"君子夬夬"。五、上震半象，震为足、为行，九三独应与上六之阴，上卦兑为泽、为雨、为恩泽、为沾濡润泽，故"独行遇雨，若濡"。九三得正，五、上坎象半见，坎为多眚，故"有愠，无咎"。

东晋时的温峤，正人君子也，晋元帝亲而倚之，寄以栋梁之任。而奸臣王敦执掌重兵，甚忌之，请温峤为其左司马，阻兵不朝。峤谏王敦，欲使其化为君子，而王敦不纳。温峤知其终不悟改，于是谬为设敬，综其政事，进密谋阳附其欲，乘机密奏王敦之逆谋，请先为之备，其后终能平定王敦之乱。

九四：臀①无肤，其行次且②，牵羊③悔亡，闻言不信。

《象》曰："其行次且"，位不当也；"闻言不信"，聪不明也。

【音注】①臀：臀部，两腿上方与腰相连的部分。 ②次且（zī jū）：即趑趄，行而不进。 ③牵羊：指连下之三阳；上兑为羊。

【义释】九四，诸侯之位，而以阳刚居阴未得其正。当决去小人之时，迟疑不决，失去先机，所以有臀部没有皮肤、走路颠滞不能前进的象征。如能领导并团结所有阳刚的君子及部属，像牵着羊一样地前进去决除小人，而建功立业，就没有后悔了。如闻此言，而不相信，就要失败，反为小人所害而有凶咎了。

《象辞》说，"其行次且"，是由于其位不当（以阳处阴）；"闻言不信"，是由于不能听从英明的谋略而致失败。

【象证】二变正，则二至四互巽，巽为股、为臀，旁通剥，上艮为手、为牵、为肤，兑为羊、为口、为信，不成坎象，故"不信"。变巽为绳，剥艮手持绳，故"牵羊"。变正，则成既济，上承九五，皆得其正位，所以"悔亡"。

唐武则天称帝时，徐敬业承祖父爵为英国公，举兵讨武。魏思温劝徐敬业率大众鼓行而进，直指洛阳，得四面响应，乘此势以立大功。而徐敬业不听，听薛仲璋之谋取金陵（南京）之天险，待武则天命李孝逸出师，遂为所败。是"臀无肤，其行次且（趑趄）"，不果断，"闻言不信"而致败灭亡者也。

昔太平天国洪秀全不听钱江之谋直捣北京，而坐享南京，终困死穷城，而身死事败。昔商汤、周武王之革命皆直指京城，不二不疑，克致成功。项羽起兵灭秦，亦能乘胜猛攻，败其主力而成功。

九五：苋陆①夬夬，中行无咎。

《象》曰："中行无咎"，中未光也。

【音注】①苋陆：虞翻以为当作"莞睦"，喜悦和睦；荀爽以为是两种柔而根坚的植物；程子以为是苋菜；王弼以为是柔脆之草；郑玄云即商陆，叶可食，根可供药用。

【义译】九五，以阳居阳，得天子的正位，在排除、决去小人的时候，与上六的小人相亲比，并且非常喜悦和睦。上六的小人柔脆易折，而想排除小人的心非常坚决，但是与上六的小人相亲近已久，根深蒂固，不忍下手，所以有"苋陆夬夬"的矛盾现象。这时候只有坚定地秉持中道，面面俱到，尽善尽美，才可以没有灾咎。

《象辞》说,"中行无咎",是因为行中道,未能做得光大。

【象证】上卦兑为和悦,反卦天风姤,下卦巽为草木;姤,遇也,柔遇刚也;夬,决也,刚决柔也。九五与上六相亲比,五与上震半象,震为苍筤竹、为萑苇,而初至五互体乾健,故有"苋陆夬夬"之象。大中居正,震为行,故"中行无咎"。能存天理之正气,去人欲之私情,而刚毅坚强,立天下之正位,行天下之正道,斯去小人容易而"中行无咎"矣。

唐玄宗之亲近杨贵妃、李林甫与杨国忠,唐中宗之亲幸韦后,清乾隆之宠信和珅,皆亲比小人,不能排除小人,或国以灭亡,或国势凌夷。清高宗不忍下手,而传位于其子嘉庆,嘉庆遂排除、决去和珅,唯清代富强已去,国势变衰,此亦乾隆首肇之也。故排除小人,决不可徇私。

上六:无号,终有凶。

《象》曰:"无号"之凶,终不可长①也。

【音注】①长:长久。

【义译】上六,在排除小人之时,最居上位,上凌于国君,欺压君子百姓,终当被诛灭,所以无处叫号,终会有凶的。

《象辞》说,无处叫号而得凶害,是说终于不能长久。

【象证】上六,居夬卦之极,位五阳之上,亲近于九五之尊的天子,得天子之宠信,正是卦辞云"夬:扬于王庭",《彖辞》云"扬于王庭,柔乘五刚也",《杂卦》云"夬,决也,刚决柔也,君子道长,小人道消也"。五阳增长,上六一阴柔小人,立见消亡,故"无号,终有凶"矣。姤卦之巽为号令,今为夬,故有"'无号'之凶"。

如王莽、董卓、和珅、严嵩、刘瑾、魏忠贤,虽"扬于王庭"一时,终致凶危败亡。三动时,体巽为号令,位极乘阳,故"终有凶"矣。

姤

天风姤

卦体	下卦巽	上卦乾
卦象	为风	为天
卦德	为入	为健

错卦	反卦	下互卦	上互卦	消息卦	附注
地雷复	泽天夬	乾卦	乾卦	五月辟卦	

姤，"遇也，柔遇刚也。"（《杂卦》）"决（夬）必有所遇，故受之以姤。"（《序卦》）所以姤继夬之后为《易经》第四十四卦。

姤①：女壮②，勿用取③女。

【音注】①姤："遇也。"（《说文》）遭遇，古文作"逅"。 ②女壮：一阴遇五阳，犹一女敌五男。女者，阴也，阴为柔、为女、为臣下，为小人的象征，以一而敌五，故曰"女壮"。 ③取：娶，男娶女为妻。

【义译】姤卦，在遭遇的时候，一个阴柔而遇五个阳刚，阴柔强壮如此，所以男不用娶女，君不可用此阴柔的小人为臣，上级不可用此阴柔的小人为部下。

【象证】下巽为长女，女长故有"女壮"之象；且阴为女，阳为男，一阴而遇五阳，亦"女壮"之象。巽为近利市三倍，初阴柔不正，故不利"取（娶）女"。初、二艮象半见，艮为手，旁通复；复，出入无疾，下震为动：故有"取"象。阴为女、为小人、为臣下，阳为夫、为君、为上，今一阴而上遇五阳，以一而敌五，故"女壮"。小人强大，臣下过强，故为夫、为君、为上级者，"勿用取"也。

昔商纣宠妲己，用小人恶来、飞廉；汉用王莽、董卓；唐用朱温；隋文帝废太子而用阴毒之炀帝：皆以亡国败家，故勿用阴柔之小人。

盖卦有六爻，每爻表示一卦发展历程中之各阶段，而其发展，乃自下而上以递进。今一阴生于下，五阳既为其所遇，则将为其所剥。今十二消息卦，姤五月为一阴五阳，至遁六月二阴增长，七月否三阴，八月观四阴，九月剥五阴遂盛，阳为其所剥，十月坤，阳灭矣。故坤初六曰："履霜，坚冰至。"《文言》曰："臣弑其君，子弑其父，非一朝一夕之故，其所由来者渐矣！由辩之不早辩也。"君子知几，故"勿用取"，谨慎而防微杜渐也。

如以男女为喻，一女遇乎五男，且将依次以剥之。妇人以婉娩、柔顺、贞正为德，女既壮如此，则非家室之所宜，故"勿用取女"。昔夏桀之惑妹喜，周幽王之惑褒姒，失男女之正，家道败矣。因此夏桀因而亡国，周幽王招来犬戎之祸，而西周以亡，武则天则自立为皇，几乎断了唐朝之江山。

《彖》曰：姤，遇也，柔遇刚也；"勿用取女"，不可与长也；"天地相遇"，品物①咸②章③也；刚遇中正，天下大行也。姤之时义大矣哉！

【音注】①品物：万物。 ②咸：皆。 ③章：美，明，盛。

【义译】《彖辞》上说，姤是遭遇的意思，也就是阴柔遭遇到阳刚。不可娶女，是因为女壮，女德不贞，阴柔的小人、臣下强壮无理，不可与之长久相处。至于天（阳）地（阴）的互相遭遇，就使得万物繁盛章明。阳刚遇到大中至正、内圣外王的教化，就能大大地实行于天下。姤卦的时机和意义是非常重大的！

【象证】姤上乾为天，下巽为风，天下有风，万物皆经其照拂，故曰"遇"。巽为长女、为阴、为柔，乾为父、为阳、为刚，又初六阴柔，二至上为阳刚，故"柔遇刚也"。初六阴柔不得位，不正，故"不可与长也"。二至上互体乾卦，乾天资始万物，品物流行，旁通坤，姤旁通复，上卦亦为坤，坤为地，坤地资生万物，含弘光大，品物咸亨，故"'天地相遇'，品物咸章"。九五阳刚中正的贤君，君臣贤明互相相遇治国。天地阴阳之气得和协相遇，此万物之所以亨通流行。英才得遇明主时运，天下之政教方能大行。故姤之时义，真正伟大宏远，故叹其时义之大。

如伊尹之遇商汤，吕尚之遇文武，故"天下大行也"。遇其时，则汤武成革命之勋；不遇其时，则孔孟终老于教学。一女而遇五男，武则天、慈禧，所以几亡其国。用阴柔小人，此西汉、东汉之所以见亡于王莽、董卓也。

《象》曰：天下有风，姤，后①以施命诰②四方。

【音注】①后：君。"林、蒸、天、帝、皇、王、后、辟、公、侯，君也。"（《尔雅·释诂》） ②诰：告诫的文字，上告下之辞。如《尚书》有《汤诰》《康诰》《酒诰》。

【义译】《象辞》说，天的下面有风，这是姤卦遭遇的现象。为人君者体察此象，即以施行他的命令，发出他的教言、文诰，传达天下四方。

【象证】姤卦上卦乾为天，下卦巽为风，乾上巽下，故曰"天下有风"。夫天下万物之森罗，有风则风行而周遍遭遇万物，此"姤遇"之象也。君王治民，亦当效风之遍遇，使民无有不秉其教言、行其政令。茫茫众生，每溺于欲求，徇于积习，而不知自拔。君牧民之道，命、诰语，所以积极以晓喻，消极而警戒，然后万民莫不从化，是"姤，后以施命诰四方"也。

昔日，尧之光被四表，格于上下，协和万邦，黎民于变时雍；盘庚之迁都，告其民曰"明听联言，无荒失朕命"；周之《大诰》告以东征之义：皆是施命诰四方，而达治化之功绩者也。

初六：系于金①柅②，贞吉，有攸往，见凶；羸③豕④孚蹢躅⑤。

《象》曰："系于金柅"，柔道牵也。

【音注】①金：喻其坚固如金属。　②柅（nǐ）："木名也。"（《说文》）引申义作止车木，所以刹车者也。又纺纱的收丝具。　③羸（léi）："纍"之假借，"纍，缀得理也，一曰大索也"（《说文》），多作牵累缠绕解，如"羸其瓶"（《井卦》）。　④豕：猪。　⑤蹢躅（zhí zhú）："住足也。"（《说文》）即徘徊跳掷喜悦状。

【义译】初六，在姤卦阴柔遭遇阳刚、剥蚀阳刚、勿用小人的开始，以阴居阳位。阴柔不正，正是标准的小人，君子对于小人，应该严密地将其牵系在坚固的场所，并且让其坚守正道，不做坏事，就得吉利。就像车子有坚固的刹车，纺纱机有坚固的收丝具，就不会越轨泛滥成灾了。如果没有严密的控制，而让小人有所前往，就会造成凶灾。就像养猪的人家，必须严密牵系、控制着猪群的雌雄的数目，将多余的公猪阉割去势，才不致造成猪群的相咬、凶斗、乱交而蒙受损失一样。

《象辞》说，"系于金柅"，是说对于邪恶的小人、部下、臣子、妇女、子女、阴柔之道，必须加以严密的牵系控制，使其不致有越轨作乱的行为。

【象证】下卦巽为绳、为木，上卦乾为金，故有"系于金柅"之象。不正不吉，变正，坚守正道，故"吉"。不正而往，凶莫甚焉。姤五月辟卦一阴生，至六月遁二阴生，七月否三阴生而天下大乱、否塞不通，至八月观四阴生，至九月剥卦五阴生，则阳被剥夺，十月坤卦则阳刚全消矣，故"有攸往，见凶"。巽为绳，初、二坎卦半象，坎为豕，巽为股、为绳、为进退不果，故"羸豕孚蹢躅"。

隋文帝若能慎防其子杨广，则不致被弑而亡国。唐玄宗若能去人欲之私情，对杨贵妃能加以牵系、控制、管辖，则不致造成凶灾。明思宗若能信赖君子，不为宦官小人所误，则不致亡国。

古今中外之国君、上级，若能控制小人，给以生活所需，教以忠信，严密管制之，则不致亡国、败家、危身也。今之小人、罪犯，不守正道之男男女女，皆宜列入军事教育而管辖之，不使为恶，而化之为善，则社会治安，国家可以乐利富强。

九二：包①有鱼，无咎，不利宾。

《象》曰："包有鱼"，义不及宾也。

【音注】①包："裹也。"(《尔雅·释诂》)即包容，约束。

【义译】九二，以阳刚居中，在大夫之位，在姤卦阴遇阳，侵蚀阳刚之时，下据初六之阴柔小人，能够控制管辖之，使不致有越轨泛滥的行为，就像能够包容，捉着鱼而不使它在水里乱来一样，这是没有灾咎的。阴柔的小人，对于贵宾，上自帝王、公卿、将相，下至平民百姓，皆不利，所以应该提早包容之、约束之、管辖之、教化之。

《象辞》说，"包有鱼"，是说九二的大夫约束、包容、管教小人，责无旁贷，在道义上是不应该让小人波及长官、贵宾与百姓的。

【象证】下卦巽为入、为鱼，二至上互体乾卦，乾元"万物资始，乃统天"，故为"包"；九二以大夫之位，阳刚得中，《象辞》"刚遇中正，天下大行也"，则能无欲以存天理之正气，去人欲之私情，而发强刚毅足以有容也。得中就能尽善尽美，面面俱到，如此管教约束阴柔小人、妇女、子女、部下，始足以包容约束之，故曰"包有鱼"。鱼沉潜于水泽，则不易约束。阴邪之小人、妇女、子女、部下，若能被约束管教，列入管辖，则不致越轨乱来而危害天下，此"包有鱼"所以"无咎"者也。乾为君、为王、为宾。三，三公；四，诸侯；上，宗庙隐士；五，天子。阴邪之小人、妇女、子女、致危害，故"不利宾"。能包则不致危害，今二能包，故"无咎"。九二大夫当约束管制小人，不以贻君父长官之忧，故"义不及宾"也。

子游为武城宰而礼乐以导之，有弦歌之音；孔子闻之，乐可知也。是"包有鱼"，能治其民者也。昔诸葛孔明之治蜀，以图曹魏也，能用魏延之骁勇、杨仪之才干，使分主外内，身当大任，皆得其道，故事治功劳不废，是"包有鱼，无咎"者也。及诸葛亮死，仪、延相图，怨望，皆不得善终。而诸葛亮皆先有安排，不贻刘后主之忧，故皆不造成危害，是"'包有鱼'，义不及宾"者也。

九三：臀①无肤，其行次且②，厉，无大咎。
《象》曰："其行次且"，行未牵也。

【音注】①臀：臀部。　②次且：亦作赼趄(《释文》)。即行不进也。

【义译】九三，居姤卦柔遇刚，阴侵蚀阳刚之时，在三公之位，因不能控制象征小人的初六，所以有"臀部没有皮肤，以致行动非常困难，不能前进"的现象，这虽是危厉的，但因为本身能坚守正道，得到正位，所以没有大的灾咎。

《象辞》说，"其行次且"是因为行动未能牵制小人、管制小人。

【象证】下卦巽为股，为进退不果，姤与夬相综，姤卦九四即夬之九三，夬卦上兑为毁折，故有臀下无肤、"其行次且"之象。居三多凶之位，未能牵制小人，故危厉。

鲁昭公欲治鲁国，不能牵制三桓把持政权，左右为难，此即"臀无肤，其行次且"之象。昭公甚至被三桓驱逐出境，危厉可知，然能保首领，故"无大咎"。

盖强权操纵政治，国君不能控制管辖，则"其行次且"而危殆矣。盖小人必须牵制管辖而教化之，方保无忧，不然必为所害。春秋时鲁国大夫叔孙豹溺庶竖牛，而不能感化教育之，终于受害而死。

九四：包无鱼，起凶。

《象》曰："无鱼"之凶，远民也。

【义译】九四，在姤卦阴柔遇阳刚，侵蚀阳刚之时，在诸侯的位置，而未得正位，所以没有包容到其百姓黎民，没有牵制着阴柔邪妄的小人、臣下、妇女、子女，所以有"包无鱼"的象征，这时如有行动，是凶的。

《象辞》说，"包无鱼"是因为疏远人民。

【象证】巽为鱼，乾为包，九四应于初六。然初六已为九二刚中之贤所据、所管辖，已被包而有之，九四不能有，故有"包无鱼"之象。不得正位，又不中，故"起凶"。阳为君，阴为民，初民已为二有，四远离之，故"远民也"。

春秋时，晋之政权为韩、赵、魏、范、智、中行氏六家大夫所把持，晋君远离其民，六家大夫拥有其民，六家终于分晋，而晋遂亡矣。齐国之政权，归田氏所把持，亦为田氏所篡。故为诸侯者宜亲民，不可远离其民，此《大学》始教，所以"在明明德，在亲民"者也。亲民之外，尚须管制阴邪之小人，勿使揽权，方不致害国害民。

九五：以杞①包瓜②，含章③，有陨④自天。

《象》曰："九五含章"，中正也；"有陨自天"，志不舍命也。

【音注】①杞：杞柳，落叶灌木，枝条可以编器物；一作"枸杞"，亦落叶灌木，枝条可编器物，果实及皮、叶可作药用。 ②瓜：低湿地生长之瓜果，蔓延而生。 ③含章：含藏其章美。 ④陨："从高下也。"（《说文》）即从高处下坠，降落之意。

【义译】九五，当姤卦柔遇刚之时，居天子的尊位，阳刚得正，又居外卦之中，大中至正，能修身、齐家、治国、平天下，可以包容治理他的百姓，所以有用杞柳编织的箱子包容"芳香、甜美、可食的瓜"的象征，能含蓄它的明显的美德，不表露在外，像这样好的君王、上级，他的天命，他的政令，就如同从上天降下的样子。

《象辞》说，"九五含章"，是因为大中至正。"有陨自天"，是说他的心志不违背天命。

【象证】上卦乾为木果、为包，乾圆称瓜。下巽为木，又四与初皆失位，易位，则皆正，而上卦为巽矣，故有"以杞包瓜"之象。姤旁通复，坤为美，为含，九五以阳刚中正，故有"含章"之象。上卦乾为天，本爻阳刚居尊，得天子之正位，施命如天，此"有陨自天"之象。巽为命，得正，故"不舍命也"。本爻以阳刚居大中至正之尊位。当姤之时，正是"刚遇中正，天下大行也""天地相遇，品物咸章也"（《彖辞》）的注脚。以杞柳下包美味之甜瓜，盖所蕴者美也。

移之政教，则其施命如自天而下，及于四方，真诚之志，贯注于适切之命而不违天命者也。如商汤、周文王、周武王度量宽弘，终得天命而王天下。

上九：姤其角，吝，无咎。
《象》曰："姤其角"，上穷吝也。

【义译】上九，当姤卦柔遇刚之时，处最极上的位置，欲进无路，不能遇柔，拥有臣民，所以有遇到墙角、碰壁的象征，这是有鄙吝的，但前无所遇，也没有灾咎。

《象辞》说，遇其角，是因为居上体之极而困穷鄙吝。

【象证】上九，失位不正，当宗庙隐士之位。在姤卦遭遇的最上位，前无所进，后无所退，上卦乾为首，上九位在乾首之上，故称"姤（遇）其角"。以居上无应，不得正位，故"吝"。以体中乾健，能刚健以存天理，故"无咎"。最上而碰壁遇角，无所进，故"穷吝"可知。

康有为与张勋，在民国成立、清帝溥仪退位之后，仍谋复辟，宜其姤角碰壁而穷吝失败也。

萃

泽地萃

卦体	下卦坤	上卦兑
卦象	为地	为泽
卦德	为顺	为悦

错卦	反卦	下互卦	上互卦	消息卦	附注
山天大畜	地风升	艮卦	巽卦	八月大夫卦	聚集

兑泽下润大地，万物繁盛而萃集，故曰"萃"。《序卦》曰："物相遇而后聚，故受之以萃。"故萃卦继姤卦之后，为第四十五卦。

萃①：亨。王假②有庙③，利见大人，亨，利贞。用大牲④，吉。利有攸往。

【音注】①萃：聚集。荟萃，本为草木丛生之象，丛聚之意。　②假：假格也，至也；又借也。　③有庙："庙也"，古代在名词之上，往往加一"有"字；或如《古书虚字集释》云"有犹于也"。　④大牲：即将用以祭祀的大牛；"牲，牛完全也"（《说文》）。另云："始养之曰畜，将用之曰牲。"（郑玄注《周礼·天官·庖人》）

【义译】萃卦能够萃聚天下的人，是可以成功的。国王萃聚天下的人，需要用到宗庙，借用宗庙、宗教的道理与精神，来团结荟萃天下的人心；并且有利于去拜访、晋谒伟大的人物，求得他的扶助，才能成功；务必利于坚守正道。用大而多的牺牲，去祭祀，去宴聚宾客，用大的待遇，去礼贤下士，这是吉利的。本着这些精神，就有利于前往，去努力奋斗，去聚集天下人心，而建功立业，上为帝王，下为企业领袖了。

【象证】上卦兑泽水，下卦坤为地，泽水在上以润泽于地，万物群聚而丛生，故有萃聚之象。九五阳刚得正，大中至正，高居君位，上兑为悦，下坤为顺，使天下的人心悦诚服，柔顺相从，所以能王天下。下有六二群臣柔中以相应，所以能亨通成功。四、五乾卦半象，乾为君，下坤旁通乾，"王"之象也。初至五体观，祭祀，二至四互艮为门阙，三至五互巽为入、为木，"假有庙"之象。体乾故"利见大人"。下坤为牛，上兑为羊，互巽为近利市，故"用大牲吉"。巽为股，反卦升互震为往，震动，故"利有攸往"。昔圣帝明王之感格、聚集人心也，多以萃卦之五法。

《史记》载黄帝生而神灵，治五气，抚祀万民，鬼神山川封禅，举风后、力牧、常先、大鸿以治民。是"王假有庙，利见大人，亨，利贞""用大牲，吉。利有攸往"者也。至若颛顼之依鬼神以制义，帝喾明鬼神而敬事之，尧之亲九族、和万国、敬授民时，舜之用二十二贤而受终于文祖，殷本之于契之神迹而用伊尹以王，皆深合萃聚之道。昔者周公"宗祀文王于明堂，以配上帝"（《孝经·圣治》），祭上帝与祖先，是"假有庙"者也。《易·鼎卦》曰："圣人亨以享上帝，而大亨以养圣贤。"是"假有庙，利见大人"，"用大牲"以养贤聚众者也。

《彖》曰：萃，聚也；顺以说①，刚中而应，故聚也；"王假有庙"，致孝享②也；

"利见大人，亨"，聚以正也；"用大牲，吉。利有攸往"，顺天命也。观其所聚，而天地万物之情可见矣。

【音注】①说：悦。　②享：献也，以牺牲或斋果祭祀，奉献于上帝、天地神明与祖考。

【义译】《彖辞》说，萃是聚集的意思。本着和顺而欢愉的精神，坚持刚健，以存天理的正气，去人欲的私情，又秉持中道以尽善尽美，而与天下的人相应，所以能集聚。"王假有庙"，是说能尽致其心，以孝享进献于上帝、天地神祇以及祖考。"利见大人而能亨通成功"，是说能聚集天下的贤才伟人，而又皆能坚守正道；"用大的牺牲祭祀、宴享，吉利，利有所往"，是顺着天命之故。我们只要观察他所聚集的情况，则天地万物的情态都可以完全了解了。

【象证】下坤为地，上兑为泽，泽在地上，水所聚也，故曰"萃，聚也"。就卦德言，下坤顺而上兑悦，既和顺而又心悦诚服。就卦体言，九五刚健中正，而六二以柔顺中正之德应之，刚柔相济，和悦相处，故能聚也。

国王借着宗庙、宗教的道理，以享献天帝祖考，以尽孝道，以聚民、教民，使民心归化，而天下聚集、团结、归心矣。可以亲亲仁民，而天下平矣。昔刘邦、刘裕、朱元璋之得天下，皆藉神助以取信于部下与人民。"得人则昌，失人则亡。"故"利见大人"，得其辅佐方能得天下而亨通。盖与此大德贤才之伟人，皆以正道相聚集，而坚守正道，故能成功。如商汤用伊尹，文王、武王用太公，刘备用孔明，皆"'利见大人，亨'，聚以正"者也。

既假大庙，则宜用大牲以孝享之、献之，方足以为教百姓，而不欺鬼神。既享献鬼神之后，亦用以宴享宾客，亲亲仁民。既得贤才，亦宜顺天命，以大牲之礼，隆重之礼仪，可观之待遇，使衣食住行、养生送死无虑，方足以得其真心，故汉武帝赏卫青、霍去病，动辄黄金数万，亦是"用大牲"者也。如是以"王假有庙""利见大人""利贞""用大牲""利有攸往"之努力，则天下可聚，国治天下平矣。

【笺注】程子曰："物聚而无以养之，则不能存息矣。"

《象》曰：泽上于地，萃，君子以除①戎②器，戒③不虞④。

【音注】①除：修治，聚集。　②戎："兵也。"（《说文》）即"械也"（段玉裁）。　③戒："警也。"（《说文》）　④不虞：即不能意料之事。虞者，"度也"（杜预注《左传·桓公十一年》）。

【义译】《象辞》说，泽在地上，这是萃卦萃聚的象征。君子体察这个现象，即修治兵备武器，以防预想不到的灾害和危险。

【象证】上兑为泽，下坤为地，泽水聚集坤地之上，此萃卦万物萃聚、苍翠丛生之象也。兑为毁折，三、四离象半见，离为干戈弓矢；三至上互坎，坎为盗、为陷、为险；五、上震象半见，震为动、为行，互巽为木、为入，坎为戒、为不虞：故以"除戎器，戒不虞"也。盖水聚过盈，须防其溃；人聚过众，须防其乱。

孔子相鲁定公，与齐会于夹谷。孔子曰："有文事，必有武备。"因备武备而行，诛优儒不法，而齐国惧，返鲁侵地。若鸿门宴，而无备，则灾迫近其身。昔周成王之时，天下太平，周公犹诰尔兵戎，召公犹张皇六师，其所以戒不虞如此，故太平可享。

初六：有孚，不终，乃①乱乃萃，若号②。一握③为笑，勿恤，往无咎。
《象》曰："乃乱乃萃"，其志乱也。

【音注】①乃："犹且也。"（王引之《经传释词》） ②号：叫号，呼喊，招呼也。 ③握：握手。两人互相以手交以示亲近、欢迎、欢喜。

【义译】初六，在萃聚的时候，有应于九四，彼此皆未得其正，九四又比于六三，所以有孚信不能终久的现象，心里很是迷惑纷乱，又很想前往，以与九四相萃聚，如果去呼号、招呼，去求助，则必能达到萃聚的目的。而与握手言欢，这是不要忧恤的，前往是没有灾咎的。

《象辞》说，"乃乱乃萃"，是因为他的心志迷乱。

【象证】三至上互坎，故"有孚"。应四而皆不得其正，故"不终"。坤为迷、为乱，故"乃乱"，为萃聚卦，故"乃萃"。上兑为口，故"号"。二至四互艮手，初六为一，故"一握为笑"。兑为欢笑，初未感坎卦之咎，故"勿恤"。变正，下卦震为动，故"往无咎"。坎为志，坤为乱，故其"志乱"也。初六当萃之始，以有孚欲上萃九四，由于外在之为累与阻隔，以致"有孚，不终"，是以迷乱而初与四皆唯聚其同类而已。当此"乃乱乃萃"之际，如果能呼号求援，于九四以相聚，则能相聚而"一握为笑"。盖当聚之时，不得不聚，往昔尴尬之心情与局面，亦因此握此笑，而前嫌俱释。然作《易》者犹励占者以"勿恤"，当往以相萃，可卜无咎以鼓励初六士农工商之前往，勇敢奋斗。此曲折之历程，非文王、周公之历经患难，谁能描画之哉！

昔关羽、张飞因曹操之战乱而离散，张飞误以为关羽降曹，及得相见，"一握为笑"，前嫌俱释，互为兄弟如初。昔陈余、张耳皆抗秦之英雄，约为兄弟，及误会成敌，不能"一握为笑"，不能得全交，为天下笑。有人告尉迟恭将反，唐太宗备金银以谢之，而得"一握为笑"，前嫌俱释，而唐太宗终赖彼之力，以救危去患。梁孝王囚邹阳，阳上书以表陈心迹，终得"一握为笑"而出狱相萃聚。

六二：引①吉无咎，孚乃利用禴②。
《象》曰："引吉无咎"，中未变也。

【音注】①引：牵引，引导。 ②禴（yuè）：与"礿"同义，"天子诸侯宗庙之祭；春曰礿，夏曰禘，秋曰尝，冬曰烝"（《礼记·王制》）。于夏商为春祭，于周为夏祭。

【义译】六二，当萃聚的时候，以柔顺居中得正，而上应于九五大中至正之君，下比于初六之士民，与六三之三公，当引导入吉利的方向，才没有灾咎。当九五之君以诚信相孚、相援引的时候，才可以赴任。只要正其谊不谋其利，虽以微薄的待遇，也可以诚信相感了。此时既已赴任，亦宜以夏祭之薄礼，礼敬祖考与天地神祇。

《象辞》说，"引吉无咎"，是因为守着中道，允执厥中，从容中道而不改变。

【象证】二至四互艮为手，三至五互巽为绳、为入，得正居中，故"引吉无咎"。初至五互体观卦祭祀，三、四离象半见，三至上互体坎卦为孚，离为火、为夏，故"孚乃利用禴"。九五之必引六二以相辅，即卦辞之"利见大人"。六二之"孚乃利用禴"，亦犹卦辞之"假有庙"也。

昔诸葛孔明躬耕南阳，必待刘备三顾以孚而前往复兴汉室，引导群臣与士众共归先主，而蜀以治，此"引吉无咎"者也。

六三：萃如嗟①如②，无攸利；往无咎，小吝。
《象》曰："往无咎"，上巽③也。

【音注】①嗟：嗟叹、悲叹。 ②如：样子。 ③巽："巽、逊古通用。"（《书集传》）即谦逊卑顺的意思。

【义译】六三，以阴居阳，居三公之位，而不得其正。当萃聚的时候，一方面想前往与君王士众相萃聚在一起，一方面又不敢前往，因而有嗟叹的样子。

这是无所利的。只有勇敢地前往，才没有灾咎；但是，因为没有得到正位，有小小的悔吝。

《象辞》说，前往而没有灾咎，是因为能谦逊地礼敬君上，而为君王所接纳。

【象证】六三，当萃之时，不得不萃，故"萃如"。不得其正，上卦兑为口、为悦、为毁折，三至上互体坎为加忧，故"嗟如"。三与五同功而异位，往事九五中正之君王，三至五互巽为入、为近利市三倍，故"往无咎"。阴柔不正，坎多忧，故"小吝"。能巽逊谦卑以事上，则可为君上所接纳，而得以萃聚，故"上巽"也。

昔周武王死，成王立，周公辅政，而管叔、蔡叔、霍叔以殷叛，周公东征三年乃平。蔡仲为蔡叔之子，本当永不录用，周公以亲亲之故，乃进用之，成王命蔡仲为诸侯，作《蔡仲之命》以训诫之，是"萃如嗟如"，"往无咎"而有"小吝"者也。必敬谨戒慎，乃可免吝。

九四：大吉，无咎。

《象》曰："大吉，无咎"，位不当也。

【义译】九四，以阳居阴，当萃聚的时候，以诸侯而下临万民，上近天子，必须谨慎小心，做到大吉，才可保无咎。

《象辞》说，"大吉无咎"，是因为其位不当。

【象证】九四，以阳居阴，不正，故位不当。在诸侯之位，上比九五至尊之天子，在下卦坤民之上，在乾九四或跃变动之位，居坤六三含章可贞，无成有终之上，故戒以必"大吉"方保"无咎"。下卦坤为民、为众、为臣，三、四乾象半见，乾为君、为大、为吉，故"大吉，无咎"。

刘秀对待云台二十八将，能两全其美而不畏逼，则二十八将得富贵而弃兵权，亦"大吉，无咎"。太公与周公，为齐鲁之君，太公、周公皆谦卑自牧，太公为周之藩国屏障，周公为相国，以臣辅天子，皆"大吉，无咎"者也。至于勾践之杀文种，刘邦之杀韩信、彭越、英布，刘裕、朱元璋之诛杀功臣，则为君既有过恶，而为臣者亦不知"大吉，无咎"之道，所以有咎者也。

九五：萃有位，无咎。匪孚①，元②永贞，悔亡。

《象》曰："萃有位"，志未光也。

【音注】①孚：信。 ②元：大。

【义译】九五，阳刚中正，当萃聚的时候，居天子的尊位，所以是萃聚而得其位了，这是没有灾咎的。要是不能孚信于人，而大权旁落于九四，只有保持伟大的局面和精神，并且永远地保持下去，而且坚守着正道，才能没有后悔。

《象辞》说，"萃有位"，是因他的心志未够光大。

【象证】当萃之时，大中至正，得天子之正位，故"萃有位，无咎"。坎为孚，坎象未成，九四居下拥有其民，故"匪孚"。下卦坤，坤元利永贞，四、五半体乾，乾为大、为元、为永，资始万物，各正性命，故"元永贞，悔亡"。比于上六之阴柔，兑为悦，坎为志，离为光，坎离象半见耳，未见其全，故"志未光"也。

昔汉宣帝为霍光所立，是"萃有位，无咎"者也；光以女妻之，而帝嫌光揽权太过，杀之，是"匪孚"而不能"元永贞，悔亡"者也。昔舜命禹征有苗，苗民逆命，舜乃诞敷文德，七旬而苗服，是"匪孚，元永贞，悔亡"者也。昔太甲为君，伊尹为相，太甲荒怠不明，伊尹放之于桐，太甲改过迁善，伊尹复迎之为君，是"匪孚，元永贞"，以保"悔亡"者也。

上六：赍咨①涕洟②，无咎。

《象》曰："赍咨涕洟"，未安上也。

【音注】①赍（jī）咨：嗟叹的样子。虞翻本作"赍资"，持货财以吊丧。②涕洟（yí）："自目曰涕，自鼻曰洟。"（郑玄）即伤心而涕泗齐下的样子。

【义译】上六，在萃聚的终极，当隐士宗庙之位，不能萃聚百姓，所以有嗟叹流泪的样子，能知其危，而嗟叹悲伤，知所惕励奋勉，所以没有灾咎。

《象辞》说，"赍咨涕洟"，是说未安于上位。

【象证】上兑为口、为泽水、为毁折，三至上互坎象，坎为灾眚、为险，下互艮为鼻，三、四、五、上离象半见，离为目，故"赍咨涕洟"。能戒惕如此，居上位而心不安，而知谨慎小心，斯"无咎"者也。

《孟子·万章》："舜往于田，号泣于旻天。"忧伤如此，犹复励行孝道，终感动父母君王，是"赍咨涕洟，无咎"者也。弟象日以害舜为事，舜孝弟不忘，谨慎小心，遂感动君王父母，而得幸福圆满，是存"无咎""未安上"之心，而卒得安上，且得天下者也。夏之后封于杞，商之后封于宋，舜之后封于陈，周祭郊庙之时皆来助祭，是以礼安上以保平安者也。

升

地风升

卦体	下卦巽	上卦坤
卦象	为风	为地
卦德	为入	为顺

错卦	反卦	下互卦	上互卦	消息卦	附注
天雷无妄	泽地萃	兑卦	震卦	十二月公卦	柔以时升

巽为木，坤为地，木升地中，长而益高，这是上升的象征。《序卦》曰："萃者，聚也，聚而上者谓之升，故受之以升。"所以萃聚之后，跟着是升卦，是《易经》第四十六卦。

升①：元亨，用见大人，勿恤②，南征③吉。

【音注】①升：上升，升级也，升官也，升等也，皆是上升之意。　②恤：忧也。　③南征：离，南方之卦，离为火、为明。征者，行也。南征即向光明而行。南面为君，离，南方之卦。

【义译】升卦，上升。要实现伟大的成功，要去晋见伟大的人物，要努力奋斗，不要忧虑，要向光明的前途前进。能够做到这四点，就能够上升、升官、升等而得到吉利了。

【象证】上坤为顺，下巽为恭、为入、为近利市三倍，顺以恭逊。九二刚中，六五柔中，允执厥中而君臣相应，斯所以上升而"元亨"大成者也。二、三乾象半见；升，旁通天雷无妄，上卦亦为乾，乾为君、为大人。无妄初至四互体离象；升，初、二半象离，初、二易位，下卦亦离，离为明、为见，为南方之卦；无妄，下震为行，升三至五亦互震为行，故"用见大人"，"南征吉"。巽者近利市三倍，坎为忧，是升卦，故勿忧。离为明，光明在望，故不惧坎陷而勿忧也。又升卦下巽为东南之卦，上坤为西南之卦，由巽而坤，由坤至巽皆经离卦，离为南方之卦，故有南行，向光明而前进之象。

凡人欲上升，必须具备实现伟大成功的要素，晋见大人，勿忧而乐观奋斗，向光明的正道前进。四要项具备，则上升、升官、升等而吉利矣。

唐韩文公，学问德行成功而进士及第，是"元亨"矣；屡次上宰相书，愈挫愈奋，终得宰相之推介，得以蒙君录用，是用见大人也。历官艰辛，虽遭贬斥而不失乐观、积极、进取之心，是勿忧者也；秉心光明正大，坚守正道，是"南征"者也。具此元亨、用见大人、勿忧、南征四要项，故上升而吉，名位显于当年，垂于万世，何吉如之？

《象》曰：柔以时升，巽而顺，刚中而应，是以元亨。"用见大人，勿恤"，有庆也；"南征吉"，志行也。

【义译】《象辞》说，升卦上升，是说做人臣下的人，能本着柔顺的道理，随着时机，以时而上升，谦卑恭逊而又能柔顺，刚健地去存天理去人欲，坚守中道，尽善尽美，而又能与上级相感应，所以能够大大成功。所以晋见伟大人物，不要忧虑而乐观奋斗，就有吉庆的到来。向着光明的前途而前进，是说能实行其志的意思。

【象证】升卦上坤为母，下巽为长女，皆阴柔，为柔顺，臣下阴性之卦。下巽木以时而上升于坤土，故曰"柔以时升"。下巽逊而上坤顺，九二刚中上应六五柔中，君臣刚柔相应，故曰"巽而顺，刚中而应"。刚则能发强刚毅，而存天理去人欲，故足以有行也。中则能尽善尽美、从容中道，柔顺则能一顺百顺，君臣刚柔得中而相应，是以升而元亨。乾为大人，离为见、为明，坤为吉庆，故"'用见大人，勿恤'，有庆也"。离为明，为南方之卦，上互震为行、为动，互体坎象为志，故"'南征吉'，志行也"。

《尚书》载舜"濬哲文明，温恭允塞，玄德升闻"，是舜之"巽而顺""柔以时升"，而"元亨"也。得四岳之推荐、尧之进用，是"刚中而应"，"'用见大人，勿恤'，有庆也"。得尧之礼让，王道以行，天下和平，是"'南征吉'，志行"者也。禹平水土，熙帝之载，地平天成，六府三事允治，万世永赖，得舜之礼让，亦升卦"柔以时升""巽而顺，刚中而应""用见大人，勿恤""南征吉"而"志行"者也。

《象》曰：地中生木，升，君子以顺①德，积小以高大②。

【音注】①顺：荀爽、虞翻本作"慎"，各有攸当。　②以高大：荀爽本作"以成高大"。

【义译】《象辞》说，从地中生出树木，这是升卦日渐上升的象征，君子体此现象，即小心翼翼地顺着德行去做，积累小善小德，以渐成高大且彰明显著的盛德大业。

【象证】下卦巽为木、为入，上坤为地，木入地下，从地中而升出地面，积小以渐成高大，此升卦之象。乾为君子、为善、为大，坤为顺、为德、为小，巽为木、为长、为高，互震为行、为动，故"君子以顺德，积小以高大"。

昔虞舜幼丧母而父顽，后母凌虐，弟象日以谋害，舜皆能以慎顺之德，积小善，成大孝，后为圣人，贵为天子，名垂万世，何其伟矣！

初六：允①升；大吉。
《象》曰："允升，大吉"，上合志也。

【音注】①允：信也；或"当也"（王弼）。

【义译】初六，以士农工商之位，当升卦上升的开始，确信可以得到上升了，这是大吉的。

《象辞》说，"允升大吉"，是说能上升合于上级的心志。

【象证】下巽为木、为入，而居坤地之下，坤为土、为信，互震为动，初至四体坎象，亦孚信之象，故有"允升"，确信可以上升之象。以阴居阳，不正，有才有德，不幸而居士民之位，变正以应六四，上合诸侯之心志，得展才德，为民为国服务，大吉之道也。

如昔姜太公以经纬天地之才而隐居渭滨垂钓，岂其志哉？及遇文王，而肇周室八百年之江山，是有才德者"允升，大吉"之吉遇也。若无太公之才，但能随九二刚中之贤以俱升，亦"允升，大吉"之道也。韩信经纬之才，受嫉于刘邦，未合刘邦之心而遭灭族之祸。刘邦固有过，韩信亦未自谨。

学《易》必永保元亨，故君子不可不学《易》。君子学《易》则能成可久、可大之业；小人学《易》而成君子，得享令名而善终。大哉《易》也！涵盖天地古今，弥纶三才，无所不包，无所不具者也。

九二：孚①乃利用禴②，无咎。

《象》曰："九二之孚"，有喜也。

【音注】①孚：信也。　②禴：夏祭也，较俭约之祭。

【义译】九二，在上升的时候，以阳刚之才，居内卦之中，上应于六五的天子，升为大夫，既已孚信于君，当诚信在中，勤俭爱民，利用夏祭，诚信地祭拜神明祖先，就可以没有灾咎了。

《象辞》说，九二的孚信，是有喜庆的。

【象证】初至四互体坎象，坎为信、为孚，巽为近利市三倍，升旁通天雷无妄；初至四互体离，又升初、二与三、四半象离，离为火、为夏；升卦上下易为观卦祭祀之象，故"利用禴"。欲治其国者，内而格致诚正，外而修齐治平，神而祭祀上帝祖先，法而刑赏必信，礼而典章制度之齐备，五者备而家齐国治而天下平矣。故周有天下必祭上帝与文王后稷。

昔人之得仕进、任官职，凡有大事必祭天地神明、社稷诸神与祖先，非迷信也，献至诚、感天地、化万民、教子孙也。人有宗教信仰，则易治化也。祭祀亦所以崇德报本、不忘其恩、永存纪念、团聚子孙、教化民心者也。故孔子曰：

"鬼神之为德，其盛矣乎？视之而弗见，听之而弗闻，体物而不可遗。使天下之人，齐（斋）明盛服以承祭祀，洋洋乎如在其上，如在其左右。"(《中庸》)明乎郊社之礼、禘尝之义，治国其如示诸掌。大哉祭乎！圣人之所以存心。

昔岳飞伐金，亦集英雄豪杰祀盟于神祇。郑成功之反清复明，亦祷告于孔子。

九三：升虚邑。
《象》曰："升虚邑"，无所疑也。

【义译】九三，当升卦上升的时候，以阳刚之才，得三公的正位，上应于上六，可以上升，正如升上空虚的城邑一样容易。

《象辞》说，"升虚邑"，是说升官升上来，毫无疑问。

【象证】上坤为地、为邑，阴虚为空虚，故曰"升虚邑"。坎象不见，坎为疑，故"无所疑"也。昔舜为天子，用皋陶、禹、益等二十二贤才，此二十二贤才之得进用于明时，正如"升虚邑"之易，而"无所疑"也。

六四：王用享①于岐山②，吉，无咎。
《象》曰："王用享于岐山"，顺事也。

【音注】①享：王弼作"亨"，古"亨""享""烹"字与义皆互通；"亨，马云祭也，郑云献也"(《释文》)。则享献当作"享"也。 ②岐山：地名，在陕西，为周朝的发源地，今陕西宝鸡市。"自华以西名山七……曰华山，薄山……岳山，岐山，吴岳，鸿冢，渎山。"(《史记·封禅书》)

【义译】六四，以阴居阴，得诸侯的正位，当升卦上升的时候，近乎六五之君，而安分守己。祭祀岐山的社稷神祇，这是吉利而没有灾咎的。

《象辞》说，"王用享于岐山"，是说能柔顺地顺天顺人守着自己的事业、职务，顺守而不失。

【象证】周自武王革命成功后，始追封其曾祖古公亶父为太王，祖为王季，父为文王。周自太王迁岐山后，即渐至隆盛，至文王而三分天下有其二，以服事商，安守职责，在西北以事纣，虽为纣囚禁，亦不怨君父。孔子为殷商之后，尝一再赞美："周之德，其可谓至德也已矣。"此爻即述文王为诸侯，安分守己，上顺君王、下抚其民而祭祀社稷，得保其宗庙、行其祭祀，故吉而无咎也。

六五：贞吉升阶①。

《象》曰："贞吉升阶"，大得志也。

【音注】①阶："自庭升堂故曰阶。"（惠士奇《易说》）即阶级，等第。

【义译】六五，以柔中之才，当上升的时候，居于天子的尊位，能坚守正道，就获吉利，而得上升高阶。

《象辞》说，"贞吉升阶"，是说大得志。

【象证】六五，以柔中居尊位而应于九二刚中之贤，君臣皆未得其正也，故必坚守正道，"贞吉"而后始能"升阶"。居升卦之升，当升。下巽为高、为木，上坤为土，皆高阶之象也，上互震为行，故有"升阶"之象。而初至四互体坎象，坎为志，二、三乾象半见，乾为大，巽为近利市三倍，"大得志"之象也。

杨诚斋曰："升之时，乱升而为治，君升而为王，文王既当六四，则六五其武王乎？"六，柔也；五，刚也；中，正也。观兵而退，需暇五年，故诗人颂之曰："遵养时晦。"非以柔晦刚乎？夫唯尽天下之贞固，从文王之容德，不得已而后放伐，故自君而升为王，如历阶而升，宜其大得志，垂拱而天下治，拯民于水火之中，贵为天子。

上六：冥升①，利于不息②之贞。

《象》曰："冥升"在上，消不富也。

【音注】①冥升：指一味上升，皆迷于升之意；冥者，"夜也，引申为凡暗昧之称"（段玉裁）。　②息："止也。"（《毛诗传》）

【义译】上六，以宗庙隐士之位，居上升之极，就一味求上升，甚至沉迷于上升而不觉醒。这是不好的。唯有永不休止地坚守正道，才没有灾咎。

《象辞》说，"冥升在上"，是说一味求进而不知止于至善，将有消灭破败、反成不富的现象。

【象证】三至上互体复卦，上六迷复凶，故有"冥升"之象。坤为阴暗，亦"冥升"之象也。旁通无妄，其匪正有眚，不利有攸往，故曰"利于不息之贞"。阳为富，阴为不富，上六变，二至上互体损，故曰"消"。

扬雄在王莽时，"冥升"而求进，尝作《剧秦美新》以赞美王莽。及王莽诛献符命者，使者来，欲收雄，雄自投阁，几死，为天下笑。是"冥升"于乱世，几乎难保其命者也。

困

泽水困

卦 体	下卦坎	上卦兑
卦 象	为 水	为 泽
卦 德	为 险	为 说

错 卦	反 卦	下互卦	上互卦	消息卦	附 注
山火贲	水风井	离卦	巽卦	九月公卦	困苦

坎水本当在兑泽上，今反居其下，是泽水渗漏地层，经风吹日晒蒸发，日渐艰难短乏，故曰"困"。升极必困，故《序卦》曰："升而不已必困，故受之以困。"故困卦次升卦之后，为《易经》之第四十七卦。

困：亨①，贞，大人吉，无咎。有言不信。

【音注】①困：艰难困苦。困乏，困穷，穷厄委顿，道穷力竭，困乏至极，皆困也。

【义译】艰难、困穷、痛苦的时候，正是考验圣贤君子、英雄豪杰的时候。能够努力百折不回、勇往迈进就能成功；但必须坚守正道去努力，才能取得长远的成功。在这艰难困苦的时候，唯有坚守正道的伟大人物，才能吉而无咎。这时只有默默努力，以求脱困，不宜多言；因为虽有言，他人也不会相信你。

【象证】困卦，下卦坎为水，上卦兑为泽，水在泽下，泽涸无水，故穷矣。二至上互水火既济，故困能亨，下互离为明，坎为险，上兑为悦，悦而明可以去险，可以知命而乐天，故"亨"。四、五乾象半见，乾为大人，九五阳刚中正亦"大人"象也。九五得正，故"贞，大人吉，无咎"。二至四互风火家人，故"吉，无咎"。兑为口、为毁折，坎为盗，初至五互涣为离散，故"有言不信"。

当困之时，乃人生之或然际遇，一时虽困，然天无绝人之路，只要能努力，则必有亨通之时。大人虽居困而善于处困，不失正道，能用其智慧以创业，故"吉，无咎"。但当养晦自得，待机而动，不尚多言，多言数穷，且居穷困之中，人多不信，故"有言不信"。

昔夏禹困于治水，商汤困于吕，文王被囚于羑里，秦穆公受困于殽战之后，齐桓公困于长勺，勾践困于会稽，孔子困于陈蔡之间，是皆能因困而愈磨炼自己，克服困难，坚持正道，一正百正，百折不回，不徒尚口辞而能以真实行动克服困难，故皆能出困而成圣贤英雄。

《彖》曰：困，刚揜①也。险以说，困而不失其所亨，其唯君子乎！"贞，大人吉"，以刚中也。"有言不信"，尚②口乃穷也。

【音注】①揜：音义同"掩"，掩盖，隐藏，困迫貌；如"笃以不揜"（《礼记·表记》）。②尚："犹饰也。"（郑玄）即上也、崇尚也。

【义译】《彖辞》说，困苦艰难，是因为遇到了艰难、刚强、恶劣的环境，而被掩盖困迫。在这险难恶劣的情况下，而能以和悦的态度应付它，去适应它。

在这种种困苦中，正是磨炼自己、造就自己的机会，而能紧紧把握，不失去成功之道，这只有君子能够做到呀！"贞大人吉"，是因为阳刚、坚毅刚健，存天理之正道，去人欲之私情，一正百正，允执厥中的关系。在困顿之时，讲话也不易被采信，当和悦以适应，守正而刚中，用求出困的实际行动。如崇尚利口，只会依然困穷。

【象证】困卦上兑阴卦为柔，下坎阳卦为刚，坎刚在兑柔之下，是阳刚见揜于阴柔，且九二、九五皆以阳刚居中，分别为六三、上六之阴柔所揜，所以有"刚揜"的现象。这就是阴暗恶劣的环境，困逼着圣贤英杰及一般士民；阴柔的小人，困迫着君子。受恶劣的环境困迫着，故曰"困，刚揜也"。

处困顿、困逼之道有三：居险而悦以适应之；沉静忍耐，用智脱困；刚毅不拔，大中至正，以毅力刚中出困脱险。下坎为险，上兑为悦，故曰"险以说（悦）"。刚强坚毅，沉静用智，天无绝人之路，船到桥头自然直，故曰"困而不失其所亨，其唯君子乎！"遇困而克难成功，则超凡入圣之君子贤人也。二、上互体既济，故有亨通象。四、五乾象半见，故有君子、大人之象。九二、九五刚阳在中，故曰"刚中"。兑为口、为毁折，而阳刚受掩困，故"有言不信"。

昔孔子困于陈蔡之间，厄于匡，三餐难继，弟子有饥色；文王拘于羑里，困心衡虑，行弗乱其所为。二人皆受困深矣，而能以"险而说（悦）""困而不失其所亨""刚中"居易以俟命，用智虑体刚中以待时，终得出困。

昔诸葛亮屯于阳平，遣魏延诸军并兵东下，唯留万人守城。司马懿率二十万众拒亮而与延军错道，径至前当亮六十里所，将士失色，莫知其计。亮意气自若，令军中皆偃旗息鼓，不得妄出盖幔。又令大开四城门，洒扫以示悠闲。司马懿常谓亮持重，而猥见势弱，疑其有伏兵，于是引兵北趋山。此时孔明能居险以悦，方能不乱阵脚，于困顿中萌见生机，否则岂不危殆哉？是"困而不失其所亨"，险于悦，"刚中"之用岂不大哉！

在困之时，"'有言不信'，尚口乃穷"，如苏秦、张仪、商鞅之终受困是也，闪烁其辞，只益穷耳。

《象》曰：泽无水，困，君子以致命①遂②志。

【音注】①致命：致，委也，尽也。致命，委任天命，竭尽身命。　②遂：达到。

【义译】《象辞》说，水本当在泽上，现坎水反陷在泽之下。泽中没有水，这是困卦艰难困苦的象征。君子处于困苦的时代，则以竭尽自己的生命，去完成自己的壮志鸿图，不成功便成仁。

【象证】困卦坎水在兑泽之下，兑泽之下全部遗漏无水，故曰"泽无水"。乾为天命、为君子，坎为心志，二、三与五、上震象半见，震为行、为动，故"致命遂志"。

如黄花岗七十二烈士，北伐、抗日之英雄，皆英名垂史，奉献其生命完成报国之壮志。又如谦逊的孙中山先生奔走革命，流血流汗，最是令人敬佩。虽屡处困境，如蒙难伦敦，永丰舰上身临枪林弹雨，每每百折不回、出生入死，盖尽致其身、其命，以遂其救国救民的心志。历史上的英雄，如岳飞的"精忠报国"，文天祥的"正气常存"，皆是君子致命而遂志、成仁取义的最佳印证。

初六：臀困于株①木，入于幽谷，三岁不觌②。
《象》曰："入于幽谷"，幽不明也。

【音注】①株："木根也"（《说文》），如"守株冀复得兔"（《韩非子·五蠹》）。②觌（dí）：相见。

【义译】初六，在艰难困顿之时，未得正位，有臀部、大腿受株木牵困，又进入幽暗的深谷，不能行动的现象，虽至三年之久，也看不到他的发展。

《象辞》说，进入幽谷而致受困，是因为时代既幽暗而本身又不聪明。

【象证】困卦下坎为险陷，互巽为入、为股、为木，初又在最下，故有"臀困于株木"之象。坎为隐伏、为穴，初、二艮山半见，初阴为暗，此"入于幽谷"之象。离象半见，离为目、为见、为三、为明，离象未成，故"三岁不觌""幽不明"也。又初应四，中隔二、三不得往应，初至四隔三爻亦"三"之象也。

荀爽曰："为阴所掩，故不明。"坐困株木幽谷，若范仲淹之煮糜结冰而分其半以充饥，欧阳修之持荻习字，彼等为相为官之前，乃默默无闻之市井小民，臀困株木、幽谷之中，安处困境发奋为雄，变暗为明，迈前途于万里。

九二：困于酒食，朱绂①方来，利用享祀②，征凶，无咎。
《象》曰："困于酒食"，中有庆也。

【音注】①朱绂（fú）：君王及公卿之服，所以蔽膝，凡君臣朝见、会同，宗庙祭祀，衣之。此意指高官厚禄。绂，绶也，即专用来系印纽或勋章的丝带。"朱绂"用以比喻得到封赏。另据段玉裁注《说文·韨》："韨""绂""绶"与"芾""黻"，皆从古文"市",相互通用。到了汉代,又与"绋"相通用;此为古代衣裳前的蔽膝,用熟皮制作,形制、图案、颜色按身份等级不同而有区分;朱绂即天子所佩戴者也。 ②享祀:祭祀孝享于祖先宗庙以及神祇。

【义译】九二,当艰难困苦的时候,虽处大夫之位,然以阳处阴不得其正,受困于小人,故有受困于酒食,酒食艰难、三餐难继的象征。但困居于内卦之中,有刚中之德,九五之君终会礼聘,所以有朱绂将来、富贵降临的现象。这时可以利用祭祀孝享于祖先及天地神祇,以求其福。如不安分守己,而有所前往,求进,就会有凶灾降临。如不前往,谨守其德,就没有灾咎。

《象辞》说,"困于酒食",是说虽受艰难困苦于前,因有刚中之德,所以喜庆的事终将来临。

【象证】坎为水、为玄酒,兑为口、为毁折,故有"困于酒食"之象。三变乾为大赤、为君,旁通坤为布,变正,上应九五,故有"朱绂方来"之象。二变,则初至五互体观卦祭祀,故"利用享祀"。有刚中之德,即卦辞之"贞,大人吉,无咎。有言不信",《象辞》之"困而不失其所亨"者也,故"中有庆也"。乾为善、为庆,"有言不信"、为阴所撙,故太公、孔明皆君自来求,非己往求也。

昔薛仁贵英勇善战,有刚中之德,战功卓著,而张士贵冒功不报,掩盖其才能功勋。薛仁贵虽然受困于一时,终能奋发,得展大才于日后,是"朱绂方来""中有庆"者也。人贵有才有德耳,不病莫己知、莫己用也。昔朱买臣、董遇皆负薪砍柴苦读,酒食为困,而努力读书,自强不息,终得富贵,是亦"朱绂方来""中有庆"者也。

【笺注】《白虎通·绋冕》:"绋者,何谓也?绋者,蔽也,行以蔽前,绋蔽者小。有事因以别尊卑,彰有德也。天子朱绋,诸侯赤绋。《诗》云:'朱绋斯皇,室家君王。'又云:'赤绋金舄,会同有绎。'又云:'赤绋在股。'皆谓诸侯也。《书》曰:'黼黻衣,黄朱绋。'亦谓诸侯也。并见衣服之制,故远别之,谓黄朱亦赤矣。大夫葱衡,别于君矣。天子大夫赤绂葱衡,士韎韐。朱赤者,或盛色也,是以圣人涂法之用为绋服,为百王不易也。绋以韦为之者,反古不忘本也。上广一尺,下广二尺,天一地二也;长三尺,法天、地、人也。"

六三:困于石,据①**于蒺藜**②**,入于其宫**③**,不见其妻,凶。**
《象》曰:"据于蒺藜",乘刚也;"入于其宫,不见其妻",不祥④也。

【音注】①据：依据。凭据、占据、居处也。 ②蒺藜：有刺的植物，一或二年生草本，木本亦有之，夏天开小黄花，果实有刺，生长在海边沙地。 ③宫："古者贵贱所居，皆得称宫……秦汉以来乃定为至尊（王者）所居之称。"（《尔雅·释宫·疏》） ④祥：《周易集解》作"详"，义得兼通，吉祥、祯祥。

【义译】六三，以阴处阳，在三公之位，而不得其正。在艰难困厄的时候，前有四、五两个阳刚的阻隔，因而受困于刚强如石头一样的障碍物；想要后退，则凭据于九二阳刚之上，有如有刺的蒺藜一样在后困厄，真是进退两难，无所适从，回到自己家中又见不到妻子，这是凶的。

《象辞》说，"据于蒺藜"是因为乘在刚强（指九二）之上；"入于其宫，不见其妻"是不吉祥的。

【象证】初、二与三、四艮象半见，二变互艮，艮为小石、为山，故"困于石"。艮为手，二、三震象半见，四变成震为行、为动、为据，互巽为木、为入，坎为蒺藜、为险陷，故"据于蒺藜"。二至五互体风火家人卦，互巽为入，故"入于其宫"，宫者家也。互离为目、为见，上兑为少女、为妻妾、为毁折，下坎为中男、为夫、为险陷、为隐伏，故"不见其妻，凶"。

古今中外幸进而不正之三公，多害国害民而反害自己及家人，史不绝书。故子曰："非所困而困焉，名必辱；非所据而据焉，身必危。既辱且危，死期将至，妻其可得见耶？"（《系辞下》）西晋王衍，身居三公之位，不务国事，唯清谈是务，及至五胡乱华为石勒所杀，终至家破人亡，而连带西晋王朝亦亡。

【笺注】《左传·襄公二十五年》载，齐相崔杼（武子）筮娶棠公之妻，得此爻。陈文子曰："夫从风，风陨妻，不可娶也。且其繇曰：'困于石，据于蒺藜，入于其宫，不见其妻，凶。'困于石，往不济也。据于蒺藜，所恃伤也，入于其宫不见其妻，凶，无所归也。"崔杼不听，后齐君与其妻私通，而崔杼弑君，终至家破人亡。

九四：来徐徐①，困于金车，吝，有终。
《象》曰："来徐徐"，志在下也；虽不当位②，有与也③。

【音注】①徐徐：缓慢，安行。 ②不当位：指以阳处阴。 ③有与：指有应与，相助应也，九四应初六。

【义译】九四，在艰难困厄的时候，居诸侯之位，而以阳处阴，失位不正，所以陷在困厄之中，富贵的前来很慢，衣食住行都有困难，衣食住因少金而困乏，行则因无车而举步维艰，所以有困于金钱、车马的现象。它是穷吝有灾厄的，但因以阳刚君子之才，终当得助而居诸侯之位，所以有终。

《象辞》说，富贵的到来很缓慢，是因为志气低下，未能高远。虽然未得到诸侯的正位，但是下应于初六，上比于九五之君，上下皆得助力，所以终能得富贵而善终。

【象证】本爻先儒多以"四与初相应，困于九二"为解。此可备一解耳，非《易》之正解也。

古代大夫以上皆有车马，四为诸侯而失位，受阴柔黑暗之环境所困厄，故困于衣食住行，故"困于金车"。非以九二为金车，受困于九二不得应初也。以男女私情为喻，终非《易》之正体。且九二亦困于酒食，大夫之位耳，安能困九四之诸侯？互巽为进退不果，震动半见，故"来徐徐"。坎为弓轮、为险陷，乾金半见，故"困于金车"。金钱与车马乃衣食住行之所需，而受困艰难，故"吝"。变阴，坤爻，且六三亦坤爻，坤为吝啬，故"吝"。终得九五阳刚中正之君之聘用，初六士民之拥戴，九二大夫与其同功而异位，且同居阳刚，终当助应，故终得富贵、诸侯之位，而吝穷可解，故"有终"。

盖君子耻学德之不修，不患无位，患所以立，故"富与贵是人之所欲也，不以其道得之，不处也；贫与贱是人之所恶也，不以其道得之，不去也……君子无终食之间违仁，造次必于是，颠沛必于是"。困之九四是也，有刚健阳明之德，存天理之正气，去人欲之私情，如此而受困于金车，是一时之困厄也。

昔孔子厄于陈蔡，太公困于渔盐，伊尹栖于鼎俎，百里奚饭于牛车下，管夷吾危于监狱，傅说筑于傅岩，岳飞困于衣食，孙中山先生蒙难伦敦，是皆"困于金车"，衣食住行难为者也；而有其才其德守正不二，终得富贵圣贤之伟名，光耀史册。是虽吝于一时，而卒有善终者也。至若伯夷、叔齐有诸侯之位而不要，"困于金车"以至死而保其"圣人之清"，是难能而可贵者也。

九五：劓刖①**，困于赤绂**②**，乃徐有说**③**，利用祭祀。**
《象》曰："劓刖"，志未得也；"乃徐有说"，以中直也；"利用祭祀"，受福也。

【音注】①劓刖（yì yuè）：古时割鼻之刑曰劓，断足之刑曰刖。 ②赤绂：参九二"朱绂"之注，赤绂亦君王公卿之礼服，所以蔽膝。"困九五：文王为纣三公，故言'困于赤绂'。"（《易纬·乾凿度》）"天子三公九卿朱绂，诸侯赤绂。"（注《易纬·乾凿度》） ③说："悦"也，亦有作"脱"者，但非此爻义。

【义译】九五，大中至正之君，在困卦艰难困厄的时候，也是受尽苦难，几乎是面目全非，上下身皆伤痕累累，所以有劓刖而鼻脚受创伤之象。这时艰难困厄至极，衣食住行为艰，金钱经济又缺乏，所以有"困于赤绂"的现象。但因本是大中至正之君位，难久必通，所以慢慢会有救援，终有成功而立于正位的喜悦。这时既成功而立天下之正位，当祭祀宗庙祖先，以配上帝，以求福，而明示天下以诚敬的精神。

《象辞》说"劓刖"，是因志未得之故；"乃徐有说"，是因为能笃行中道而正直刚正；"利用祭祀"，可以获得人神的福佑。

【象证】上兑为毁折，二变互艮为鼻，三、四亦艮象半见，互巽为股，二、三震象半见，四变亦互震为足，故有"劓刖"之象。二变下坎坤，初、三皆阴爻为坤象，坤为大布，四、五乾象半见，乾为大赤，又互离为火、为明，是"困于赤绂"之象。巽进退不果，震行象唯半见，兑为悦，坎为隐伏，故"乃徐有说（悦）"。二变正应于九五，则初至五互体观象祭祀，观卦《象》曰："圣人以神道设教而天下服矣。"巽为近利市，故利祭祀受福也。坎为志而处下，兑为毁折，故"志未得也"。九五阳刚得正得中，即卦辞"贞，大人吉，无咎"，《象辞》"困而不失其所亨，其唯君子乎"者，多指九二、九四、九五之阳刚君子。二、四未得其正，故必正而大吉。五为大中至正之君，故"'乃徐有说（悦）'，以中直也"。

昔刘邦为亭长耳，其与项羽争天下，尝为项羽所伤，几乎性命不保。又如周文王为纣所囚，舜幼历经患难，禹常历艰辛，朱元璋尝行乞、为僧度日，孙中山先生历经忧患，是皆得天下之君王，历经创伤与经济困厄，困难艰苦备尝者也，是"劓刖，困于赤绂"者也。终得天下英雄、圣贤豪杰之助力，以有江山，是"乃徐有说（悦）"者也。

既有天下而欲长治久安，除道德、礼教、法律外，莫要于宗教之神道设教，有神道设教，可以律己教人以诚敬而民亦不叛也。故《孝经》曰："昔者周公宗祀文王于明堂，以配上帝。"信哉，古先帝王每每封禅，现祭祀忠烈祠，皆在律己以教民也。

上六：困于葛藟①，于②臲卼③。曰动悔，有悔，征④吉。
《象》曰："困于葛藟"，未当也。"动悔有悔"，吉行也。

【音注】①葛藟（lěi）：盖藤蔓缠绕之草；葛，"蔓也"（《玉篇》）。藟，"藤也"

(《广雅·释草》)。 ②于：往也。 ③臲卼（niè wù）："动摇不安之貌。"（孔颖达《周易正义》）即危险不安也。 ④征：行也。

【义译】上六，处困卦艰难困厄的极点，所以有受困于艰难困苦，缠绕不清的样子，这时如有所前往，是相当困难、危险不安的。这时候动也是有悔的；如果不动，就永远不能脱离困险的环境，而永远有悔。与其因不动而永远后悔，不如冒险去行动，去克服危险而脱离困厄得吉利。

《象辞》上说："困于葛藟"，纠结于艰难困厄，是因为不适当。行动也有后悔，不行动则永远后悔。与其不行动而永远后悔，不如冒险去行动。向吉利的幸福行动，还有脱离危险得到吉利的机会。

【象证】兑为毁折，下互巽为绳，坎为险陷、为隐伏、为陷阱，故有"困于葛藟，于臲卼"的不安之象。兑为毁折，初至四互未济，无攸利，故"动悔，有悔"。初至五互体涣，"涣亨王假有庙，利涉大川"，故"征吉""吉行"也。四变互震为行，坎为多眚，有悔之由也。古之志士、英雄、圣贤，皆从困苦中磨炼而出，皆在"动悔，有悔，征吉"中受困煎熬，终至克难成功而建立伟业。是故非困厄无以显英雄，非英雄无以克困厄也。

昔燕昭王用乐毅破齐七十余城，唯余即墨与莒二城而已。复攻即墨，即墨大夫战死，田单以一隐士，如上六之位，为众所推以拒燕。然乐毅者，天下之名将也，田单不敌，坐困愁城而已，是"困于葛藟，于臲卼"者也；欲与燕战又不敌，是"动悔"者也；欲保即墨不与战，则永困愁城，是"有悔"者也。筹思良久，适燕昭王死，子惠王立，而与乐毅不睦。田单用反间计，使惠王罢免乐毅而代之以庸俗之将骑劫，复多方施反间计、用激将法，鼓作士气，最后以火牛计大破燕师，复齐七十余城，是"动悔，有悔"，无已则"征吉"，"吉行"以出困者也。

昔孔子畏于匡，子路弹剑，孔子和之而歌，证知非阳虎乃免厄。孔子又使从者为宁武子臣于卫，然后得去危。去卫适宋，教礼大树下，司马桓魋欲杀孔子，孔子微服去宋。在陈绝粮，孔子弦歌不辍，终亦得出困。

井

水风井

卦体	下卦巽	上卦坎
卦象	为风	为水
卦德	为入	为险

错卦	反卦	下互卦	上互卦	消息卦	附注
火雷噬嗑	泽水困	兑卦	离卦	五月姤卦	市井

君子修德养民，始终无改，就像水井的养物无穷。君子德智双修，从基层做起，服务社会国家，就像水井在下，供养在上众多的人群生物。在上受困的人，必从下级做起，由累积善功而致成功。故《序卦》曰："困乎上者必反下，故受之以井。"故井卦接续于困卦之后，为《易经》第四十八卦。

井①：改邑不改井，无丧无得，往来井井；汔②至亦未繘③井，羸④其瓶⑤，凶。

【音注】①井：卦名，古时掘地为井，以瓶或水筒引汲其水。 ②汔（qì）：几乎，接近。如"汔可小康"（《诗经·大雅》）。 ③繘（jú）：绠也，汲水索；"自关而东周洛韩魏之间谓之绠，或谓之络；关西谓之繘绠"（《方言》）。 ④羸：纍（累）也，牵累覆败；或"钩羸其瓶而覆之也"（孔颖达）。亦可解为"钩罗也"（虞翻）。 ⑤瓶：盛水器具，比缶小，犹花瓶、瓶罍。

【义译】井，穿地至泉，汲取地下的水以供养人群，虽人或有迁移，改易城邑，但井居其所、供养人群是不改变的，取之不尽，用之不竭，既无损失，也无获得。来来往往，无论贵贱，人皆可汲引其井，而井水犹井井然不变其洁，就像贤德君子隐在下位服务人群，永无休歇一样。若夫几乎到达井中，因其绳子太短，未能完成汲水之功，或者因其钩绳倾覆，牵累着他的汲水瓶筒，以致未能汲出井水，这样的徒劳而无功，就有凶了。

【象证】上坎为水、为陷阱、为穴，下巽为木、为绳，互兑为毁折、为金，以木制成水筒，以绳约之，而下坎穴以取水，井之象也。市镇有迁移，而井居其所而不变，取之不尽，用之不竭，来往人物皆得取用，其德有常而无穷，利泽多而永久，故"改邑不改井，无丧无得，往来井井"。

三、四与五、上震动半见，巽为进退不果，初、四坤爻为邑，上为坎，初至四又互体二坎，故"改邑不改井""往来井井"。三至上互体既济，故"无丧"。初至五互体未济，故"无得"。互兑毁折在巽木之上，故"羸（累）其瓶"。震动仅半见，而兑毁在巽绳之上，故"汔至亦未繘井"，二者皆未得人生最不可缺之水，不得水则不可活，不得君子贤才则不能养民，故凶。

人非水火不能活，国非圣贤不能治。泉水注入，终年不停，汲取终年，用之不竭，圣贤君王养民、泽民亦当如此。至于君王用人不以才德，则国不治而乱，犹"汔至亦未繘井"，民不可得而治矣，凶之一也。

其或用人不尽其才，而为书掣肘，甚或如宋高宗用秦桧之伤害岳飞，则国破家亡、人民无救矣！故有"羸（累）其瓶"之凶，是凶之二也。昔尧舜之世，以二十二贤为井，故国治天下平而民得其泽，至今歌颂不绝。鲁定公、齐景公不能用孔子，故国皆不治。

《彖》曰：巽乎水而上水①**，井，井养而不穷也。"改邑不改井"，乃以刚中也。"汔至亦未繘井"，未有功也。"羸其瓶"，是以凶也。**

【音注】①巽乎水而上水：巽为木、为入、为绳。巽乎水而上水，是以巽木做成木筒，用绳子吊之入于水中而提水上来。

【义译】《彖辞》说，入于水中而提水上来，这是井卦的象征。井水养育人群万物（正如圣贤君子）是永无穷尽的。纵使迁改城邑，也不会改变井水养育万物之功，这是因为刚健，存天理之正气，去人欲之私情，又能尽善尽美，允执厥中。也正如君子素富贵贫贱而不改其志、其德一样。几乎到达井中了，但绳子太短，未能汲到井水，是用人不以才，未能成功。或牵累它的瓶筒，以致未能成汲水之功，圣贤君子未为用，而民不可得而治，所以有凶。

【象证】下巽为木、为绳、为入，上坎为水，故曰"巽乎水而上水"。互兑口，四至上互体既济，坎为水、为食，故"井养而不穷也"。古时井田制度，八家为井，中为公田以归国用，守望相助，兵农合一，国防与农事并重，遍天下皆是，故"改邑不改井"，此亦一解。

《象》曰：木上有水，井，君子以劳民劝①**相**②**。**

【音注】①劝：劝勉。　②相（xiàng）：助也，交相助益。

【义译】以木筒提上水，这是井卦的象征，君子以劳动其民，劝勉之、帮助之，使守望相助而达治平之目的。

【象证】下卦巽为木、为入、为绳、为木筒，而取水于上，坎水在上，故曰"木上有水，井"。坎为劳卦，互兑为口、为劝，初四上坤爻为民，震为动、为足，艮为手；初、二与四、五艮象半见；三、四与五、上震象半见：故为相。

古代井田制度，八家为井，共养公田，先公后私，使出入相友，守望相助，疾病相扶持，平时即农，战时即兵，君王教之养之，平时劝化教之以农、以学、以德、以兵、以兵法，兵农合一，国治民安矣。尧曰："劳之来之、匡之直之、辅之翼之，使自得之，又从而振德之。"（《孟子·滕文公上》）君子体井象则以劳，赉其百姓，劝恤相助，使功日济。孟子教滕文公以井田制度之法，又设庠序学校以教之。昔赵充国、诸葛孔明、郑成功皆善用井田制度以屯田，兵农合一之法。

初六：井泥不食，旧井①无禽②。

《象》曰："井泥不食"，下也；"旧井无禽"，时舍③也。

【音注】①旧井：长久故旧的井，不见整治者也。　②禽：鸟类的总称。水禽，则包括鸟与鱼。　③舍：舍弃。

【义译】初六，以阴处阳，不得正位，在井卦的下端，最处井底，井下有淤泥沉滓而不可食用，正像君子处下位不得展其才一样。至于故旧的井水不曾修治，连禽也不能吃。君子如不修整其德，也就不为人所用。

《象辞》上说："井泥不食"，是因位置在下；"旧井无禽"，是说为时所舍弃而不被用。

【象证】初六，处在井卦之最下，初、二为地之位，而初在地下，在井之地下，故"井泥不食"。兑口在上，坎水为食在上，皆不在最下，故"不食"。初坤爻为旧，二、三乾象半见为老，初至四互二坎，而坎又在最上，故此最下之坎井称"旧井"。互离在上，离为飞鸟而在上，不在下，故"旧井无禽"。坎月离日为"时"，震动不成故为"舍"，为人所弃舍也。盖初于三才为地道，下故称"泥"，无噬嗑之象故"不食"。初六失位在最下，故非其位也，喻君子若在士农工商之最下位，无以施其才以贡献国家。至于不洁己修身者，亦同时为人所弃，其犹井泥之不食也。

历史上这种例子很多，自桀纣乃至士民，因为不能修身而胡作非为、为人们所弃者多矣。

九二：井谷①射鲋②，瓮③敝④漏。

《象》曰："井谷射鲋"，无与也。

【音注】①井谷：谷，犹壑。井谷，井中容水之处。　②鲋（fù）：小鱼。或为鲫（《尔雅翼》）；或为虾蟆（《经典释文》）。　③瓮：口小腹大，盛水、酒浆的瓦器，有陶、瓷制成的。　④敝：坏。

【义译】九二，以阳居阴，在大夫之位，但不得其正。当井卦供养服务人群之时，无应于上，而与初六相比，不能成井养之功，只能在井谷射小鱼，其汲水之瓶既破且漏水，功用不成。

《象辞》说，"井谷射鲋"，是因为未有应与相助之人。

【象证】初、二为三才之地位，而二在地上之位，在井地之上，初、二艮山半见，"井谷"象也。巽为入、为蕃鲜，小鱼之象也。坎为弓轮，互离干戈，"射"之象也。巽绳艮土，离为大腹，"瓮"之象也。兑为毁折，"敝漏"之象也。九二以刚中之才，当井养之时，居大夫之位，本可以有为，然无应于上，隔于九三、六四，故井养之功不成，只能隐于市井，射鲋为生。

太公之钓于渭滨，舜之陶河滨、渔雷泽、耕历山之时，虽有才德而无其时，无其人之引荐进用，故功用不成，英雄圣贤失志落魄。

九三：井渫①不食，为我心恻②，可用汲，王明，并受其福。
《象》曰："井渫不食"，行恻也；求"王明"，受福也。

【音注】①渫（xiè）："渫去秽浊"（荀爽），清洁。 ②恻：伤心，悲痛。

【义译】九三，在井养万物的时候，以阳居阳，得正，犹井水已淘治清洁可食。如不为人所食用，则使我心里悲伤；可以汲而食用，则井养之功可成。犹人德行已成，可以汲求君王之用。若王者有明德能用，则天下就共同承受幸福了。

《象辞》说，井水已整治清洁而不为人所食用，虽行路之人也为其难过。求明君能明贤才而用之，则天下并受其福了。

【象证】《说卦》曰："齐乎巽……齐也者，言万物之絜齐也。"巽为入，坎为水，井渫可食之象。互兑为口、为毁折，初至五互体未济，故又有"不食"之象。坎为耳痛、为亟心、为灾眚，故使"心恻"。三、四震动半见，离为明，九五乾爻君位为王，三至上互体既济，故"可用汲，王明，并受其福"。艮为径路，震为动、为行，坎为亟心，故"行恻也"。

以孔孟之盛德，不遇明王，岂徒"行恻"而已！万古以来皆为伤恻也。屈原"井渫不食"，遇楚怀王也。舜、禹、伊尹、傅说、太公、诸葛孔明之井渫可食，天下并受其福者，遇尧、舜、商汤、高宗、文王、刘备也。

六四：井甃①无咎。
《象》曰："井甃无咎"，修井也。

【音注】①甃（zhòu）："结砌也。"（王弼）即堆砌砖石以成井壁，修治其井也。

【义译】六四，在井养之时，以阴柔居阴，得诸侯之正位，可以修治其国以养其民，正如井已修治成功，可以养物无穷，这是没有灾咎的。

《象辞》说，"井甃无咎"，是因井水已修治成功之故。

【象证】互体既济，井水已修好之象，故"无咎"，故曰"井甃无咎，修井也"。六四得诸侯之正位，上承君之命，以其身已修、家已齐，故可以治国。

如昔周武王为天子，姜太公治齐，周公治鲁，皆各得其治国之道，其后世绵延不绝，是"井甃无咎"，能修其井养之功者也。程子曰："四虽阴柔而处正，上承九五之君……能修治则得无咎。"居高位而得阳刚中正之君，但能处正承上不废其事，亦可以无咎也。

九五：井洌①寒泉，食。

《象》曰："寒泉"之食，中正也。

【音注】①洌："水清也。"（《说文》）甘洁。

【义译】九五，以阳居阳，得正居中，当井养之时，处国君之尊位，可以措天下于太平，正犹井水的清洁、芳香、甘冷，能为众人所食用。

《象辞》说，"寒泉"之食，是因为其能大中至正。

【象证】本卦为井，上卦为坎，坎为水，为寒冬。《说卦》曰："正北方之卦也。"有甘洁清洌之象，故曰"寒泉"。互体既济，互兑为口，井水可食，天下已治之象，故"井洌寒泉，食"。居君位而以中，能允执厥中，又能守正，正《彖辞》"往来井井，以刚中也"，天下皆持之以治平。

如尧、舜、禹、汤、文、武、成、康，乃至汉文帝、唐太宗，皆可当之，故曰"井洌寒泉，食"。

上六：井收①勿幕②，有孚元吉。

《象》曰："元吉"在上，大成也。

【音注】①收：成也；即"以辘轳收繘（汲水）也"（虞翻）。　②幕：盖也。

【义译】上六，当位，居井卦养万物之最上，是犹井道成功在收成，到了井水可为众收而取用的时节了。此时不必覆盖，不私其利，能与天下共之，如此孚信遍及天下，如井水的往来，取之不尽，用之不竭，这是大吉的。

《象辞》说，"元吉在上"，是因为有大成功。

【象证】在最上之位，互体既济故为"收"艮宫阙象不成，故"勿幕"。坎为孚得正，故"有孚元吉"。成既济定，故"大成"。上六以阴柔居井之上，象井上之辘轳，应在九三，九三体巽有绳之象，故有辘轳引绳汲水向上之意，亦"井收"之象。上六有井口勿覆之象也，且上卦为坎，坎为"有孚"；本爻柔居阴位，下应九三，故"元吉"。井卦至于上六，如辘轳引绳汲水源源而上，无所掩盖，无所穷竭，井道既成，井养之功著矣，故"元吉"，井养之功"大成"也。

昔周公之相成王也，一沐而三握发，一饭而三吐哺，以接待天下之贤才，终于制礼作乐以兴隆周道，夜不闭户，天下太平，各得其所，是"井收勿幕""'元吉'在上"，"有孚"而"大成"者也。孔子在鲁定公时以大司寇摄行相事，三月而鲁大治，道不拾遗，夜不闭户。孔子曰："鲁一变至于道。"又曰："苟有用我者期而已可矣，三年有成。"以其三月政事之大成，亦"井收勿幕，有孚元吉"者矣。

革

泽火革

卦体	下卦离	上卦兑
卦象	为火	为泽
卦德	为明	为说

错卦	反卦	下互卦	上互卦	消息卦	附注
山水蒙	火风鼎	巽卦	乾卦	三月公卦	革命，改革

《序卦》曰："井道不可不革。"革卦为《易经》第四十九卦。

上兑为泽水、为金，下离为火，水火相克，下火克上金故有改革、革命之象。

革①：巳日乃孚，元亨利贞，悔亡。

【音注】①革：改革，革命。原义为皮革，《说文》谓兽皮治去其毛。上卦兑为泽水，下卦离为火，兽皮经水浸、火烤，方能被制造加工成坚韧、耐用、柔软的皮革。

【义译】革命、改革，要到已经成熟的日子，已经为全体人民相信的日子，方有孚和孚信的希望，要做到伟大、成功，应该秉持正道，应该做到适当而没有后悔，才可以去革命。

【象证】革，离为日，四变坎为信、为水、为月，坎今未变，必待既变乃孚信，故有"巳日乃孚"之象。上兑悦，下离明，悦信而明，二、五刚柔得中，得正以相应，上互乾，故"元亨利贞，悔亡"。

昔商汤相伊尹，已五次前往夏桀之处劝说，而夏桀不改其暴虐。天下民心既皆已信服商汤，商汤已达"巳日乃孚，元亨利贞，悔亡"之时机，乃革命而成功。周武王在"三分天下有其二，以服事殷"之后，犹兢业遵从商纣，其后出兵孟津，八百诸侯不期而会，犹以为未可，待纣杀比干、囚箕子，大逆无道，全民不堪其暴虐时，方始革命，故"一戎衣而有天下"，是"元亨利贞，悔亡"者也。

《彖》曰：革，水火相息①，二女同居②，其志不相得，曰革。"巳日乃孚"，革而信之；文明以说③，大亨以正；革而当④，其悔乃亡。天地革而四时成，汤武革命，顺乎天而应乎人。革之时大矣哉！

【音注】①息：熄也，灭也，亦生息也。　②二女同居：上卦兑为少女，下卦离为中女，二者同在一卦。　③说：悦也。　④当：正当也。

【义译】《彖辞》说，革卦改革、革命，就像水火互相熄灭一样，水大可以灭火，火大也可以灭水。也像两个女孩同处，兑卦少女处在离卦中女的上面，既不公平，她们心志彼此冲突，又不能相互和谐，所以就会有变改的现象发生，所以叫作革卦。革命之事关系重大，"巳日乃孚"，必待已至成熟的日子，才能为人所信服；是说革命要得到人们的相信，然后才可以发动。革命要有文明祥和的精神（离卦），忌野蛮粗暴；要使人民心悦诚服（兑卦），才能得到大大的亨通成功，而合于正道的立场。革命要能适当、正当，才不致有后悔；天地适当地改革，使得春夏秋冬四时以时而成；商汤、周武王的革命成功，是顺合天时、天道且民心相应合的。革命的时机是非常重大的！

【象证】革卦上卦兑为泽水、为少女、为悦，下卦离为火、为中女、为文明，故曰"水火相息""二女同居""文明以说"。互坎为志，兑为毁折，故"其志不相得"。坎月离日，坎为信，故"革而信之"。互乾为天，二坤爻为地，初、二震象半见为春，离为夏，上兑卦为秋，坎为冬，故"天地革而四时成"。盖革命必应物之性，如天地之道、阴阳变化。春革而为夏，秋革而为冬，寒暑代谢相推而不已，而四时之变化以成。革而能当则"大亨"，道有升降，政由俗革，继治继乱，皆有当然之道。

昔商汤得民心之信顺，去暴政之凶危，人人皆盼其来革命以解倒悬之厄，故汤征诸侯，"乃葛伯仇饷，初征自葛"（《尚书·仲虺之诰》）。天下信之，东面而征西夷怨，南面而征北狄怨，曰"奚独后予"，民望之若大旱之望云霓也。归市者不止，耕者不变，诛其君而吊其民，若时雨降，民大悦。"徯予后，后来其苏。"（《尚书·仲虺之诰》）是"革而当，其悔乃亡""革而信之；文明以说（悦）"，顺天应人者也。昔盘庚之迁，始则民心未信，既定而众志乃安，这就是其革能当也。汤武革命时不得已也，革暴虐之桀纣，乃顺乎天而应乎人心，能得时之大也。所以说礼时为大，顺次之，体次之，宜次之，称次之。尧授舜，舜授禹，汤放桀，武王伐纣，皆时之当也。王莽篡位变法，革不当，不元亨利贞，故有悔而败亡。革之时岂不大哉！

《象》曰：泽中有火，革。君子以治历①明时。

【音注】①历：过也，传也。"引申为治历明时之历。"（段玉裁）即"历"之假借。今有阴历、阳历之分，古有建子、建丑、建寅、建亥之别。古代一年有四时、十二月、二十四节气、七十二候，月有朔望，三年一闰、五年二闰（朔，初一。望，十五）周之。正月、十一月建子，商十二月建丑，夏正月建寅，秦十月建亥，从汉武帝太初六年（公元前104年）后一律用夏历，以正月为岁首。

【义译】《象辞》说，泽中有火，水若盛则灭火，火若盛则灭水，这是革卦相革的现象。君子效法这一精神，去制成历法，以明确显示时间节气的推移，作为士农工商生活起居的准则，同时了解时代的变迁，识时务、时势的推移。

【象证】上兑为泽水，下离为火，水火相息故曰"革"。初、二震象半见，震为动,故为"治"。兑为秋、震为春、离为夏,二、三坎象半见,四变成坎为冬,四时以定。离为明,故"治历明时"。生活起居,士农工商的作息莫大乎明时,而政治革新,人情往来,亦莫要乎识时务,故识时务者方为豪杰,能造时势者是英雄。历书设占卜之法,用以推算天象运行之法度,立布算之术,用以观察气机旋转之变化,一一理会,以明确显示四时之变化,使晦朔弦望皆各因其序分,启闭不迁其期,使在上者得以敬天勤民,在下者得以因时趋事。所以《尧典》首先命义和敬授人时,孔子论为邦亦必以夏时为先务是也。

古代能造时势革命成功者,多半先改正朔、易服色。改正朔,即重新公布历法。如夏代以建寅正月为正月,为人统,尚黑色,为木尚忠。商代改以建丑十二月为正月,为地统,色尚白,为金尚质。周代改以建子十一月为正月,为天统,色尚赤,为火尚文。秦改为建亥十月为正月。至汉武帝复改建寅以正月为岁首,延用至今。

初九:巩①用黄牛之革②。
《象》曰:"巩用黄牛",不可以有为也。

【音注】①巩:"固也"(《尔雅·释诂》);言"以韦束也"(《说文》),即巩固之意,言以皮束物,坚固也。②黄牛之革:黄为中色,喻中。牛为顺兽,喻顺。革,皮革。黄牛之革,是以中顺之道坚固自守也。

【义译】初九,在革卦革命改革的初始,居士农工商之位,而上无应与,不能去革命、改革,只可以坚守中道,一顺百顺地安守正位,就像用黄牛的皮革来巩固捆束一样。

《象辞》说,"巩用黄牛",是说不可以有所作为的意思。

【象证】六二坤爻,坤为牛、为黄,初九以阳居阳,得士之正位而居革始,革言三就,"巳日乃孚,元亨利贞,悔亡"之德皆未具,只可坚守中顺之道,安守士农工商之正位,不可有所改革,故曰"巩用黄牛之革"。盖尺蠖将伸,必先其屈,鹄将飞则伏其翼,鹘将噬则缩其爪,牛将斗则抑其尾,虎将奋则踞其足,君子将有所思先养其睿,将有所动先养其敬,将有所言先养其信,将有所行先养其顺。初九虽有阳刚之才,然而当革之初始,位卑处低,上无正应,不可以有为,唯先守中顺,以待时而动耳。

昔贾谊有王佐之才,当其遇汉文帝之始,立谈俄顷,不度衡时势,欲尽弃旧规,上不能得周勃、灌婴之助,下又无士大夫之应与,终为人所忌嫉,不得终其用。故此时唯可固守中顺之道，以养望待时而已。

六二：巳日乃革之，征^①吉无咎。
《象》曰："巳日"，"革之"，行有嘉^②也。

【音注】①征：行也。　②嘉：善也，美也，福庆也。

【义译】六二，柔顺居中得正，当革命、改革的时候，为大夫之位，上应九五大中至正之君，待到全民已经孚信的日子，时机既已成熟，才可以从事革命、改革的行动，这时去行动是吉利而没有灾咎的。

《象辞》说，等待到已经孚信于天下与全民的日子，才去改革，这时的行动，就有福庆嘉美了。

【象证】象同卦辞。下离为日，四变为坎，初、二与二、三与五、上皆坎半象，坎为信，坎今未变，尚未成坎，故必待"巳日乃孚"，方可改革。阴柔得中得正，离为文明、为美丽、为嘉，初、二与五、上震动象半见，上应九五大中至正之君，故"征吉无咎""行有嘉也"。二以文明之才而柔顺中正，又上应九五之君，人皆尊而信之，又须待君命、天时、民事之成熟方可改革、革命也，正所谓"'巳日乃孚'，革而信之"者也。盖凡事之变革，皆须深思熟虑，积渐而成，方可把握，有渐则百姓不惊。时未成熟而变，虽变却不可通；急变而通，虽通亦不久长。

夏之忠、商之质、周之文，非一日所成，乃积渐而成功。夏、商、周三代之所以同民心而从政者，盖由圣王慎动，宁迟不速也。武王推翻商纣之日，人民不以为来得突然。刘邦入关约法，终得天下。君子贵能审察熟虑，否则一语足以误国。王安石变法失败，是不能"巳日乃孚"，仅得君命，而未孚全民也，终至失败，贻害百姓不浅矣。故变革务当审慎，应等待一切成熟，切不可轻举妄动也。

九三：征凶，贞厉，革言三就，有孚。
《象》曰："革言三就"，又何之矣！

【义译】九三，当革命、改革的时候，居三公之位而得正，轻举妄动去行动就有凶；虽然是正，也有危险。如果革命的言论、谋略和行动，既经策划至再至三，且有必定成功的把握，又有孚信，就可以去革命、改革了。

《象辞》说，"革言三就"，既已详审，就可前往了。

【象证】九三，以阳居阳，得正，以居三公之位。当革命之时，三又多凶之位，应于上六，兑为悦，五、上震动半见，若轻举妄动，必有凶，故"征凶"。当革之时不可不革，若守正不革，只有危厉，故"贞厉"。四变坎为灾眚、为厉、为险、为孚，兑为言，九三三爻，有三之象，互乾元亨为成，故"革言三就，有孚"。四变成既济，故成功于"革言三就"之后，则革可信也。

盖革之可疑者患乎未审，如革言至于三就，则情理既明，致审之极，无可复加，而又何疑？至若未审之前，则不可轻革。既审而犹不断，则当革不革，反见其害。图天下事者在乎谋，成天下事者在乎断，寡谋则轻以昧理，少断则缓以失机。处革之时，尤所当机当断。

如昔唐太宗削平群雄，革命成功，复能以政治革除隋季之弊，善谋而济之。此因其有能断之房玄龄、杜如晦，能谋天下之徐世勣、李靖，能打天下之秦琼、尉迟恭也。

九四：悔亡，有孚改命①**，吉。**
《象》曰："改命"之吉，信志也。

【音注】①改命：革命。

【义译】九四，以阳居阴，居诸侯之位，当革命、改革之时，即已经孚信于天下，得元亨利贞之吉，革命已至适当的时机，而没有后悔了，这时去革命，是吉利的。

《象辞》说，革命之吉，是说已经孚信于天下人心了。

【象证】九四即卦辞之"巳日乃孚，元亨利贞，悔亡"及《彖辞》之"革而信之；文明以悦，大亨以正；革而当，其悔乃亡……汤武革命，顺乎天而应乎人"者也，即革命时起兵之诸侯领袖也。下离为火，上兑为泽水，水火相革，二至四互巽为命，故有革命之象。四不正，变正成水火既济，故"悔亡"。初至四，三至上互二既济，坎为孚、为志、为信，故"有孚""悔亡""信志"也。

此即汤武顺天应人之革命，汤以七十里，文王、武王以百里，皆以诸侯之位行仁政而孚信于天下，革命所以成功者也。故《彖辞》赞之为顺天应人，《象辞》谓之"信志"。

九五：大人虎①**变，未占有孚。**
《象》曰："大人虎变"，其文②**炳**③**也。**

【音注】①虎：猛兽名，生于亚洲，山林之尊，兽中之王，毛黄褐色，带有黑色条纹，性凶力猛，能吃人畜。　②文：斑纹。　③炳：光辉灿烂。

【义译】九五，阳刚中正，下应于六二，在革卦革命、改革的时机，居天子至尊之位，以大人伟大的才德，为革命之主，革去前王之弊病，成就王道之盛业。他勋业的彪炳，就像老虎在山中为百兽之王，威德远被一样。有此伟大的威德，在尚未占卜吉凶之前，已有信孚于天下了。（一解不劳占决，即已信孚于天下了。）

《象辞》说，"大人虎变"，是说他的文采光辉彪炳。

【象证】九五，即卦辞之"巳日乃孚，元亨利贞，悔亡"及《彖辞》之"汤武革命，顺乎天而应乎人"，革命成功上升之伟大君主，故"未占有孚"矣。三至五互乾为君、为大人、为龙。虎者山君，二、三艮山半见，故有"虎"象，艮亦为虎。兑为毁折，五、上震动半见，故"大人虎变"。四变坎成既济，坎为孚信，故"未占有孚"。离为文明、为光耀、为火，故"其文炳也"。

古者黄帝、尧、舜垂衣裳而天下治，是由能施仁行义，能"克明俊德，以亲九族。九族既睦，平章百姓。百姓昭明，协和万邦。黎民于变时雍"。商周之时，国势东渐于海，西被于流沙，北至朔方，南渐于越，声教达于四海，主因重民五教，笃信明义，崇德报功，故垂拱无为而天下治，此黄帝、尧、舜三代之所以能彰信于兆民者也，故"未占有孚"。

汤武革命成功，去暴政而使天下文明，王道兴著，民受其福，而功勋卓然，灿烂辉煌。民历经战乱，希望圣贤兴起。所以汉高祖兴起，张良见之谓"沛公殆天授"。汉光武之兴，第五伦称之曰"圣主能显刚德之明，昭信于百姓也"。至于唐太宗之兴，人皆推服。猛虎在山威震千里，"大人虎变"亦如之。不然羊质虎皮如五季之君，徒为驱除传舍，反物为妖而已。

至于篡汉的王莽、弄政的司马懿祖孙三代及曹操父子，因未能有孚于民，其享国皆不能长久。而如苻坚、刘渊之侵华夏，终因其时国君威德不施，所以天遂"反德为乱"。因之"大人虎变"，须先有其孚，方能得到群众的信赖与支持，其文采才能炳照而显明于世。

上六：君子豹变①，小人革面，征凶②，居③贞吉。
《象》曰："君子豹变"，其文蔚④也；"小人革面"，顺以从君也。

【音注】①豹变：豹，猛兽，次于虎，形如虎而略小，有金钱状的斑纹。豹变喻从贫贱变为贵显。虎以喻君，豹以喻文武百官。"狸变则豹，豹变则虎。"（《法言·吾子》） ②征凶：此时前进，将有危险祸害。 ③居：居守。 ④蔚：草木繁盛貌，此处指文采而言；亦可与"郁"音义同。

【义译】上六，以阴居阴，得宗庙的正位，在革卦革命、改革的终点，改革已完成，君子也随顺着圣明的君王，而担任文武百官的要职。修齐治平已著光辉，就像豹的斑纹一样鲜艳光彩。一般的士民工商也应该改头换面，革除旧习，温顺地追随革新。改革、革命既已完成，不可再继续革命、改革，若更求前进必得凶险。只有居守正道，才能得吉祥的福祉。

《象辞》上说："君子豹变"，是说他的光辉文采明艳照人。"小人革面"，是说心悦诚服地顺从君王的领导。

【象证】革之上六应于九三，二、三艮象半见，艮为虎豹，互乾为君子、为龙、为变、为头、为面，阳为君子，阴为小人，故有"君子豹变，小人革面"之象。以阴居阴得正，故"居贞吉"。变则不正，故"征凶"。坤爻为文、为顺从，乾为君、为寒、为大赤、为蔚，故有"其文蔚""顺以从君"之象。九五既虎变而为天子，则上六即豹变而为公侯。革命成之君王已改正朔，易服色，至于小人则宜革面以从君，以安享太平之新政，不宜再革命以反叛，此时再革命必败亡。

昔姜太公诸贤从文王、武王革命，萧何、陈平、樊哙从刘邦革命，彼等或为吏胥，或为贩屠渔钓之徒，后来皆成开国功臣，或列爵分土，或身任显职，皆是豹变也。

鼎

火风鼎

卦体	下卦巽	上卦离
卦象	为风	为火
卦德	为入	为明

错卦	反卦	下互卦	上互卦	消息卦	附注
水雷屯	泽火革	乾卦	兑卦	五、六月候卦	

夏禹铸制九鼎，夏、商、周三代将之作为传国的法宝。盖食及宗庙为人之所天，故天子以天下为其鼎，诸侯以国为其鼎，务在养贤得人。此鼎卦之鼎有除旧布新、鼎养食禄之意。《序卦》曰："革物者莫若鼎，故受之以鼎。"革卦是除旧，鼎卦布新，所以调和五味，变生为熟，化坚为柔，改腥膻为馨香，而获得食禄所以继革，为《易经》第五十卦。

鼎①：元吉亨。

【音注】①鼎：古者铸金属为之，非常大，是用以调和五味的烹饪器。三足两耳，一盖，其腹如大锅、大釜。足所以立，亦可以于其下起火；耳所以移动，需数人抬举。用以烹饪食物以供人众，并祭享宗庙鬼神之用，为人口众多之家饮食所用之大容器。

【义译】鼎能除旧布新，拥有食禄，所以是大吉而成功。

【象证】鼎卦，外形像鼎，其下阴爻像鼎的脚，二、三、四阳爻像鼎的腹，五阴爻像鼎耳，上阳爻像鼎盖（铉）。

下卦巽为木、为入，上卦离为火，巽木入火有燃炊烹饪之象，互兑为口、为食，乾为金、为鼎。昔尧舜之时，使契为司徒，设五教以教人民，使稷为后土，教民耕种百谷以养人民。五伦和、道德备、食禄充、国家上轨道，所以大吉亨通。

春秋时陈厉公之公子敬仲，仕齐，尝宴请齐桓公，饮食有节，不为长夜之饮，而感动齐桓公。齐桓公使为工正，每事皆治，终致五世其昌，七世而篡齐为王，亦大吉亨通者也。

《彖》曰：鼎，象也。以木巽①火，亨②饪也。圣人亨以享③上帝，而大亨以养圣贤。巽而耳目聪明，柔进而上行，得中而应乎刚，是以元亨。

【音注】①巽：《易经》卦名，有和顺、谦卑、恭逊之意。巽为木、为入，离为火，故以木巽（入）火。 ②亨：烹也，即烹饪，指蒸煮燔炙的那些事。 ③享："献也"，祭祀享献之意；据段玉裁云："献于神曰亯……许两切，十部。亯象荐孰。因以为任物之称。故又读普庚切。亯之义训荐神。诚意可通于神。故又读许庚切。古音则皆在十部。其形，荐神作亨，亦作享。任物作亨，亦作"烹"。易之元亨，则皆作亨。皆今字也。"《孝经》曰："祭则鬼亯之。"（《孝经·孝治》）"凡亯之属皆从亯。"（《说文·亯》）是以亨、烹、享三字皆由亯而来，古皆通用。

【义译】鼎卦的外形，就像烹饪的形象，以巽木入离火，这就可以烹煮饮食、调和五味了。圣明的君王调和五味、烹饪祭品以祭祀上帝，而以大的俸禄养圣贤，因此能恭顺地顺天应人，做到精神和物质的和顺，因而耳目聪明，政事通达，庶民和悦。又能以柔顺进取的精神，一顺百顺地向上前进，又能得到"允执厥中""尽善尽美"的中道，而应合于刚健不息，去"存天理的正道，去人欲的私情"，所以能得到伟大成功的吉庆。

【象证】鼎卦外形像鼎，所以名为鼎卦（见前面卦辞"象证"）。下卦巽为木、为入，上卦离为火，以木就火，所以有烹饪之象。互乾为圣人、为君、为贤、为天、为上帝，二变正，初至四互体观，下艮为宫阙宗庙，故有祭祀上帝宗庙之象。是以"昔者周公郊祀后稷以配天，宗祀文王于明堂，以配上帝"（《孝经·圣治》）。

二至五互体大畜，上互兑为口、为饮食，离为腹，四变正，三至上互体颐养，故有"大亨（烹）以养圣贤"之象。

下巽卦，上离为目、为明，初、二与四、五坎象半见，坎为耳、为聪，故"巽而耳目聪明"。六五以柔顺居中，居君王之尊位而在上，故曰"柔进而上行"。下应九二刚中之贤臣，故曰"得中而应乎刚"。得中则能允执厥中，刚则能刚健不息，以存天理、去人欲。柔顺则能一顺百顺，具此条件故得伟大成功之吉庆。

舜用二十二圣贤之臣以治国、事神，禹用益，汤用伊尹，周文王、周武王用太公、散宜生诸贤，皆能烹以祭享上帝，大烹以养圣贤，是以能得圣贤及天下之民为其耳目，而聪明圣智、刚健、柔顺、中和，故能得元亨之吉庆。汉光武用云台二十八将等，皆享以爵位。唐太宗用房玄龄、杜如晦、李靖、徐世勣、秦琼、尉迟恭等，使国家大治，亦皆能烹以享上帝，而"大亨以养圣贤"，以得大成之吉也。

《象》曰：木上有火，鼎，君子以正①位凝命②。

【音注】①正：端正，如"立天下之正位，行天下之大道"（《孟子·滕文公下》）。　②凝命：凝，成也，固也。《中庸》谓："天命之谓性，率性之谓道，修道之谓教。"遵循仁、义、礼、智、信，是天命的德性，即是所以凝命，固守天命也。

【义译】《象辞》上说，木上有火，这是鼎卦烹饪福禄的象征，君子体察这个现象，即端端正正地守着天下的正位，遵循仁义理智的德性，坚固地守着天命，保有他的禄位。

【象证】鼎卦下巽为木、为入，上离为火，故曰"木上有火，鼎"。互乾为君子、为正，变成既济定位，故曰"正位"。巽为命，乾为坚冰，故曰"凝命"。荀爽曰："木火相因，金在其间，调和五味，所以养人，鼎之象也。"君子观乎鼎的形状之庄严端重，效其作用，因以正守本位，凝固威权，贯彻命令。亦通。

周威烈王二十三年（公元前403年），九鼎震，此乃不能"正位凝命"之兆也。唐明皇不能"正位凝命"，骄奢荒怠，只知在后宫与杨贵妃享乐，以致造成安史之乱，唐帝国至此元气大伤，国运衰竭。《诗》曰："敬之敬之。"又曰："战战兢兢，如临深渊。"如此以"立天下之正位，行天下之大道"（《孟子·滕文公下》）。庶乎君子之所以"正位凝命"也。

初六：鼎颠趾①，利出否②，得妾以其子，无咎。
《象》曰："鼎颠趾"，未悖③也；"利出否"，以从贵也。

【音注】①趾：足也。　②否：不好，坏弃之物。　③悖：违背。

【义译】初六，居鼎卦除旧布新、得食禄的初始，以阴居阳位，不得其正，所以有鼎脚颠倒翻转、利于将坏滥之物倾出以除旧布新的象征。君子创业垂统，应该传留子孙，万世不绝，自己既会死亡老旧，应该有子以传薪不绝，所以在未有子孙传世布新时，可以得妾而获子以延香火，是无咎的。

《象辞》说，"鼎颠趾"是说没有违背的意思。"利出否"，是因为可以去旧布新，顺从尊贵的人，接纳新事物。

【象证】初为足趾的部位，四、五震象半见，震为足，四变正，亦互震，阴爻柔弱，不堪承载重鼎，初至四互体大过颠也，故有"颠趾"之象。巽为利，震为出，初六坤爻不正为否，故"利出否"。互兑为少女、为妾，震长男半象见，故"得妾以其子"。应于九四，坤为顺从，乾为金玉、为贵，故"从贵也"。盖颠趾以去旧，布新以从贵也。人知其必死以老旧，故宜有子孙传薪以承业奉鼎，而代代不绝。

孟子曰："不孝有三，无后为大。"（《孟子·离娄上》）盖不能布新而传业，使祖先之统系中绝，不孝莫大。故妻无子，得妾生其子以延后嗣。昔史可法忠烈殉国无子，认其副将史德威为子以传后，以奉其鼎食而无使绝也。

九二：鼎有实，我仇①有疾，不我能即，吉。
《象》曰："鼎有实"，慎所之也；"我仇有疾"，终无尤②也。

【音注】①仇：匹偶也。嘉偶曰匹，怨偶曰仇。抑或解为仇敌。　②尤：怨尤，灾尤。

【义译】九二，阳刚得中，在鼎卦鼎养布新之时，为大夫之位，能无欲而刚，允执厥中，以胜任其职，助君养民，内容充实，就像鼎中有实物存在一样的真实，这时纵使政敌、同僚或仇人之疾恨，也不能伤害，这是吉利的。

《象辞》说，鼎有实，是因为能谨慎于所行。我仇虽疾恨我，但终是没有灾尤的。

【象证】九二，阳刚得中，其所蕴蓄，足以济物，互乾为实、为刚健真实，阴为虚，阳为实，故取"鼎有实"为象，与虚中文明之六五为正应，是又得其位与时矣。乃下比初六，上隔九三、九四的阳刚，坎象半见，坎为疾，旁通屯卦，上卦坎，亦"疾"之象也。互乾刚健不动，故"不我能即"。刚中故"吉"。二变，二至五互二坎险，故宜"慎"。乾三"夕惕若厉"，四、五震行半见，故"慎所之也"。刚中应五柔中，故"终无尤也"。

包青天以刚中之才任要职，刚严公正，大公无私，虽奸邪之辈多所倾害，而不能伤。是"鼎有实，我仇有疾，不我能即"而得"吉"者也。齐宣王使孟子为卿吊丧，其佞臣王驩不能伤孟子，亦然。

九三：鼎耳①革②，其行塞③；雉膏④不食，方雨亏⑤悔，终吉。
《象》曰："鼎耳革"，失其义也。

【音注】①鼎耳：在鼎中上部位的两旁，用以移动鼎的手把。 ②革：详见革卦注，在此处解作坏、旧。 ③塞（sè）：阻也。 ④雉（zhì）膏：指美食。雉，鸟之似鸡者，俗称野鸡。 ⑤亏：亏损，减损。

【义译】九三，以阳刚居阳得正，为三公之位。当鼎卦鼎养布新的时候，上无应援，不为时用，就像举鼎的手把。已经坏去，其行事陷于阻塞不通，鼎中雉膏的美食，不能食用；如果正有雨下得及时，亏减了鼎外火的热度，就可举鼎移鼎，而雉膏的美食，得以食用就无悔，而终得吉利了。

《象辞》说，举鼎的手把变革坏去了，是失去鼎养布新之义呀。

【象证】坎为耳，四、五坎耳仅半见，鼎综革，故"鼎耳革"。坎为通，半见故"塞"。四、五震行半见，故"其行塞"。互兑为口、为食、为毁折，上离为雉、为火，坎为膏，故"雉膏不食"。三变成坎，坎为水、为雨，二至五互体既济，故"方雨亏悔，终吉"。盖三刚阳得正，在鼎食之时，本当居三公之位，以助君养民，以安九鼎，但重刚，阳过而不中，互体乾金，而上卦为火，火躁金刚，五阴居君位，为"鼎耳"。而九四不正，阻于九三之前，以致三不为君所用，故膏泽不施于民，故有"鼎耳革，其行塞；雉膏不食"之象。三变柔顺，则二至五互体既济，君能施恩用三，则天下之民终能得其福，故"方雨亏悔，终吉"。雨喻天子之膏泽恩惠也。

如宋神宗用王安石，不用司马光，而使后者怀才不售，是"鼎耳革，其行塞；雉膏不食"者也。及神宗死，哲宗立，皇太后高氏辅政，用司马光，安定宋朝于一时，是"方雨亏悔，终吉"者也。

九四：鼎折足，覆公𫗧①，其形渥②，凶。
《象》曰："覆公𫗧"，信如何也。

【音注】①𫗧（sù）："八珍之膳，鼎之实也。"（孔颖达） ②形渥：《周易集解》作"刑渥"，汉儒作"刑剭"，诛杀大臣于室内之刑。渥：沾濡也；"霑也"（《说文》），深厚也；"既优既渥"（《诗经》）；亦是"剭"之假借，即"邦若屋诛"（《周礼·秋官司寇》）也。

【义译】九四，以诸侯辅天子，以阳刚居阴，不守正位，下应不正之初六，而居鼎卦鼎养布新之时，不能胜其任，就像鼎折断其脚，覆倒公家美好的鼎食。这样的败国殄民，他所受的刑罚是相当厚重的，这是凶的。

《象辞》说，覆灭了公家美好的鼎食，他的信用到哪里去了呢？

【象证】四、五震足半见，在兑为毁折，九四下应初六，六阴柔，居鼎之足，不胜其任，故"鼎折足"。兑为口、为食、为羊，离为明、为雉、为美，四诸侯之位，正当鼎食，在兑毁折，故覆公之美食。坎为桎梏、为刑，四变互二坎，故其刑厚重而凶，又初至五互体大过，亦刑渥凶之道也。坎为信、为水，坎象未见，故"信如何也"。

昔王安石为相变法，用吕惠卿、章惇小人，以致新法失败，祸国殃民，是"鼎折足，覆公𫗧"也。唯以神宗之尊重，故未加刑，然安石独子死，自己晚年亦郁郁以终，是天刑亦重矣。清乾隆用和珅，以致十全美政毁于一时，清因此由盛而衰，而和珅卒为嘉庆处死，是"覆公𫗧，其形（刑）渥"者也。

六五：鼎黄①耳，金铉②，利贞。
《象》曰："鼎黄耳"，中以为实也。

【音注】①黄：五色之中色，喻中也。 ②铉："举鼎也。"（《说文》）扛鼎的器具。此指贯鼎的两耳,用来拿起鼎,亦用以盖鼎。初为鼎足,二、三、四为鼎腹,五为鼎耳,上为鼎铉。

【义译】六五,当鼎卦鼎食布新之时,以柔顺得中居君位,以治国调鼎,下应九二,上比上九之君子,如鼎能用黄金铜器做鼎耳以举鼎,又能用坚强的铉盖,以贯鼎而扛鼎,则国治而鼎调了。还要利于坚守正道,才能永久得吉。

《象辞》说,"鼎黄耳",是说以行中道而笃实。

【象证】六五坤爻,坤为黄,黄者五行之中色,坎为耳,故有"鼎黄耳"之象。鼎能用黄色金铜器做的耳以举鼎,则坚固而适当,正如国君以中道治国,能尽善尽美、允执厥中一样。互乾为金,故有"金铉"之象。六五柔中之君,能用群刚之贤,辅佐自己以治国,即卦辞所谓"鼎,元吉亨",《象辞》所谓"圣人亨以享上帝,而大亨以养圣贤。巽而耳目聪明,柔进而上行,得中而应乎刚,是以元亨"者也,故有"鼎黄耳,金铉"之象,盖大吉而成功者也。唯欲其久长需利贞,六五不得正位,变正则大中至正,得元亨利贞之美矣。阳实阴虚,变正则阳实矣,故曰"中以为实也"。

如尧、舜之为君,既用柔中,以允执厥中,可谓"鼎黄耳"矣;后用契、皋陶、四岳、禹等君子圣贤为辅,可谓"金铉"矣。尧、舜深得帝王自养及养贤之道,万古扬名,能利贞而不以私也。

上九:鼎玉铉①,大吉,无不利。

《象》曰:"玉铉"在上,刚柔节也。

【音注】①玉铉:铉,贯耳盖鼎以举鼎者也。玉铉,用玉装饰铉。

【义译】上九,当鼎卦鼎食布新之时,以刚阳居柔,在宗庙隐士之位,能刚能柔以辅佐天子,完成政功,就像用玉装饰的金铉,色泽鲜明,而质地坚毅,能盖鼎而牵引鼎耳,这是大吉,没有不利的。

《象辞》说,"玉铉在上",是说刚柔适宜而有节制。

【象证】铉在鼎上,互乾为金、为玉,上九又阳刚以居鼎之极,故有"玉铉"之象。上九阳刚居阴位,刚柔得宜而有节。得志则以辅佐天子,完成政功;不得志则为宗庙隐士,绰有余裕。斯"大吉,无不利"者也。

如昔张良,以刚则椎击秦始皇,辅佐汉高祖以成帝业;以柔则常怀退隐之心,能避高祖、吕后之妒嫉,而保全功名富贵。张良得黄石公之教,随处皆能以刚柔之节,而保全功名,是"鼎玉铉,大吉,无不利"者也;唐之郭子仪、李靖亦然。

震

震为雷

卦体	下卦震	上卦震
卦象	为雷	为雷
卦德	为动	为动

错卦	反卦	下互卦	上互卦	消息卦	附注
巽为风	艮为山	艮卦	坎卦	一、二、三月春方伯卦	

震为雷、为长男、为诸侯、为太子，其象也。《序卦》曰："主器者莫若长子，故受之以震；震者动也。"震卦继鼎卦之后为《易经》第五十一卦。

震① ：亨，震来虩②虩，笑言哑哑③；震惊百里，不丧匕④鬯⑤。

【音注】①震："劈历振物者。"（《说文》）《易经》取以为震动之义。 ②虩（xì）：虎惊貌，抑或解为"蝇虎（壁虎）"，引申作恐惧的样子。亦解作愬，"《易·履》：'虎尾愬愬'，恐惧"（《说文》）。 ③哑哑："笑声"（马融），或"乐"（郑玄）。 ④匕：汤匙，用以取鼎食者。古有饭匕、牲匕。 ⑤鬯（chàng）：以郁金香和秬黍酿成之酒，用以灌地降神者。鬯草也，即郁金香之别称。《说文》云："以秬酿郁草，芬芳攸服，以降神也。"如"秬鬯一卣"（《诗经·大雅·江汉》）；再如"倭人贡鬯"（《论衡·儒增》）。

【义译】震卦，是行动、震动、震撼的意思。人能够不停地去行动，就能成功亨通；当震动、变故、震撼来的时候，能够常存战兢警惕、戒慎恐惧的精神去处理，发奋勤勉，突破困境得成功，而用哑哑的喜悦欢欣以笑以言。假如遇到突然的大变故震撼而来，如雷声震动百里一样，就必须加入镇定、不动心的功夫，能深思远虑，镇定如恒地主持大计，筹谋大事，就像古昔主祭的诸侯，不因一切变故，而丧失他手举的盛鼎食的匕匙和迎神的秬鬯一样。能具戒惕镇定的功夫，以动以行，就能成功亨通，而不失其禄位了。

【象证】震，为雷、为动，雷声震惧百里，为诸侯所管辖之地之象。震为长子、为诸侯，能动故"亨"。互坎为险陷、为惧，艮为虎，故"震来虩虩"。初、二与四、五兑口半见，兑为口、为悦，故"笑言哑哑"。雷声闻百里，故"震惊百里"。坎为酒、为鬯，艮为手以持之，故"不丧匕鬯"。《古文苑·郦炎对事》："问者因又谓炎曰：'圣人封建诸侯，皆云百里，取象于雷。雷何取也？'炎曰：'易震为雷，亦为诸侯，雷震惊百里。'曰：'何以知之？'炎曰：'以其数知之。夫阳动为九，其数卅六；阴静为八，其数卅二。震一阳动，二阴静，故曰百里。'"

震惧修省，周旋顾虑，保安镇定，诚敬以临事，则可以应万变，而不失其天下矣。昔周文王以百里王天下，以此道也。唐玄宗溺于声色，不知恐惧修省，几乎亡国。

《象》曰：震，亨。"震来虩虩"，恐致福也；"笑言哑哑"，后有则也；"震惊百里"，惊远而惧迩也；出可以守宗庙社稷，以为祭主也。

【义译】《象辞》说，震动是可以成功的。"震来虩虩"，是因为能恐惧修省而获致幸福。"笑言哑哑"，是因为敬慎于先、成功于后，能有法则以修以守之故。"震惊百里"，是说顾虑详赡，庄敬自强，处变不惊，震惊在远处，而忧惧近处，处处戒惕敬谨，能临万变而守成有余，如此就能保守宗庙社稷，为祭祀之主，承先启后，挑担重任，长为诸侯而保其禄位了。

【象证】互艮为手、为获、为致、为守，坎为法、为则，初至四互体颐卦，颐养，故"致福"。初至五互体屯卦之"元亨利贞""利建侯"，故可以"守宗庙社稷，以为祭祀主"。震为长子、为诸侯，主祭故有此象。

周文王有羑里之难，而"不丧匕鬯"，能守先待后以成大功立大业。刘备闻迅雷失匕，假托以避祸。舜之烈风雷雨不迷，敬也。

《象》曰：洊①雷，震，君子以恐惧修②省。

【音注】①洊（jiàn）：接连，重复，屡次。 ②修：修习，磨炼。

【义译】《象辞》说，重雷交洊相续而来，这是震卦震撼、震动的象征，君子体察此现象，即以恐惧戒慎之心，去修习磨炼，去反省自新。

【象证】《说卦》曰："震为雷。"卦体上下皆震，为重震之象，故曰"洊雷，震"。坎为惧、为险、为惕，震为雷、为恐、为动、为修，初至四互体离明为"省"。盖君子体会重雷震击的现象，以戒慎恐惧，不断进修，不断省察，不敢稍有松懈，则能创业、能守成矣。虞翻曰："君子谓临二，二出之坤，四体以修身，坤为身，二之四，以阳照坤。"

昔诸葛亮助刘备、刘禅鼎立三国者，能戒惧而谨慎也。昔孔子闻迅雷烈风，必变容以恐惧修省，借以反省己德，过则改之，无则加勉，故能成圣。

初九：震来虩虩，后笑言哑哑。吉。
《象》曰："震来虩虩"，恐致福也。"笑言哑哑"，后有则也。

【义译】初九，在震卦震撼变动的初始，能够以震动而恐惧谨慎的精神来处事，其后有喜悦成功之事，这是吉利的。

《象辞》说，"震来虩虩"，是因能战战兢兢，恐惧修省，而成功获致幸福的意思；"笑言哑哑"，是因谨慎于先、成功于后，能创业守成，有法则可资遵循的意思。

【象证】参见前卦象之解说。初九阳刚得正，在震卦之初始，为士之位，是庄敬自强，处变不惊，慎谋能断，能慎乎内省修身勉行，获致成功幸福，而又能有法则者也。

刘秀兄刘縯因受更始皇帝之猜忌而被杀，刘秀则能敬慎小心，竭力韬晦，庄敬自强，处变不惊，慎谋能断，戒惕警慎，终得人望。更始在长安因御众无力，政治更为紊乱。刘秀则务行宽惠，深得民心，最后终得天下，而为东汉光武帝。

六二：震来厉，亿①丧贝②，跻③于九陵④，勿逐，七日得。
《象》曰："震来厉"，乘刚也。

【音注】①亿：意度。又万万为亿，其数至大，或解为大。 ②贝：古时以为币，货财之意。 ③跻：登升。 ④九陵：陵，丘陵。九陵，犹九天、九地，藏之深也。

【义译】六二，处中得正，为大夫之位，在震撼、震动、变动之时，居初九震虩之上，感受震动危厉的到来，因此测度自处之道，宁可大大地丧失他的货贝资财，登上九陵的山麓，避此无妄之灾，丧财也不必去追逐，七日后能由失而复得原物。

《象辞》说，"震来厉"，是因为乘在初九阳刚的上面，故有危险。

【象证】震为动，互坎为危厉，之外曰往，之内曰来。初、二坎象半见，往来皆坎险，故"震来厉"。初阳为大，坤为丧，三变离，为蚌，故称"贝"。互艮，二在艮山下故称"陵"。震为动、为足，足乘初九，初九阳九，故"跻于九陵"。震为逐，四失正已变正，互体复卦，故"勿逐"自复。三动时，离为日，互艮为七，又由六二爻至三、四、五、上，返初、至二，亦七日之象，互艮为手、为得，故"七日得"。

二在初上，初九阳爻刚健，震发于下，来势甚厉，二乘在上危厉之地，岂可安居？宁愿攀升九重冈陵，入山避难，财物委弃，一概不管，免祸全身，斯为得计，故大大丧失财物已在意料中。唯功名富贵，本有天命之自然，六二为大夫之位，居下卦的中位，又以阴居阴，得到正位，中正则不趋向极端，大中至正，则功名富贵终久必得，残暴凶害终将过去。理势循环，无往不复，所丧失的财物，不必追逐，天道"七日得"来复，到第七天自然失而复得。

如刘邦于项羽大盛时，避开项羽而入汉中，破坏栈道以掩其耳目，后用韩信暗度陈仓，终破项羽，先失而后得。

六三：震苏苏①**，震行无眚。**

《象》曰："震苏苏"，位不当也。

【音注】①苏苏：苏醒，息；亦解为震惧苏醒的样子。如"后来其苏"（《尚书·仲虺之诰》）。苏，本草之紫苏，如"苏性舒畅，行气和血"（《本草经集注》）；又"桂荏也"（《说文》）。②眚：过失，灾难。

【义译】六三，以阴居阳位，当三公而不得其正。处震撼、变动多端之时，应当随时保持清醒，处变不惊，庄敬自强，慎谋能断，这样震惧苏醒去行动，终能化解变故灾变，就没有灾难了。

《象辞》说，"震苏苏"，是因以阴居阳，位置不当，所以要保持震惧苏醒以应变，方保无咎。

【象证】《说卦》曰："帝出乎震。"又曰："万物出乎震。"故震为生、为苏，六三当上下震之间，故曰"震苏苏"。《说卦》曰："震……为萑苇；……其于稼也，为反生；其究为健，为蕃鲜。"皆"苏苏"之象也。震为行，坎为多眚，初至五互体屯之"元亨利贞""利建侯"，故"震行无眚"，以阴居阳，故不当位。

"苏苏"者，王弼、孔颖达、史征解为心怀忧惧，亦得兼通；程子解为神气缓散，则失之；唯虞翻解为复生、苏醒为较洽。曾国藩当清之末季，得保荣名，"震行（苏苏）无眚"者也。郭子仪当唐之中兴大任，居群奸不能动时而克保功名富贵者，亦在"苏苏""震行无眚"也。

九四：震遂①**泥**②**。**

《象》曰："震遂泥"，未光也。

【音注】①遂：进也，又有事物相及之义，故有终于、终究之意。②泥：当动词用，阻碍，滞溺。引申为停止。

【义译】九四，诸侯之位，当震卦震撼、变动多端之时，以阳居阴，不得其正，所以行动终受阻碍。

《象辞》说，"震遂泥"，是因为未能光大。

【象证】互坎为水，艮为土，水在土上，"泥"象也。离为明，见坎未见离，互体塞灾难，故"未光"也。虞翻曰："坤土得雨为泥，位在坎中，故'遂泥'也，在坎阴中，与屯五同义，故'未光明也'。"

北宋末靖康之难时，金人劫徽、钦二帝以及皇后、太子、亲王、妃嫔、宗戚及诸臣等三千余人北去。此时当大震撼、震动、变动之时，康王赵构即位于南京，是为南宋高宗，不思恐惧修省，雪耻复国，反而冥昧天理，陷于人欲，残杀忠良之岳飞，与秦桧狼狈为奸，以致正气沉沦，江山不复，"震遂泥"而中止，斯高宗之罪也；故天报以无子，而以宋太祖赵匡胤在民间之裔孙孝宗为子。北宋太宗赵光义夺兄之天下，至徽、钦、高宗而绝，至此返回太祖之天下。

六五：震往来厉，亿^①无丧有事。

《象》曰："震往来厉"，危行也；其事在中，大"无丧"也。

【音注】①亿：万万为亿，以喻大也。亦解作测度。

【义译】六五，当震撼、震动、变故多端的时候，以柔居阳未得其正，又居天子之位，他的行动往来，皆有危险。必须测度至自立不败之地步，大无损丧，笃行中道，有此行事，方保安定。

《象辞》说，"震往来厉"是说在危险中以行动来克服危险；其事在中，是说其事理皆合于中道，所以没有大的损失。

【象证】互坎为险，初至四互体蹇难；初、二与四、五坎象半见，故有"往来"具有危险的象征。六五以柔处中，审度自有的中道，才可免去灾难而可亨通。初至五互体屯卦，屯卦"元亨利贞利建侯"，故"亿无丧有事"；震为行，坎为危，故"危行"也。六五得柔中之美以居君位，当震卦变动之时，能如《象辞》"震来虩虩"虽往来皆厉，然能处变不惊，庄敬自强，行中用中，戒惕谨慎，终能出险而无有损丧，拥有其国君之事业，即卦辞之"笑言哑哑，震惊百里，不丧匕鬯"，《象辞》之"恐致福""后有则"及"出可以守宗庙社稷以为祭主也"者。故"无丧有事"，困危行而大无丧，其事在中故也。

昔周成王当管、蔡与武庚俱叛，而种种传言对周公不利时，是"震往来厉"也，得金縢之书，而行中履和，信任周公以东征，终平叛乱，而王位复安，是"亿无丧有事"者也。

上六：震索索^①，视矍矍^②，征凶，震不于其躬，于其邻，无咎，婚媾有言。

《象》曰："震索索"，中未得也。虽凶无咎，畏邻戒也。

【音注】①索索："心不安之貌。"（孔颖达）"惧也。"（《释文》）又《礼记·檀弓》"离群索居"之索则为散，消散尽绝，神气消索的意思；而《说文解字》作绳索；《尚书》"惟家之索"。即尽也。　②矍矍（jué）："目不正也。"（郑玄）即"不专视之容。"（孔颖达）慌张惊顾之貌。亦可解为"左右惊顾也"（徐锴）。　③婚媾：婚，婚姻。媾，合也。婚媾，喻求君臣、上下、男女之遇合也。

【义译】上六，居震动、变动之终极，遇震动而神气消索殚绝，彷徨慌张以惊顾看望，如以此前往而有所行动，是有凶的。大凡吾人之行动，贵在占其先机，在事前有所警觉，在震动不在自己本身、而在近邻的人的时候，就要警觉，预谋周全的对策，这样就可以无咎；如不能筹谋于机先，在事情发作后而欲求君臣、上下、男女婚媾的遇合，则有言语的困难了。

《象辞》说，"震索索"，是因为神气消索殚尽，未得中道，"虽凶无咎"，是因为敬畏于事前近邻的戒惕。

【象证】震旁通巽，上六居震卦之极，将变巽逊之时，震为雷、为动、为惊、为行、为征，巽为绳索，为多白眼，上下卦皆震故"震索索"。初至四互体离为视、为目，故"视矍矍"。互坎为凶险，故"征凶"。五、上坤爻坤半象，坤为地、为国、为邻，上六在震，不在坤象，故"震不于其躬，于其邻"。三变正应上六，三至五互兑为口、为言，故"婚媾有言"。

楚庄王与孙叔敖进兵于泌，以闪电战术攻晋。晋帅荀林父不知所为，乃鼓于军中曰："先济者有赏。"终致大败。是"震索索，视矍矍，征凶"者也。战后议处战败之责，是"婚媾有言"也。昔彭宠以渔阳郡归汉光武，后与朱浮有误会，因听娇妻之语，举兵反光武，蹈"索索""矍矍"之凶。此时并起群雄，如公孙述、隗嚣、更始皇帝、王郎之属、赤眉、铜马之众，皆已败灭，彭宠不畏邻戒，终于家灭身亡，妻子皆死。是不"畏邻戒"而"婚媾有言"，因以败亡。

艮

艮为山

卦体	下卦艮	上卦艮
卦象	为山	为山
卦德	为止	为止

错卦	反卦	下互卦	上互卦	消息卦	附注
兑为泽	震为雷	坎卦	震卦	九月侯卦、内卦	十月侯卦、外卦

山者安然不动，静止不移，故有止象。又艮一阳居二阴之上，阳气之盛，至是而止，是以艮有止义。《序卦》云："物不可以终动，止之，故受之以艮；艮者止也。"故艮止继震动之后为《易经》之第五十二卦。

艮①：**艮其背**②**，不获其身。行其庭，不见其人。无咎。**

【音注】①艮（gèn）：卦名，"很也"（《说文》）；艮为山、为止。狠戾不进之意，则止之极笃极深者也。 ②背：背后，胸部之后。背离，反背、反面。

【义译】艮卦的象征，止于其背，则身在背后，就不见本身了；就如吾人能知止而不动心，停止于物欲而与物欲相背、无私心，则天理现前，我相可忘，是以不获其身。行在其庭院中，则背在他人的前面，我们也就看不到他人了；就如吾人行在大宇宙的庭院里，知止于至善，不动心，不为外物功名富贵、饮食男女等人欲所牵动，则天理现前，人相可忘，此心廓然大公，是以不见其身。修身如此，无我相、人相，而存天理之正气，去人欲之私情，就可保无咎了。

【象证】本卦重艮，象为两山，义则各止于其所止。"背""身"乃所设之相背两象，自主位言之，艮止于背一面，则不获客位之身，此主位之止于所止也。"行""人"乃所设之相隔两象，自客位言之，其人不为行其庭者所见，此客位之限于所止也。既然主客各止于其所止，此艮道也。

人的身体最不容易动的静止部分，是背部。背部静止，身体就是想动，也不能动。此卦用其比喻内心宁静，止于至善。不动心，不为外物所动，就能止于所当止，就能存天理之正气，去人欲之私情，毋意毋必，毋固毋我，而无我相，是以"不获其身"。此时纵使泰山崩于前，也不会有我相动其心。即或有所行动，此心依然保持宁静，止于至善，不动心，无我忘我，忘境无相。当达到这一境界时，面对外界的一切刺激，心都不会动摇，所以在走过有人的庭院时，也不会觉得有人相、我相的存在。所以不见其人，不论动静，内心都保持安宁，能廓然大公，物来顺应，心存天理而无人欲之私，必然理智冷静，能够止于至善，所以不会有灾咎。

老子曰："不见可欲，使心不乱。"人之溺于物欲而乱其心者，以其有见，不见而与之相背离，或见如不见，则心不乱而艮止矣，艮止则不动其心矣；所见在前，而止在背后，是见如不见，能不动心故也，则心无欲，物我两忘矣，此"无咎"者一也。庭院至近也，其人既在背后，则虽在咫尺，亦不能见其人。盖人必相见，始乃发生彼此之心，或因得咎，不见其人心无所动，咎从何来？

故云"无咎"。此"无咎"者二也。

艮为止、为背、为门阙、为庭院，上互震为行，下互坎为隐伏；三、四与五、上离象半见，离为目。是以"艮其背，不获其身。行其庭，不见其人"。艮为手、为获，艮少男，坎中男，震长男，兑、离、巽女象半见（少、中、长女），皆人也。

大凡古今圣贤英雄，皆不为富贵贫贱、声色犬马、艰难困苦、饮食男女动其心，如舜、禹、商汤、文王、周公、孔子、颜回、孟子，乃至郭子仪、岳飞、文天祥、史可法、孙中山皆是也。至于洪承畴、吴三桂，为美女动其心，而祸国殃民，直狗熊耳，非英雄也。狗熊难过美人关，必中美人计，而真英雄、真淑女，则不动心。

【笺注】郑玄曰："艮为山，山立峙各于其所，无相顺之时。犹君在上，臣在下，恩敬不相与通，故谓之艮也。"

孟子曰："富贵不能淫，贫贱不能移，威武不能屈，此之谓大丈夫。"（《孟子·滕文公下》）

孔子曰："君子无终食之间违仁，造次必于是，颠沛必于是。"（《论语·里仁》）

《彖》曰：艮，止也。时止则止，时行则行；动静不失其时，其道光明。艮其止，止其所也；上下敌应，不相与也；是以"不获其身。行其庭，不见其人。无咎"也。

【义译】《彖辞》说，艮是停止的意思。应该止的时候，就停止不进；应该行的时候，就去行动。动静都不失去时宜，则其道必是光明的。"艮其止"，是说停止在他自己应当停止的处所。因为艮卦六爻，初与四、二与五、三与上，六爻两两相对应，阳对阳、阴对阴，尔为尔，我为我，不互相照应、不互相参与，就是这样各止其所止，不动其心，所以存天理之正，无我相，故"不获其身"。无人相、无物欲，无意必之私，所以走过庭院，也不见其人，因而也没有灾咎。

【象证】艮卦上下皆为艮，艮为山、为止，山之性安然不动，故艮之义为止。艮为止，止为静，止则静也，艮综为震，震为行，行则动，艮卦三至五亦互震，是艮中有震，止中有动，动中有止，故"时止则止，时行则行"。互震为春，坎为冬，三至上互体离为夏，三、四半象兑秋，艮错兑亦秋之象，四时各得其时宜，故"动静不失其时"。离为光明，震、艮为大涂、为径路，故"其道光明"。

天道为形上之实体，其化生作用，随机呈现。作《易》者之画艮、震两卦，并互反综，而艮、震之中互体皆有坎月离日，所以象征天道之止、行、动、静，日夜不息，万古不停。是以其行其动，乃以止以静为其曲折之发展过程，其止其静，则以行以动之机涵盖焉。因此行极则止，止极复行，动极则静，静极复动，乃天运之常，天道之理，在实践之上。是以"可以速而速，可以久而久，可以处而处，可以仕而仕，孔子也……孔子圣之时者也"（《孟子·万章》）。孔子是万世之师表，动静不失其时。"时"者，善体天常，且顺其变而无不合宜也。时者难得而易失者也，故当确实把握，务使适时、适机、适地、适境。故应当止的时候止，应当行的时候行，行止动静不失时机，前进必然光明。

艮卦所说的止，是要在应当停止处停止，此"止其所"之"所"者，上下两艮卦皆为止，皆各"止其所"不动。上下两象相背，六爻互不相应，故"不相与也"。自然意义之空间观念，于实践上则转为价值意义之境界观念。《尚书》称舜、禹"安汝止"（《益稷》），《诗经》称文王"于缉熙敬止"（《大雅·文王》），《大学》中说"止于至善"，又说"于止，知其所止……为人君止于仁，为人臣止于敬，为人子止于孝，为人父止于慈，与国人交止于信"。如能止于价值意义之境界（"所"），仁、敬、孝、慈、信，不为外界所动心，而坚持其所止，一旦发为实践（"行"），则无不中节矣。

须知止于至善，止于不动心，止于不见可欲之地，以存天理之正气，去人欲之私情，则天君泰然，廓然大公，物来顺应，无所处而不当矣。若止于可欲之地，则止非其所，是失去止之正道，则人欲之私横梗其间。唐明皇之爱贵妃，所以牵致天下大乱，几亡其国者也。而夏桀、商纣、周幽，亦因人欲之私以亡国灭身。艮其止，止其所不可励行也。

本卦六爻中，初六与六四、六二与六五、九三与上九，皆阴对阴，阳对阳，皆非阴阳相应，无阴阳人欲之私情以相应，而皆各存其天理，各止其所。是尔为尔，我为我也，是无我相，无人相，无意必固我之私者也，是廓然大公、天机醇正、行止自在者也，是以"不获其身"。止于其背，不以有人欲动其心，故"行其庭，不见其人"，无我无物，动静适时，止于至善如此，何咎之有？

《象》曰：兼①山，艮。君子以思不出其位。

【音注】①兼："并也。"（《说文》）兼备。

【义译】《象辞》上说，兼备两个山而重叠相依，深切地稳重静止，安然不动，这是艮卦的现象。君子体察此现象，就要想到止其所当止，使止于至善，不要超出他的本位。

【象证】艮为山，内外皆山、兼山之象也。艮为山、为止，止而不出，体乾三，三在人位而得其正，正位之君子也。又为阳，故有君子之位之象，君子应当效法这一精神，在其应当停止处停止，思考不可超出本分之外。

君子体艮亦当如山之安然以止于其位。《中庸》曰："君子素其位而行，不愿乎其外，素富贵行乎富贵，素贫贱行乎贫贱，素夷狄行乎夷狄，素患难行乎患难，君子无入而不自得焉。在上位不陵下，在下位不援上，正己而不求于人则无怨，上不怨天，下不尤人。故君子居易以俟命，小人行险以徼幸。"曾子曰："君子思不出其位。"（《论语·宪问》）君子各守其位，所思所虑，皆在分内所应为之事。

曾子、子夏之守约，以弘洙泗之绝学，颜渊、闵子骞之躬亲实践圣道，子路之守死不二，子贡以货殖游诸侯而弘孔子之圣道，皆"思不出其位"也。古今中外败亡之君、臣、卿、大夫，皆因不守其职位，而越礼犯分，违法，掌握国家政权，跋扈，而终被杀，国破、家亡、身灭，此即不能止其所止，终于惹祸上身者也。

初六：艮其趾，无咎，利永贞。

《象》曰："艮其趾"，未失正也。

【义译】初六，以阴居阳位，当艮止的时候，为士农工商之位，能止于其足趾，在事情发生之前，而停止不行，安分守己，这是无咎的；但须利于永远守着正道，方能永保其无有灾咎。

《象辞》说，止于其足趾而停止不行，是说能坚守正道而未失。

【象证】初六，在最下之位，居艮卦之始，相当于脚趾。三至五互震为足，初在最下，足趾之象也。凡人行动之时，脚趾必先动，今脚趾停止，行动就在事情未发生之前停止，吉凶不生，慎重如此故没有灾难。吾人能存天理之正气于做事之先，又能止人欲之私情于将动之始，正心于心念方动之初时，诚意于潜在意识之深处而永守其正焉，无咎之道也。又初六以阴柔居阳，柔而不当位，上又无应援，故宜止于其士位，"利永贞"，方能永保无咎。

昔董仲舒读《春秋》，三年不旁视园囿，其专精如此，止其所如此，故学成名就。凡恶人之所以恶，皆由于未能停止于行动未开始之前，人欲胜其天理，因而蹈入不法集团，不能停止，其后致身败名裂，家破人亡，士君子可不戒哉！止于所止，其道光明。

六二：艮其腓①，不拯②其随③，其心不快。
《象》曰："不拯其随"，未退④听也。

【音注】①腓：小腿后面筋肉突出的部分，俗名腿肚，足之肚也。 ②拯：救也。 ③随：追随，指九三。随从，指初六。 ④退：虞翻作"违"，义可兼通。

【义译】六二，柔顺中正，在大夫之位，居艮止之时，而停止在他的小腿上，不去前往，所以不能拯救他所追随者于危困之中，因此心里不快乐。

《象辞》说，"不拯其随"，是说不能退而听从。

【象证】"腓"是腿肚，六二在下卦中位，相当于腿肚。本卦艮为止，其前三至五互震为足，故有"艮其腓"之象。艮为手、为拯，二比于初与三，三公位为二所追随。初之士位为二之部属、随从，三、四、五互爻震，震为动、为行，二为大夫之位，本当时行则行，却因在艮卦停止不进，所以不能拯救其主上三公之危，与其随属初六之困。二至四互坎为心、为险陷、为隐伏，兑为悦乐，而兑象不见，唯三、四兑象半见耳，故"其心不快"。坎为耳、为听，震为动、为行，今居艮不进，故"未退听也"。所以诸事不成，上下失救。

昔王导有难，求救周顗，周口未言，而实上疏救之；其后周有难，而王导艮止不救；更后见周顗救己之疏，乃痛悔曰："我不杀伯仁，伯仁由我而死。"是艮止"不拯其随"，从而"其心不快"者也。王导之艮止，并使其君王失一君子，而坐令君子之死，亦不能拯君上之误失，而"其心不快"，是王导之艮止而不时行，而两重不快。"不拯其随"孰大如是？

九三：艮其限①，列②其夤③，厉④薰⑤心。
《象》曰："艮其限"，危"薰心"也。

【音注】①限："身之中也；三当两象之中，故曰艮其限"（王弼）；即界限，人身的界限在腰。 ②列：《周易集解》作"裂"，分裂。 ③夤（yín）："马（融）云：夹脊肉也。"（《释文》） ④厉：危也。 ⑤薰：灼也，焦急也；虞翻作"阍"，《释文》谓"荀作动"，动为勋之借字，薰、勋、阍音近。虞翻解作守门人，马融解"薰，灼心"，皆危意也。

【义译】九三，当艮止之时，居三公之位，因当时行则行，却也艮止于界限腰身之上，止隔于上身脊肉与下身腿足的连属之间，使分列上下而不能动，因此危厉薰染着他的心。

《象辞》说，艮其限，是说危厉之事薰染其心。

【象证】九三，以刚居刚，居上体之下、下体之上，正当上下卦的界限，以人体论之乃腰也，三至四互坎，坎为水、为肾、为腰，故曰"艮其限"。又三居三公之位，当时行则行，以承上治下者也；而当双艮之间，艮止不动，则上下不通，君臣乖隔，百姓不治，形成上级下级分列两半、不相连属之象。三、四兑毁折半见，坎为美脊，艮为背而分两边，在上下艮之间，故"列其夤"。盖九三过分刚强偏激，又不中而横暴地停止在腰部，艮其限，而遽止不动，使腰不能屈伸。在接近腰部的上方，是背脊的肌肉，下方是腿与足，九三横在四个阴爻的中间，形状像是将背部的脊肉，上下裂绝而使其不相连属，使其腰终两分之，不能活动，故有"列其夤"之象，"列其夤"则身将丧亡。九三三公而"列其夤"，则国家将败亡，天下将危，己身将覆灭，其危险已具"薰心"之危，坎为心、为险、为厉，三至上互体二离火，在坎心之上，故"厉薰心"。

昔南明福王继位南京，马士英横梗上下，史可法救国之疏莫能上达于福王，卒致明朝败亡。秦桧为相，横梗上下，终使南宋积弱，英雄失志，其后终致南宋灭亡。古今中外奸臣误国如此，其危可知。

六四：艮其身，无咎。

《象》曰："艮其身"，止诸躬①也。

【音注】①躬：身也。

【义译】六四，以阴居阴，得正，以居诸侯之位，在艮止的时候，能沉静地止于其身，这是无咎的。

《象辞》说，艮其身，是说能够安止于其自身。

【象证】九三，相当于腰，六四在腰限之上，口辅之下，乃躬也、身也。乾为首，坤为腹，巽为股，四、五坤象半见，居胸腹之间，故有"'艮其身'，止诸躬"之象。六四以阴居阴，得诸侯之正位，能安分守己，时行则行，时止则止，当艮卦之时，能知止于至善而不动心，承天子之命以化育百姓，能静止其人欲之私情而止诸其身，以存天理之正气，则能"在上不骄，高而不危；制节谨度，满而不溢。高而不危，所以长守贵也。满而不溢，所以长守富也。富贵不离其身，然后能保其社稷，而和其民人，盖诸侯之孝也。《诗》云：'战战兢兢，如临深渊，如履薄冰。'"（《孝经·诸侯》）而富贵不离其身，斯无咎之道也。

古之善处此者，如张良之为留侯，郭子仪之封汾阳王是也。自止其身，以止于正也。盖处艮止之时，能正心于心念方动之初时，诚意于潜在意识之深处，存天理之正气，去人欲之私情，以安守正位，是"止诸躬"以"无咎"者也。

六五：艮其辅①，言有序②，有孚③，悔亡。
《象》曰："艮其辅"，以中正也。

【音注】①辅：口辅，面颊，居上颚之间，与牙车（床）相依。辅车者，"其骨强所以辅持口也。或曰牙车，牙所载也。或曰颔；颔，含也，口含物之车也……凡系于车，皆取在下载上物也"（《释名·释形体》）。 ②序：次序，程序。 ③有孚：虞氏本、《周易集解》在"言有序"下有"有孚"二字。王弼本、正义本、程朱本皆无之。

【义译】六五，以柔中之德，履至尊之位，为领导之人，当艮止之时，能止诸其口。不言则已，言必有秩序，有诚，以发号施令，如此有礼、有信义，这是没有后悔的。

《象辞》说，"艮其辅"，是因为能够做到大中至正。

【象证】辅，面颊骨上颊车者也，三至上体颐象，艮为止，在坎车上，故"艮其辅"，谓辅车相依。震为言，五失位，悔也；动得正，故"言有序，有孚，悔亡"也。五动之中，故以"正"。"艮其辅"，时止则止也。"言有序，有孚"，时行则行也。动静不失，其道光明，六五之谓也。六五在卦的上方，相当于颚与面颊之间，是说话的器官。人之发言，辅必先动，艮错兑，又三、四兑象半见，兑为口舌、为言，互坎为水、为信、为法，故"艮其辅，言有序，有孚，悔亡"。虽得柔中之德，但以阴居阳，不正，无应于下，不能大有所为，本应当有后悔，但能执守信义，言而有序、有信，能行正道，变不正为正，则悔亡而有喜庆矣。

昔者君无戏言，言满天下无口过；言不妄发，发必有序而合于理。说话中肯而条理分明，又能本诸诚信，大中而至正，自然无悔。周成王受教于周公，深知艮止，止于至善，不动心之道，而能谨慎于言行，不言则已，言必有序有信，尝以桐叶封弟以戏，而终封之于唐，是"言有序，有孚"的君王。商高宗三年不言，一言而四海咸仰。齐威王三年不鸣，一鸣而齐国大治。盖审而后言，言必有序。言而后行，行必有信，所以悔亡而治功成者也。

上九：敦①艮，吉。

《象》曰："敦艮"之吉，以厚终也。

【音注】①敦：厚也。"厚，山陵之厚也。"（《说文》）

【义译】上九，居艮止之极，当隐士宗庙之位，应该敦厚去止于至善，这是吉利的。

《象辞》说，敦艮之吉，是说能敦厚而获得善终。

【象证】上九，当艮山之最极，艮为山、为陆、为厚，上下皆艮，敦厚之极。《说卦》曰："终万物始万物者，莫盛乎艮。"艮为终，故曰"'敦艮'之吉，以厚终也"。

孔子"六十而耳顺，七十而从心所欲，不逾矩"（《论语·为政》），是"'敦艮'之吉"，止于至善以厚终者也。孔子处世合时宜，故有"时圣"之称，即得艮震之妙用时止则止（艮），时行则行（震），动静行止得其时宜，故其道光明而为万世之师表。吾人效法之，以诚正修齐治平，而完成内圣外王之业，亦唯此行止动静，用之则行，舍之则藏，动静不失其时而已。吾人今日处此，能存天理、去人欲，修身明道，知止而不动心，以待时变，不逆时而行，固善尽止之意、得止之道者也。但若时已改变，应行而不行，仍然固守不动，则至于人为刀俎、我为鱼肉矣。故《易经》震动继以艮止，艮止复继之以渐进，其意至深。

渐

风山渐

卦 体	下卦艮	上卦巽
卦 象	为山	为风
卦 德	为止	为入

错卦	反卦	下互卦	上互卦	消息卦	附注
雷泽归妹	雷泽归妹	坎卦	离卦	正月公卦	渐与归妹既旁通又相综

艮山在下，巽木在上，山上有木，渐渐成长以至高大。犹君子成家立业，修齐治平，皆宜累积浸渐之功，日积月累以成之。《序卦》曰："物不可以终止，故受之以渐，渐者进也。"故艮止之后，继之以渐进，为《易经》第五十三卦。

渐①：女归②吉，利贞。

【音注】①渐：渐渐地前进；凡由浅入深、由近及远、由小而大逐渐形成者是也。 ②归：嫁也。女子生有外成之义，以夫为家，故女子谓嫁为归。女子之嫁，渐进六礼备乃嫁，故取象焉。

【义译】渐卦，是逐渐地日积月累以前进的意思，犹如女子嫁人，男方纳采、问名、纳吉、纳征、请期、亲迎六礼逐渐准备齐全，乃嫁。余如臣之事君，下之事上，立功立业，凡事皆宜如此按部就班，日积月累，逐渐前进，依礼而行，才得吉利。同时又必须利于坚守正道，才能获长久之吉。

【象证】渐卦，上卦巽为风、为木，下卦艮为山，木在山上，以渐为高，渐之象也。艮为止，巽为入、为逊顺，止而巽顺以入，为不遽进之义。下艮为少男，上巽为长女，下互坎为中男，上互离为中女，男女自少以渐次长大，由少而中而长，方有婚娶之义，其反卦旁通归妹，归妹上震为长男，下兑为少女，"女归"之象。程子曰："进必以渐者，莫如女归。臣之进于朝，人之进于事，固当有序，不以其序，则陵节犯义，凶咎随之。然以义之轻重，廉耻之道，女之从人，最为大也，故以女归为义。且男女，万事之先也，言女归之所以吉，利于如此贞正也。"

昔杨贵妃之归玄宗也，不以渐，不以贞，故乱天下数十年。王叔文锐进于唐顺宗朝，而柳子厚、刘禹锡皆随之，至唐宪宗立而遂遽退，被连贬数级，以至蛮荒，仕而不以渐也。王安石变法失败，是政治不以渐也，皆蹈失败。

是以古之志士，十年苦读以成，乃出仕为君、为民以贡献其才。今之入仕、从商、建功、立业而求锐进不以正道者，皆致失败，可不鉴欤？其有男女淫奔，不以正者，有堕胎杀子（罪恶甚大）者，皆不合女归利贞之义，得凶咎灾害之士农工商，时有所闻。大矣哉，正之为道，诚幸福之本，王道之源，吉利之端也。

《彖》曰：渐之进也，"女归吉"也；进得位，往有功也；进以正，可以正邦也；其位，刚得中也。止而巽①，动不穷。

【音注】①巽：谦卑恭逊也。

【义译】《彖辞》说，凡人之立身处事，宜于逐渐努力，渐渐前进，就如女子之嫁，有六个礼节的步骤，丝毫不乱、渐次以行，这是吉利的。能如此渐次努力前进，得据好的位置，前往就会有功。逐渐努力前进，本着正道行之，就可以端正邦国，而修身齐家以至治国平天下了。他所居之位，要以刚健坚强，存天理之正气，去人欲之私情，而又从容中道，允执厥中，尽善尽美地坚守正位。内而艮止，不动心，知止于至善，外而巽顺，就能相时而动，而不会有穷吝的时候了。如此按部就班渐次以行，行又得正，必定能成功。

【象证】渐卦，下艮山，上巽木，木在山上，有渐次前进之象。三、四震象半见，反卦、错卦皆为归妹，上卦亦震，震为行、为动、为往、为进。初六变正成风火家人之"父父、子子、兄兄、弟弟、夫夫、妇妇而家道正，正家而天下定矣"，故"进得位，往有功"，"可以正邦也"。初、二坤象半见，坤为国、为邦，变水火既济，故"进以正"。九五阳刚中正，故"刚得中"。下艮为止，上巽故"止而巽"。吕东莱曰："昏礼，婿往妇家亲迎，既奠雁，御轮而先归，俟于门外，妇至，则揖以入。"归前犹必纳采请期，优礼女人，犹国家聘贤然，盖正其始也。

昔文王聘姒后，造舟为梁，亲迎于渭，亦深合古聘礼渐卦"女归吉"之义。至刘备聘诸葛孔明，三顾茅庐；文王迎太公，亲载之车；皆合聘贤之义。故"进得位，往有功"，"进以正"，邦家正，"止而巽，动不穷"，功业成而耀千秋。

《象》曰：山上有木，渐，君子以居①贤德善俗②。

【音注】①居：处也。　②善俗：王肃本作"善风俗"。

【义译】《象辞》说，山的上面有树木，这是渐卦渐次前进成长的象征。君子体察此象，效法它的精神，即居处在有贤良的道德和善美的风俗之地，以渐渐蓄德，成君子圣贤。

一解作"求贤德使其居位，发号施令，善诱风俗也。"（《周易口诀义》）是以君子居位，使移风善俗。一解作渐积贤德以自处，以渐渐地改善风俗。

【象证】上卦巽为木，在下卦艮为山、为土之上，有渐次成长之势，故有渐卦之象。乾为善、为德、为君子，九五乾爻大中至正，九三亦体乾三，有君子之象。艮为山、为居，巽为风俗，故"居贤德善俗"。

孔子以里仁为美。孟母三迁居，"贤德善俗"以教子，使薰染为君子。舜所居之地，皆被其化为善美之地。文王以德化人，立君子以位，敬肃诚仁，而耕者让畔、行者让路，虽江汉之游女、原野之居民、虞芮之诸侯，皆化为贤德君子，"居贤德善俗"者。

凡事不能操之过急，方能得到成果。如王安石之变法虽美，操之过急，行不以渐，反而败。做事就如树木的成长，非一天就能长得很高，与积土为山是一样的。所以要正风俗，亦非一天的事，而是慢慢的，一步步由基层做起，而渐趋善良。凡有志于治道者正该体察此点，对症下药，则民莫不从矣。昔尧、舜、禹、汤、文、武、周公之政，莫不如此。孔子曰："苟有用我者，期月而已可也，三年有成。"（《论语·子路》）孔子治鲁三月，鲁夜不闭户，路不拾遗，渐积德以善俗之故也。

初六：鸿①渐于干②。小子③厉，有言，无咎。
《象》曰："小子"之厉，义无咎也。

【音注】①鸿：大雁；"鸿鹄羽毛光泽纯白，似鹤而大，长颈，肉美如雁，又有小鸿如凫色白者，今人直谓之鸿。"（陆玑《毛诗草木鸟兽虫鱼疏》）"鸿鹄也。"（《说文》）又"鸿，雁也"（《玉篇》）。"大曰鸿，小曰雁。"（《诗传》及《玉篇》）"鹄大于雁，羽毛白泽……一名天鹅。"（《本草》）"野曰雁，家曰鹅。"（李巡）"禽作六挚，大夫执雁。"（《周礼·春官·大宗伯》）　②干：涯也，岸边，如"置之河之干兮"（《诗经·魏风·伐檀》）。　③小子：初出茅庐的士子。

【义译】初六，在渐渐前进之时，以士农工商而未得其位，犹如高飞的鸿雁渐渐飞集在水的岸边而未得其所一样，这对初出茅庐的士子是很危险的。自己能用言语明辩，以德行去化解，能容他人之讥诮，就没有灾咎了。

《象辞》说，初次仕进、初出茅庐的士子之危险，只要合于义理，是没有灾咎的。

【象证】三至五互离为雉、为飞鸟、为鸿，下艮为土，二至四互坎为水，水边之土，为水涯、为干。初士位不得其正，互坎为危险，故"小子厉"。三、四兑象半见，渐卦反卦归妹兑在下卦，兑为言，故有言，初六不正，变得正，故"义无咎也"。士之仕进，际此当以巽顺柔进；设法得上援，求得上下的和谐；渐进；合于义理。斯可以进矣。

昔贾谊当汉文帝时，得汉文帝之亲近，常密谈于宫中，深言于文帝，急欲有所作为，以为天下可以痛哭流涕长太息者多矣，因而奋然欲有大的改变，周勃、灌婴等大臣皆不欲也。贾谊未能行之以渐，又未能得大臣之帮助，反受大臣之谤语，而被贬为长沙王太傅，终郁闷而少年以亡，不亦悲乎！昔刘备待诸葛孔明甚亲，关、张不悦，刘备亲为之解曰："孤之有孔明，犹鱼之得水也。"孔明亦谦恭以待关、张，终得人和，而鼎立三国。

六二：鸿渐于磐①**，饮食衎衎**②**，吉。**
《象》曰："饮食衎衎"，不素饱③**也。**

【音注】①磐："山石之安者也。"（王弼）即大石，如"国安于磐石"（《荀子·富国》）。 ②衎衎（kàn）："乐也。"（《尔雅》）又"行喜也。"（《说文》）即和乐的样子，如"君子有酒，嘉宾式燕以衎"（《诗经·小雅·南有嘉鱼》）。 ③素饱：空饱饮食。

【义译】六二，以柔居柔，居中得正，在大夫之位而上应于九五之尊。当渐渐前进之时，犹如鸿渐进而栖息于磐石，这是非常稳固安定的，所以饮食做事，都很和乐，这是吉利的。

《象辞》说，饮食很和乐，是说不是尸位素餐，而是为国家有所作为。

【象证】上互离为飞鸟、为鸿，下卦艮为山、为石，坎为水、为饮食，兑为食、为悦、为"衎衎"，初变正则初至五互体噬嗑。六二以阴柔居阴位，得正位又居中，又应于九五，当渐卦渐进之时，为大夫而得正位，似鸿鸟由水涯而飞至山中磐石之上，得安稳饮食之所，故喜乐衎衎，吉之道也。此言君子既得禄养得居正位，宜渐致其身，匡国辅民，"居贤德善俗"，不尸位素餐也。即有中正的道德，能给国家出力，不是虚縻禄位的。故"彼君子兮，不素餐兮"（《诗经·魏风·伐檀》）。社会上，最怕那些仅居位而不做事的尸位素餐者，诚国家之败类也。君子不居乱君之朝，君子之仕也，行其义也，行其抱负也。故时治天下安，其君臣若尸位素餐，时乱天下危，则其君臣贪鄙，而国以亡，后之治国者其鉴之哉。

孔子去鲁、去卫，皆志不行，不素餐，故行也。诸葛孔明得君之任，而致君国于磐石之安，其身其家皆甚俭约，内无遗财，外无遗粟。

九三：鸿渐于陆，夫征不复，妇孕不育，凶。利御寇。
《象》曰："夫征不复"，离①**群丑也。"妇孕不育"，失其道也。利用"御寇"，顺相保也。**

【音注】①离：遭遇。

【义译】九三，当三公之位而得其正，在渐进之时，遽欲前进，而上无应援，遇到困难，有如鸿鸟渐进而中途着陆，不能奋飞以归巢。有如治国的三公，治国不以渐而安民，而穷兵黩武使其国内士兵皆出征不回来，以致其国内妇人怀孕而不能生长教育其子女一样，这是凶的。在此时，只有以道治国，行之以渐，利用大家团结，而抵御外寇。寇退，则夫回、妇孕、子育，而全国皆安宁了。

《象辞》说，"夫征不复"，是因出征而遭遇一群寇丑。"妇孕不育"，是说失去诚正修齐、治国平天下的正道。"利用御寇"，是说顺着正道以相保。

【象证】艮为山、为陆，互坎中男为夫、为盗寇，离中女为妇，震兑半见，震为行、为征，兑为毁折，坎中满为孕，离中虚为不育，巽为利用，艮为手、为御，故"夫征不复""妇孕不育"，"利用'御寇'"。坤为众，坎为盗丑，故"离群丑"。艮为径路，兑毁折，故"失其道"。艮为保，巽为顺。三公事事穷兵黩武以取败，因使国内之男出征败死，国内之女未克教养子女。

如昔秦以白起为将，破赵国大将赵括四十万大军于长平，而皆坑杀之。赵国治政不以王道而致国家倾败，男女皆成怨偶，不能得修齐治平之正。秦虽以此称霸，其后得天下不久而亦丧亡随之。不若以顺保国，不侵略他国，而在不得已受外敌时，乃出御寇，若吾国之抗日是也。

六四：鸿渐于木，或得其桷[①]**，无咎。**
《象》曰："或得其桷"，顺以巽也。

【音注】①鸿渐于木，或得其桷：鸿鸟即天鹅，其脚趾连在一块如鸭，不能住于单木圆枝条上，须住于横平的树枝上方可。桷，"榱也，椽方曰桷"（《说文》）。即椽也，方形所以承屋宇。此处指树木下之平直，大树枝平稳处，如"刻桓宫桷"（《左传·庄公二十四年》）。

【义译】六四，居诸侯而得正位，在渐渐前进的时候，有如鸿鸟渐飞而入于木，或得止息于木椽、平稳方正的树枝上。这是无咎的。

《象辞》说，"或得其桷"，是因为顺而谦卑恭逊。

【象证】上卦巽为木、为桷，六四以阴居阴，得正，为诸侯之位，居渐进之时，下乘九三之刚，上承九五中正之君，能顺以巽，故得"无咎"，即《象辞》"进得位，往有功也；进以正，可以正邦也；止而巽，动不穷也"。如鸿鸟能得方正之横木枝以栖息，斯"无咎"者也。

昔令尹子文以巽顺而提升，刚扰之子玉（公元前637年，楚成王三十五年，因战功升任）于上位，而已处其下，得安。

九五：鸿渐于陵，妇三岁不孕，终莫之胜，吉。
《象》曰："终莫之胜，吉"，得所愿也。

【义译】九五，以大中至正，居天子至尊之位，在渐次前进之时，有如鸿渐飞而入于山陵，暂得安栖之所，仍须努力营建巢居于高处，犹如九五之尊初莅天子之位，尚须派出其士夫经营四方、防御敌人，敉平天下，三年而后天下乃定。士夫三年出征，故其妇人三年不怀孕，三年后天下安定，士夫终得回家团聚，故终能得其所愿，这是没有人能胜它、阻止它的，这是吉利的。

《象辞》说，"终莫之胜，吉"，是说天下各得其所愿。

【象证】下艮为山，九五高居其上，故称"陵"。虞翻曰："陵，丘。妇谓四也。三动受上时，而四体半艮山，故称陵。巽为妇，离为孕，坎为岁，三动离坏，故'妇三岁不孕'。"又曰："莫，无。胜，陵也。得正居中，故'莫之胜吉'，上终变之三成既济定，坎为心，故象曰：'得所愿也'。"（《周易集解》）

九五大中至正，下应六二，中有九三之三公、六四之诸侯相辅佐，发号施令以治天下。中则尽善尽美，正则一正百正，阳刚则能存天理之正气，去人欲之私情，而刚健努力，自强不息，以此治天下，三年有成，其人民仍有三年之劳，以经营天下。故士夫三年出征，妇女三年不孕，三年后天下一统，乃得夫妇团聚，共享尧天舜日，天下皆得所愿焉。需三年者，治天下之功效，一年而安，三年乃成治功也。故孔子曰："苟有用我者，期月而已可也，三年有成。"而古今解说多不顾此，殆非《易》之正义，九三之解亦未能尽快人心，予独以此说解九三、九五焉，后之君子其证之。

黄帝修德振兵，抚万民，度四方，平灭蚩尤。帝尧其仁如天，克明俊德，以亲九族，百姓昭明，协和万邦，亦经多年。舜帝慎和五典，三年有成；是"尧以为圣，召舜曰：'女谋事至而言可绩，三年矣，女登帝位'"（《史记·五帝本纪》）。周武王定天下亦三年，周公辅成王，平管叔、蔡叔与武庚之乱，三年而定。士夫三年出征，是故"妇三岁不孕"者此也。

上九：鸿渐于陆①，其羽可用为仪②，吉。
《象》曰："其羽可用为仪，吉"，不可乱也。

【音注】①陆：陆地。胡瑗、程子、朱子皆以为当作"逵"，谓云路也。　②仪：仪容，礼仪规范。

【义译】上九，在渐卦渐次前进之时，居宗庙隐士高洁清高之位，有如鸿鸟飞行，渐进而着陆归巢，得其安顿住息之所，它的行止，行列队伍整齐美丽，它的羽毛洁白而有光泽，可为人类礼仪规范所取法。

《象辞》说，"它的羽毛可用为仪，吉"，是说行止有定，清高廉洁，礼仪彬彬，不可扰乱。

【象证】下艮为山、为陆，互离为飞鸟、为鸿、为羽，坎为法，离为文明，巽为谦逊，艮为知止，巽为用，"可用为仪"之象也。上九变正，初至上互体既济，故"不可乱也"。盖上九以刚阳之君子，在渐进之时，以其清高洁白，才高天子之上，已无位可居，只能为清高之宗庙隐士，为万民德行取效之仪表，故取象于清高、洁白、可爱之鸿鸟天鹅焉。鸿之飞行也，以渐而不失时，鸿翔空也，以群而不失其序。

鸿之羽毛洁白光润而清辉照人，鸿高翔于天空，飞入溟溟，进入九天云霄，翱翔自在，弋者何慕焉，而其性无所处而不安，于高空、水畔、云际、陆地、磐石、木桷、陵端、山顶，皆悠游自在。昔许由、务光、崔子之高蹈，实足令人取法。居隐士宗庙之君子，果得其意，自合吉道，德高仪肃，天子不得而臣，诸侯不得而友，为万民之表率，正是上九之君子也。

归妹

雷泽归妹

卦　体	下卦兑	上卦震
卦　象	为泽	为雷
卦　德	为悦	为动

错卦	反卦	下互卦	上互卦	消息卦	附注
风山渐	风山渐	离卦	坎卦	八月侯卦、内卦	九月侯卦、外卦

归，含有止之意。女子嫁曰"归"，得到归宿也。妹，少女之称。《序卦》曰："渐者进也，进必有所归，故受之以归妹。"故归妹继渐卦之后为《易经》第五十四卦。

归妹①：征凶②，无攸利。

【音注】①归妹：卦名，嫁少女也。 ②征凶："征凶，无攸利。"（卦辞）是行则有凶也；亦是惧女之凌男、臣下之凌君上，预示吉中带凶，先为之戒也。《象辞》言天地阴阳之大义，是凶中亦有吉，明示其德义，所以勉其始而慎其终也。

【义译】归妹卦，得到归宿。是指少女从长男，老男娶少女，老少配得不当，不合时宜，所以行则有凶害，无所利。

【象证】归妹卦，上震为长男，下兑为少女，少女嫁老男，故谓之"归妹"。震为动、为行，兑为悦，老男悦少女，时宜不合，老少配，其位不当，所以行则有凶，无所利也。震为行，巽为近利市三倍，今见震不见巽，故"征凶，无攸利"。

昔者夏桀宠妹喜，而亡国灭身。商纣爱妲己，而身亡天下失。唐玄宗年既老而悦慕贵妃之年少，遂肇大唐之中衰。斯皆"归妹：征凶、无攸利"者也。每见大夫之家，老男六七十岁而娶少女、宠少艾，最后大都命丧黄泉，近世屡见不鲜。人之老也，血气已衰，尤当练气修道，静坐积善，以养身积德，若好色而悦慕少女，旦旦而伐之，皆丧亡夭折。近代修采阴补阳者亦死于非命，可为明证，故归妹无攸利。作《易》之圣哲已有明训，后之君子其鉴之哉！

【笺注】归妹者，卦名也。妇人嫁曰"归"，"归妹"犹言嫁妹也。然《易》论归妹得名不同，泰卦六五云："帝乙归妹。"彼据兄嫁妹谓之"归妹"。此卦名"归妹"，以妹从娣而嫁，谓之"归妹"，故初九爻辞云"归妹以娣"是也。上咸卦明二少相感，恒卦明二长相承，今此卦以少承长，非是匹敌，明是妹从娣嫁，故谓之"归妹"焉。古者诸侯一娶九女，嫡夫人及左右媵（妾随嫁者称"媵"）皆以侄娣从，故以此卦当之矣。不言归侄者，女娣是兄弟之行，亦举尊以包之也。

"征凶，无攸利"者，归妹之戒也。"征"谓进有所往也。妹从娣嫁，本非正匹，须自守卑退以事元妃。若妄进求宠，则有并后凶咎之败，故曰"征凶，无攸利"。

【笺注】程子曰："以悦而动，动而不当，故凶。"（《二程集》）

《彖》曰：归妹，天地之大义[①]也。天地不交而万物不兴。归妹，人之终始也。说以动，所归妹也。"征凶"，位不当也；"无攸利"，柔乘刚[②]也。

【音注】①义：宜也，常理。　②柔乘刚：下凌越其上，女驾驭乎男。

【义译】归妹，少女归嫁成婚，是天地之大义。天地阴阳之气不交，则万物不兴。少女归嫁，是人伦之道的始终。心悦而动之，非正理而以私情，所归嫁的是少女。"征凶"，是因为其位不当，不合时宜。"无利益"，是因将致有柔乘刚、女欺男、臣下欺君上之嫌疑。

【象证】初、二乾半象，五、上坤半象，坤在乾上，故天地交，半象仅见，坤为万物，故"天地不交"，则"万物不兴"。震为行、为动、为兴，二至五互体既济定，故"天地之大义也"。坎为法，万物出乎震，故为始，三、四艮象半见，艮为万物所成终而所成始也，故为"人之终始"。下兑为悦，上震为动，兑少女嫁震老男，故"位不当"。二、三、四、五皆失位不当，三柔在初、二阳刚上，五、上柔在四阳刚上，故"柔乘刚"。

《象》曰：泽上有雷，归妹，君子以永终知敝[①]。

【音注】①敝：疲病，破旧，败坏。

【义译】泽上有雷，这是归妹少女嫁老男，老男娶少女的现象。君子体察此象，知成之后必有毁，光明后即有黑暗，即以谋求永终长久不绝之道，而知其敝坏之因，预为戒慎，以永终不坏。

【象证】上震为雷，下兑为泽，故曰"泽上有雷"。泽随雷而震动，犹如少女随长男而动，故有"归妹"之象。兑为毁折，"敝"之象。互坎为通，离为明，有"知"象。坎月离日，日往月来，月往日来，万年不绝，故"永终"。雷震于上，泽随而动，兑为悦，震为动，阳动于上，阴悦而从，女从男之象，亦为"归妹"之象也。

君子观男女配合、生息相续之象，知其终必有敝，而思永其终之道，犹如君子观其合之不正，则知弊端随之矣。推之事物之理，莫不皆然，故知慎始而敬终，以正处事，以永其终而去其敝焉。凡天下之事，若以仁义道德合者，则久久愈善。刘孝标所谓"风雨急而不辍其音，霜雪零而不渝其色"，此永终克终之谓也。

天下事若以势合者，势尽情疏。以色合者，色衰则爱弛，犹如古人所言垝垣复关之望，虽言笑于其初，而桑落黄陨之嗟终悼于其后，此知弊练达人情之深言也。盖天下事有利必有弊，利尽弊生，凡天下古今之制度莫不皆然，要在日新又新，易穷则变，变则通，以永其终而去其敝，斯能长久。

唐玄宗之乱伦，皆不思永终，而肆其人欲之私情，故祸端起。

初九：归妹以娣①，跛能履，征吉。
《象》曰："归妹以娣"，以恒也；"跛能履"吉，相承也。

【音注】①娣："女弟也。"（《说文》）又"诸侯娶一国，则二国往媵之，以侄娣从"（《公羊传·庄公十九年》）。古者士二妻，诸侯一娶九女，或姊妹同行，女子同事一夫，众妾相称为娣姒，长为姒，幼为娣。 ②跛：足偏废，或脚不正。是以孙希旦曰："立而偏任一足曰跛。"（《礼记集解》）义得兼通。

【义译】初九，以阳居阳，得正，在归妹嫁少女之时，为士位。古者士二妻，所以有嫁少女，以其娣妹从之，二位少女同嫁一夫的现象。少女之妹，虽居娣妾的低位，但有女子贤正坚贞的德性，犹能辅助其夫君，佐理其居正室的姐姐，一顺百顺地尽妻妾之职分，使家庭维持和谐繁荣和成功。虽不能专成，犹如跛脚有所偏废，不能正行，却能侧行偏行，尽一己之力。像这样去做，是吉利的。

《象辞》说，嫁少女以及其妹，二位少女同侍居士位的夫君，是因为要维持人伦恒久，以使子孙繁育，传宗接代，恒久不息。其居贱妾之位的少女，虽年幼，但也能辅佐其正室（妻）管理家务，犹如虽跛也能偏行，妻妾互以吉利幸福之道相承顺。

【象证】兑为少女、为妾，为"娣"象，互离中女"妹"象。二、三震足半见，兑为毁折，"跛能履"象也。二至上互体恒，兑悦离明，故以"吉，相承"。

尧将娥皇、女英姊妹二人嫁舜，姊妹相承以佐理舜，使舜由士公卿而为君。贤哉娥皇、女英也！不愧为至圣尧之贤女，舜之贤妻妾也。昔者鲍叔荐管仲于齐桓公，而己为其下，二人同心以佐桓公称霸。子皮荐子产为相，而己居其下，以佐理郑国，使郑国安定，亦有斯义。

九二：眇①能视，利幽②人之贞。
《象》曰："利幽人之贞"，未变常也。

【音注】①眇："眇一目小"（《说文》），偏盲，瞎一眼。 ②幽：隐士。幽静之人，守其正道而不仕之人。

【义译】九二，阳刚而得中，居大夫之位，当归妹之时，应于不正之六五，亦犹初九"归妹之娣"，有如刚中贤淑的女子，配柔而不正的丈夫，而为其侧室。小妾，不被重视，适可安分守己，独善其身，正如虽有一目也能视物，然不及远，而有利于幽静地守正自处。九二的丈夫虽刚中贤良，而身不逢时，虽应于六五之君，而其君不正，不被重用，只能隐居守正，不能立人及物。

《象辞》上说：利于像隐士一样守着正道，是说未可改变常道。

【象证】下卦兑，兑为毁折之象，离为目视之象，故"眇能视"。三至上互体恒卦，故"未变常也"。二、三坎象半见，坎为隐伏，故为"幽人"，变正故"利幽人之贞"。

目之不良，犹如跛足，目不及远，犹贤士大夫不被重用，没有立人、达人、及物之功。贤女居偏妾之位，不被愚夫重视，然刚阳得中，安分守己，存天理之正气，去人欲之私情，允执厥中，而守正不阿，未变常道。王弼曰："虽失其位，而居内处中，眇犹能视，足以保常也。"王船山曰："二以刚中之德，无欲而清……乃《柏舟》之妇，《麦秀》之老，理明而义自正也。"可备参研。

六三：归妹以须[①]**，反归以娣。**

《象》曰："归妹以须"，未当也。

【音注】①须：待也，含有等待之意；如"卬须我友"（《诗经·邶风·匏有苦叶》）。

【义译】六三，以阴柔居阳位，不得其正，又无正应，虽值归妹嫁少女之期，欲归为人正室，然因时位未合，而需等待时日，及时日既已过，欲求正室却不可得，只有反而归为伴嫁之娣。

《象辞》说，"归妹以须"，是因其未适当之故。

【象证】初至五互体需卦，需者须也，待也。震为反生、为行、为归，兑为少女，故有"归妹以须，反归以娣"之象。六三以阴柔居阳位，位不当，故曰"未当"也。六三阴柔不正又无应于上，而乘于九二之刚，上承于九四，为九四所据，欲进于四，而四已承五，不纳于三，故有"归妹以须"之象。三反乘于二，故有"反归以娣"。娣者，幼妹之意。兑有少女之象，故曰"未当也"。

昔郑太子忽有功于齐，齐君欲以女文姜妻之。太子忽以齐大非偶又未得君命谢之，是"归妹以须"也。后文姜另嫁于鲁桓公，淫荡不正，通于其兄，反使鲁桓公被杀，是不正之女，祸之所出也。

九四：归妹愆①期，迟归有时。

《象》曰："愆期"之志，有待而行也。

【音注】①愆（qiān）：过也，逾期曰愆期。 ②行：有待而行，犹言俟时而嫁。

【义译】九四，居阳刚而不得位，嫁妹而无正应，犹女之贤者，志趋高洁不经许人。故当归妹之期，欲延嫁期，迟迟归嫁，志在选择佳偶，等待时宜而后嫁人。

《象辞》说，"愆期之志"，是说有所等待时宜而后行嫁。

【象证】三至上互小过，故过期。互坎月离日，反卦为渐，渐渐前进，故迟归待时。

昔孔孟周游列国，乃为择明君而仕，俾施展其内圣外王之政治理想。志士羁迟不仕，乃为待圣君而仕。女子愆期，乃为择良夫而嫁。

六五：帝乙①归妹，其君②之袂③，不如其娣之袂良。月几望，吉。

《象》曰："帝乙归妹"，"不如其娣之袂良"也；其位在中，以贵行也。

【音注】①帝乙：有三解。一谓商汤，名天乙；二谓商汤六代孙祖乙；三谓纣父帝乙。当以后者为是。 ②君：此指帝乙之妹。古者诸侯之妻曰小君，其女称县君；古者诸侯一娶九女，同姓媵之，正配为君夫人，余为妾、媵、小君。 ③袂（mèi）：衣袖，以为礼容也。人之着衣，其礼容在乎袂，故以袂言之。

【义译】六五，柔中居尊，下应九二刚中之贤。当归妹之时，有帝乙将其妹下嫁于诸侯之象。以帝妹之尊贵，犹勤俭、具有盛德，不尚服饰，虽为君夫人，但其衣袂，反不如其陪嫁的娣妾之衣袂美。其品德如此廉洁尊贵，谦虚俭约，犹如月亮几乎光明在望，将圆而未圆，能够如此持盈保泰，是吉利的。

《象辞》说，"帝乙归妹"，能以贵下贱，具有谦德，她的衣袂反不如她娣妹的好。她地位尊贵，还能守着尽善尽美的中道之德，以她贵重的身份下嫁诸侯，而行此谦德之可贵。

【象证】《说卦》曰："帝出乎震。"震为太子、为帝、为东方之卦。上卦震，六五柔顺居中，在天子之位，故有"帝乙"之象。震为长男，互离为中女，下卦兑为少女，故有帝乙嫁妹而媵以娣妹之象。六五坤爻，坤为布、为衣，五为君位，离中女为文明、为美丽、为良，兑为娣、为悦，故"其君之袂，不如其娣之袂良"。二至五互体水火既济，坎为月，离为日，日月相望，故"月几望"。六五为君位、为贵，又柔顺在中，故曰"其位在中，以贵行也"。

上六：女承筐无实①**，士刲**②**羊无血，无攸利。**

《象》曰："上六无实"，承虚筐也。

【音注】①筐无实：即指空筐。筐，盛物的竹器，如"于以盛之，维筐及筥"（《诗经·召南·采蘋》）。　②刲（kuī）："刺也。"（《说文》）即割杀。

【义译】上六，阴柔处震体之上，居归妹之终，而无应与，没有尽到夫妻之责。妇职当罗列俎豆祭品，以盛在筐筥中之实物，供承祭祀，今无实，则不成其妇；诸侯、卿、大夫、士，皆当亲自割取牲血，以祭祀宗庙祖先、天神地祇，血祭以盛鼎俎，今刺羊无血，是不尽其士大夫之职。夫妇不能共承宗庙，则当离绝，归妹不成，夫妇无终，而成旷男怨女，祭祀以绝，子孙息灭，真是无所利呀。

《象辞》说，"上六无实"，是说奉承着空虚的箩筐，而归妹不成，人伦空虚，无以修身齐家治国。

【象证】下兑为女、为羊，上震为士、为苍筤竹，兑为毁折，互离中虚，坎为血卦，三、四艮象半见，艮为手、为承、为刺，离为干戈，故有"女承筐无实，士刲羊无血"之象。又上六阴爻无实无应，是虚筐无血，即表不能祭祀之象。凡夫妇祭祀，承筐者女之事，取羊而实鼎者男之事也。上六居卦之终，阴爻无应，不成夫妇，则不能供祭祀，男旷女怨，归之不成，娶之无所，人伦废、后嗣绝，将何利之有？故曰"无攸利"也。

石崇、何曾、王衍之富贵，不尚儒家修齐治平之大道，卒身亡家灭，祖先祭祀断绝，是"承虚筐""无攸利"者也。

丰

雷火丰

卦体	下卦离	上卦震
卦象	为火	为雷
卦德	为明	为动

错卦	反卦	下互卦	上互卦	消息卦	附注
风水涣	火山旅	巽卦	兑卦	六月大夫卦	

《序卦》曰："得其所归者必大，故受之以丰。丰者，大也。"得天下所有人物之归往，则丰盛伟大矣，因此丰卦继归妹之后为第五十五卦。

丰①：亨。王假②之，勿忧③，宜日中④。

【音注】①丰：丰盛广大。《说文》云："丰，豆之丰满者也。""豆，古食肉器也。"段玉裁云："谓豆之大者也，引申之，凡大皆曰丰。" ②假：至也，大也。 ③勿忧：王者虽至于盛大、亨通，然盛极必衰，丰大必旅，能先为之计虑防备，方保无忧。 ④宜日中：宜者，应当也，当如日之正中，常保其盛明之威势，方能持盈保泰。

【义译】丰卦，能够丰盛广大，所以能够成功。王者统一天下，完成内圣外王之业，应该至此丰盛伟大的地步，而止于至善尽美，拥有巨大的德望、权势和财富，以及无数人民的归往，是丰盛伟大至极了。然而盛极必衰，丰大必亡，这是值得深忧的。要达到不必忧虑的地步，必先为之备。要永远保此丰盛伟大之业，就应当像日正当中，普照大地，德威盛大，无所不至。凡人皆能分享丰盛伟大的成果，如此守常以持盈保泰，方能永享，否则失败衰微就将要到了。

【象证】丰卦，上震为雷、为动，下离为火、为明、为电、为丽，明而动，动而益加盛明，如雷之盛大，如电火之丰美，故能成丰盛伟大。离为"南方之卦也。圣人南面而听天下，向明而治，盖取诸此也"（《说卦》），故为圣王。震为行动、为至，四、五变正成既济定，故"勿忧"。离为日，六五变正，大中至正，故"宜日中"。凡天下之事，忧患戒惕则易成功，成功而骄奢自至。天下大势，至丰而失之，丰者忧危之卦，一叶之蔽目，不见泰岱矣！肘腋之下，柔暗之蔽，百炼之刚且化为绕指之柔，可不慎哉！

夏桀、商纣、周幽、隋炀、唐玄、清乾隆皆由丰盛伟大至极，或变衰微，或竟灭亡，皆由于不知"丰：亨。王假之，勿忧，宜日中"之戒使然也。

《彖》曰：丰，大也，明以动，故丰。"王假之"，尚大也；"勿忧，宜日中"，宜照天下也。日中则昃①，月盈②则食③，天地盈虚，与时消息④，而况于人乎？况于鬼神乎？

【音注】①昃：侧也，偏侧，太阳过了中午就渐渐西沉。 ②盈：满也，百分之百。 ③食：蚀也，侵蚀，侵剥，日月之光被遮蔽。 ④与时消息：消者，减少也，失散也，从百分之百至零的过程。息者，生长也，增加也，从零至百分之百的过程。与时消息，即随时间而消长变化。

【义译】《彖辞》说，丰是丰盛广大的意思。下卦是离，离为明，上卦是震，震为动，英明地去行动，所以能至丰大。圣明的王者至此丰盛伟大的地步，应该保持这个盛大的德威形势。"勿忧，宜日中"，是说应该照彻天下，泽被生民，以持盈保丰。大凡日正当中，就会有偏斜之时；月亮盈满，就会有渐渐消蚀的现象。此乃天地间必然的道理。举凡天地间万事万物的成败、盛衰、盈虚，都是随时而增灭消长的，更何况是人呢？何况是鬼神呢？

【象证】震为雷、为动，离为明、为大，"明以动"故丰盛伟大，离为王者南面所取。三、四乾象半见，乾为君王，震为行、为至、为假，二至五互体坎似有忧，四、五变正，成既济定位，故"勿忧"。离为日，既济互体二离日，乾为日，故"宜照天下"。上互兑为西，为毁折，坎为月，故"日中则昃，月盈则食（蚀）"。五、上坤象半见，坤为地、为阴，乾天为神，离日在东，坎月在西（先天八卦），随时消长。离日出震东，盛于南方离，消于坤西南，灭于兑西，而坎月起而代之，出震盛离没坤沉兑（后天八卦），天地鬼神与人皆此"盈虚，与时消息"也。

孔子与弟子观桓公宗庙神器宥卮，"虚则欹，中则正，满则覆"（《荀子·宥坐》）。喟然叹曰："物盛而衰，乐极则悲，日中而移，月盈而亏。"（《淮南子·道应训》）故"高而能下，满而能虚，富而能俭，贵而能卑，智而能愚，勇而能怯，辩而能讷，博而能浅，明而能暗；是谓损而不极，能行此道，唯至德者及之。《易》曰：'不损而益之，故损；自损而终，故益'"（《说苑·敬慎》）。服此道者则无大患，反之未尝不危也，保丰不败之道在此。

昔蒙元帝国之盛，威镇欧亚大陆，可谓丰大至极也，传四代而窝阔台、钦察、伊儿、察合台诸汗国分裂，如日之偏昃，月之亏蚀，而不知"勿忧，宜日中"。在中国，元百年而灭于明，在欧洲，蒙古统治俄国二百四十余年亦被消灭。盛极必衰，此天地万物盈虚消长之理，斯圣人戒"丰"之"宜日中"，以保大守成，方不忧其败也。

《象》曰：雷电皆至，丰。君子以折狱①致刑②。

【音注】①折狱：折，断也，判决也。狱，指诉讼言。折狱，即判决诉讼案件。②致刑：致，用也，执行也。致刑，执行刑罚。

【义译】《象辞》说，上雷下电同时来临，气势盛大，这是丰卦的现象。君子体察此现象，而效法它，就像闪电般明察以判决诉讼，像迅雷一般快速威严以执行刑罚。务使狱情尽明，无枉无纵，刑罚严正适中。

【象证】丰卦，上震为雷，下离为火、为电，故曰"雷电皆至"，乃取其威照并行之象。上卦下卦互易成噬嗑，"利用狱"，以明罚敕法。二至五互体坎卦，坎为狱、为法，互兑为毁折，震为行、为致，故"折狱致刑"。

宋之包拯，被呼为青天，至今不朽。法官、调查、情治诸官，若以正则国家治安，己身及子孙富贵不绝，如舜之罪四凶，周公之诛管、蔡是也；不以正则身短寿而子孙贫夭。可不慎欤？

初九：遇其配主①，虽旬②无咎，往有尚。
《象》曰："虽旬无咎"，过旬灾也。

【音注】①配主：配，是嘉耦、正配的意思。配主，是配合的主人、上级、夫君、国王。"四"是"初"的应与，匹配，即是初的主人、上级、君主。 ②旬：古时以十干记日，由甲到癸十日满一旬，又重新由甲计起。

【义译】初九，以阳刚得正，在大丰盛之时，居士农工商之位，能够遇到可以提拔配合自己的主人、上级、君王，虽然经过了十天长久的日子，也不会有灾难。因为前往会受到他的提拔重用，是值得前往的，是可以拥有光明的前途的。

《象辞》说，虽然满十日，不会有灾难，但过了十日，由满转为亏，迁延岁月终无一成，就会有灾难了。

【象证】震为行、为遇，九四居诸侯之位。震为诸侯、为主，而"帝出乎震"（《说卦》）。初位与四对应，故四为初之配主，故曰"遇其配主"。下离为日，互体坎为月，日往月来，上互兑为悦，故"虽旬无咎"。互体坎为多眚，二至五互体大过，故"过旬灾也"。以初九阳刚居离明之时，遇九四阳刚雷动之诸侯，相资为用，以开丰大的局面，所以往有喜尚者也。至若过时不遇，或得遇而为阴邪所陷，终至潦倒穷途，国家以危，是过时之灾者也。

昔苏秦初游说秦惠王，上书十次而不遇，旅费用尽，潦倒而归，为家人所轻贱，是不遇配主，"过旬灾也"。后得《太公》《阴符》，发奋勤读，游说赵、魏、燕、韩、齐、楚，封为六国相，是得遇配主，往有嘉尚者也。

六二：丰其蔀①**，日中见斗，往得疑疾，有孚发若，吉。**
《象》曰："有孚发若"，信以发志也。

【音注】①蔀（bù）："覆暧，障光明之物也。"（王弼）即因障蔽（云）遂使日被遮住。

【义译】六二，以柔居阴，得正得中，在丰盛之时，以离卦文明之资，在大夫之位，应于六五柔中之君，本来大有可为，但隔于九三、九四，蔽于上六，六五之君又不得正位，又在丰大必旅、盛极将衰之时刻，以致本身的才德与功名，为柔暗的小人所掩蔽，就像因为有丰大其障蔽的云层，虽在日正当中的光明丰盛时刻，也不见日光而只见北斗七星一样，真是黑暗至极。群奸小人得志，黑暗如此，在其上者又昏暗无知，这时如果前往追随这样的君主，反而会被猜疑，而生忌害。此时唯积其诚信以感发之，则结果吉祥。所以《象辞》上说："有孚发若"，是说用诚信感发他的心志。

【象证】下互巽为木，二至五互体坎，坎为水、为云、为陷阱、为丛棘，故"丰其蔀"。坎为北，二、三艮象半见，艮为小石、为星、为七，又上互兑居西，后天七数，离为目、为见、为日，故日中见北斗七星。坎为加忧、为心病，震为往，故"往得疑疾"。坎为心、为信，离为火、为明、为发，故"有孚发若，吉"，信志也。

昔纣杀鬼侯、鄂侯，文王喟然而叹，崇侯虎谮文王，故文王被囚于羑里，是"丰其蔀，日中见斗，往得疑疾"者也。后闳夭、散宜生等进珠宝、骏马、美女献纣，而文王在狱中，亦诚信不欺，故终得释回，而以三分天下有其二以服事殷。《诗经》与孔子皆美其盛德，是"有孚发若，吉"者也。昔西汉邹阳事梁孝王，为羊胜、公孙诡所陷而囚于狱中，是"丰其蔀，日中见斗，往得疑疾"者也。后上书自白，其书悲歌慷慨，英伟卓越，而发其诚信，终得释而为梁孝王重用。

九三：丰其沛①**，日中见沫**②**，折其右肱**③**，无咎。**
《象》曰："丰其沛"，不可大事也；"折其右肱"，终不可用也。

【音注】①沛：本或作"旆"，乃幡幔所以御盛光也，其蔽盛于蔀矣。 ②沫（mèi）：古同"昧"，昏暗；或"小星也"（虞翻）。 ③肱（gōng）：臂肘到肩，喻得力的助手。

【义译】九三，得正以三公之位而与昏暗的上六相应，当丰卦盛极必衰之时，群奸当政，黑暗至极，九三刚明得正之才被遮蔽，未克有为，就像天上有极大的幔幕乌云掩蔽太阳，虽正午仅见微光的小星而已；这时若有所为，将大有损伤，比如说折断其右膀臂；如能够明哲保身，或杀身成仁，就没有灾咎了。

《象辞》说，"丰其沛"，是不可以做大事。"折其右肱"，是说终不可以展鹏才为世所用。

【象证】二至五互体坎卦，坎为水、为云，双坎互体，故"丰其沛"。离为见、为日，艮为小星、为沫，故曰"日中见沫"。艮为手，互兑为毁折、为右，故"折其右肱"。互体大过之"栋桡凶"，故不可以做大事，终不可用也。

昔岳飞转战南北，收复朱仙镇，正欲光复燕云，直捣黄龙，而为秦桧所忌，一日之内被连下十二金牌，父子同死，是从丰功伟绩中，反为群奸所陷，而"日中见沫"，杀身以成仁者也。韩世忠闻之立即请退休，得明哲保身以无咎者也。袁崇焕打败努尔哈赤，致其死，努尔哈赤之子皇太极反间，崇焕为奸臣所陷，为明思宗所杀。是"丰其沛"之危，不可以大事之戒，为人之君臣者宜有以自警，方不致亡国败家也。

九四：丰其蔀，日中见斗。遇其夷主①，吉。
《象》曰："丰其蔀"，位不当也；"日中见斗"，幽不明也；"遇其夷主"，吉行也。

【音注】①夷主：夷，平也，常也，伤也。先儒以初九为九四之夷主，皆阳刚相对应也。稽考《易》义，夷主当指六五之君，当丰之时，不能不丰，而六五之君为上六所蔽，失其丰盛光明，故为夷主。九四变成明夷，夷者伤也，犹言光明所伤害之君也。身心受蒙蔽之暗君也。初九士农工商之位，不堪称王。

【义译】九四，当丰盛之时，居诸侯之位，本当大有可为，然以阳居阴失位，为上六所蒙蔽，未克施展，故有丰大其障蔽日光的云层蔀幔，以至于日正当中，不见其日，只见北斗七星，黑暗至极的现象。然以阳刚之诸侯，当丰盛之时，终能挽救国家之危，故在黑暗之中，遇到了受黑暗蒙蔽的君主，君臣同心，反暗为明，缔造丰盛广大之事业，这是吉利的。

《象辞》说，"丰其蔀"，是说以阳居阴位置不适当。"日中见斗"，是说在黑暗不光明的时代。"遇其夷主"，是说可以君臣同心，同挽危亡，而向吉庆之路前进。

【象证】"丰其蔀，日中见斗"其象已具六二。震为行，九四诸侯，六五天子皆失位，阴阳相比，故"遇其夷主"；四变正成明夷卦，黑暗至极，亦"遇其夷主"之象也。君臣同心，反暗为明，去上六之贪鄙黑暗，造丰大之业，故"吉行也"。

昔唐玄宗时代，可谓丰盛至极矣，李林甫、杨国忠相继为相，以妒贤害能，玄宗困于声色而不知危亡，可谓"丰其蔀，日中见斗"矣。安史之乱，玄宗逃亡四川，唐肃宗、郭子仪等平定安史之乱后，接玄宗回长安，是"'遇其夷主'，吉行也"。

六五：来①章②，有庆誉，吉。
《象》曰：六五之"吉"，"有庆"也。
【音注】①来：招来。 ②章：是文采，美丽的花纹，在此当美德讲。
【义译】六五，以阴居阳，失位不正而在君位，居丰盛之时，受蒙蔽于上六之小人；本是昏暗的君王，然而居外卦之中，如能以柔中之德，招六二、九三、九四有美德的贤士前来辅助，就能去暗为明，去上六之小人而造丰盛之业，就会得到喜庆荣誉和吉祥。

《象辞》说，"六五之吉"，是说柔顺在中，招来群贤，共造丰盛之业，所以有吉庆的意思。

【象证】下卦离为文明、为美丽，震为来，故曰"来章"。五、上坤象半见，坤为庆，互兑为喜悦，故"有庆誉，吉"。唐肃宗遭安史之乱陷于危亡之中，而招来郭子仪、李光弼等贤德之文武大臣相辅，终能去暗为明，中兴大唐江山，是"来章，有庆誉，吉"者也。

上六，丰其屋，蔀其家，窥①其户，阒②其无人，三岁不觌③，凶。
《象》曰："丰其屋"，天际翔也；"窥其户，阒其无人"，自藏④也。
【音注】①窥：窥视。 ②阒（qù）：寂静。 ③觌：见也。 ④藏：应为"戕"之假借，伤残；"众家作'戕'，马（融）、王肃云：'残也。'"（《释文》）若以本义解则"避藏"亦可通。
【义译】上六，居丰盛之极，在宗庙之位，处国君之上，因而蒙蔽国君，宰割政权，初时显赫，是以其屋丰大完美。但盛极将衰，邪恶不长，其家已蒙着一片阴云蔀幔，失败已来临。窥看他的门户，则寂静而没有人，一直到三年之久，也没有看到一个人影。像这样家破人亡，当然凶险。

《象辞》说，"丰其屋"，是说得意非凡，犹如翱翔于天际。"窥其户，阒其无人",是自己不由正道,以致家破人亡,自己伤残自己呀!

【象证】三至上互体雷天大壮,有上栋下宇以避风雨之象。初至四互体风火家人,而二至五互体泽风大过之"栋桡"之象,故有"丰其屋,蔀其家"之象。兑为毁折,艮为山、为止、为门户,二、三艮象半见,下离为目、为见、为三,故"窥其户,阒其无人,三岁不觌(见)"也。三、四乾象半见,乾为天,巽为风、为舞,故"天际翔也"。离为干戈,兑为毁折,故自伤残也。

历史上当国之权奸有如此象,唐之卢杞、杨国忠,宋之秦桧,明之严嵩、魏忠贤、刘瑾,清之和珅是也。在其当国之时,处丰大之势,日与僚属相处,所见皆美轮美奂,声色货利,所闻皆圣功圣德,歌颂之辞,以蒙蔽君王,往往不顾民间疾苦,得意于一时,必终致失意,遭唾骂于千秋也。

旅

火山旅

卦体	下卦艮	上卦离
卦象	为山	为火
卦德	为止	为明

错卦	反卦	下互卦	上互卦	消息卦	附注
水泽节	雷火丰	巽卦	兑卦	三、四月侯卦	

艮山在内而离火在外，火在山上，行而不居，一山烧过一山，如旅行羁旅在外，一站过了一站，一国过了一国，故有旅象。山止而不动如旅馆，火动而不止为旅客，故曰"旅"。丰大而必旅，故《序卦》曰："穷大者必失其居，故受之以旅。"

旅①：小亨，旅贞吉。

【音注】①旅：旅行，羁旅的意思。

【义译】旅卦，旅行在外，人地生疏，凡事不可大意，要处处谨慎小心，方能小得亨通；旅行在外更宜坚守正道，方能获吉。

【象证】旅卦，上卦为火、为光明，故有亨通象。下卦为山、为止，故止于"小亨"而已。二至五互体大过之"栋桡"，故宜"贞"，乃得"吉"。二至上互体鼎，元吉。旅途亲寡，势涣情疏，纵有亨游乐之事，亦必微小，出外一时难也，其所以能亨者，以正也。盖道无往而不在，理无微而可忽。旅途之间能守此正，则"吉"而得"小亨"矣。

昔孔子自谓东西南北之人，历游诸侯，独守此正，温良恭俭让，是以"旅：小亨"者也；忠恕仁义，正而不污，是"旅贞吉"者也。孟子历游齐梁，亦得此道。

《象》曰："旅：小亨"，柔得中乎外而顺乎刚，止而丽乎明，是以"小亨，旅贞吉"也。旅之时义大矣哉。

【义译】《象辞》说，旅卦是小有亨通的。旅行在外，能够以柔顺得中之精神，一顺百顺，允执厥中地去顺应于刚强的环境；能够知止而不动其心，又能附丽于光明、英明之道：所以说是小有亨通。在旅之时而能守正，就能获吉。羁旅旅行在外的时候，其意义是很重大的。

【象证】旅卦，六五以柔得中而居外卦，故曰"柔得中乎外"。下艮为少男、为阳、为刚，柔中在外而下顺阳刚，一顺百顺，允执厥中，顺应阳刚，此旅所以能"小亨"者一也。艮为止，离为丽、为明，能知止而不动其心，又能附丽于光明之前途、英明之人，此旅所以能"小亨"者二也。又能坚守正道，互体鼎卦元吉亨，守正则鼎食元吉亨，此旅之所以"吉"者也。

在家千日好，出门一日难，但与其常困穷庐，不如外出创业，志在四方。旅之时须柔中顺刚，止而明，正而不污，则亨通吉利在望，此旅之时义所以大也。昔夏少康遭后羿、寒浞之乱，受困于窦，逃亡在外，因有虞氏，能柔中顺刚，止而丽明，有田一成，而中兴夏朝。

《象》曰：山上有火，旅，君子以明慎用刑，而不留狱。

【义译】《象辞》说，山的上面有火，这是旅卦的现象，君子效法它，即明智谨慎地去使用刑罚，而不滞留一切诉讼的狱案。

【象证】离火在艮山之上，火势燃烧一山过一山而不停留，有如旅行之人一地过一地。山岳屹立不移，有如宿客的馆舍，山上有火，所以名为旅卦。三、四乾半象，乾为君子，离为明，互兑为毁折、为用刑，二至五互双坎为穴、为狱，互体泽山咸，咸速也，故"不留狱"。"山上有火"，照明之象。罪人入狱，亦"旅"之象也。君子知明之未可尽恃，而慎于用刑。知罪人之未可久滞，而不便留狱。斯则善于用明，不留狱讼者也。

君子审理刑狱，要谨慎得像山那样稳重，像火那样光明照耀燃烧不停，不可稍有枉纵或稽留不决。此包拯所以千古卓绝而民呼之为青天者也。张鸿绪云："昔辛公义为并州刺史，下车露坐验问十余日，决遣咸尽，还领新讼，事皆立决；有未竟，不轻还阁。或谓'何自苦？'曰：'公义无德，不能使民无讼，岂可禁人在狱，而安寝于家乎？'讼者闻之，多两让而止。亦卓哉伟矣！"

初六：旅琐琐①**，斯其所取灾。**

《象》曰："旅琐琐"，志穷灾也。

【音注】①琐琐：细屑猥鄙状。

【义译】初六，以阴居阳位不正，以士农工商，当旅之初始，位又居下，而斤斤计较细小猥鄙之事，以此而至旅的处所，必获致灾害。

《象辞》说，"旅琐琐"，是说志气困穷而受灾害。

【象证】初六，以阴居阳失位，不得其正，下艮为小石，互巽为多白眼、为进退不果，故"旅琐琐"。艮为门阙、为处所，反震为行，四五亦震象半见，二至五互体坎为灾眚，故"斯其所取灾"。坎为志，艮为小，故"志穷灾也"。

昔管仲与鲍叔共经商，管仲家贫多取，鲍叔非特不计较，反多与之，且推荐其于齐桓公，而使天下受其惠。

六二：旅即①**次**②**，怀其资**③**，得童仆**④**贞。**

《象》曰："得童仆贞"，终无尤也。

【音注】①即：就也，往也。　②次：旅舍。　③资：货财。　④童仆：佣人。强壮曰仆，柔少曰童。

【义译】六二，以大夫而得阴阳之正位，处内卦之中，当旅行羁旅之时，已行而至旅舍，得其安顿之处所，有柔中之才，又怀着很多的资财，又得到忠贞之童仆，是以旅行已得到安顿吉祥了。

《象辞》说，旅行在外而得到忠贞的童仆，终是没有灾尤的。

【象证】艮为门阙、为屋庐，是"旅即次"之象。互巽近利市三倍，艮为手，故"怀其资"。艮为少男、为童仆、为获，又得正位，初至五互体咸卦感应，故"得童仆贞"。不在坎灾眚之位，故"终无尤也"。

昔晋重耳出亡之时，有赵衰、狐偃、魏犨、介之推等文武贤才忠贞辅佐，而本身又柔中多才，礼贤下士，故能归晋国而霸天下。是《象辞》所谓"柔得中乎外而顺乎刚，止而丽乎明，是以'小亨，旅贞吉'"者也。盖即次则安，有文武之才、货财之资则裕，得童仆之忠贞，则多助而吉。

九三：旅焚其次，丧①其童仆，贞，厉。

《象》曰："旅焚其次"，亦以伤矣；以旅与下②，其义丧也。

【音注】①丧：失去。　②与下：凌下。

【义译】九三，以阳刚居阳，得正，而在三公之位，当羁旅之时，以富贵凌人过于刚强，所以有旅行时旅舍被焚烧，而丧失了他的童仆的象征，这是虽然得正也很危厉的。

《象辞》说，"旅焚其次"也是很悲伤的；在旅行之时，以过度的刚猛对待下人的话，在义理上会遭丧失之灾。

【象证】九三，以阳居阳，在艮阳之极，过度刚强，又密接上卦离火，艮为屋次舍，故"旅焚其次"。互兑为毁折，艮为童仆，故"丧其童仆"。二至五互双坎，已交坎体灾眚，故虽"贞"亦"厉"。坎为心，兑为毁折，故"亦以伤矣"。艮为少男、童仆，九三以三公刚猛待下，坎为水平、为理，乾为义，兑为毁折，故"其义丧也"。旅以柔顺为吉，而九三刚暴又近于离火，故有焚次之象。且以刚居刚，过刚则暴，暴则失其童仆相从之心，而至于凌下致丧，若长此刚愎使性，终惹火焚身，那是很危厉的。

昔项羽刚而非柔，得韩信、陈平而不能用，是"丧其童仆"，而致凶咎者也，亦不合旅之时义而凶者也。很多贵族败落无法振兴，原因在此。

九四：旅于处，得其资斧①，我心不快。
《象》曰："旅于处"，未得位也；"得其资斧"，心未快也。

【音注】①资斧：资财所以济用，斧头所以防身。

【义译】九四，以阳刚居阴，居诸侯之位而不得其正。当旅卦羁旅之时，处而未得安宁，虽然得到资财之助，斧头之防，但其心并不快乐。

《象辞》说，"旅于处"，是因为未得正位。因此虽得资财斧斤资用防身之工具，心里也不快乐。

【象证】下艮为山、为陆地，四、五震象半见，震为动、为行，四在艮山之上，故"旅于处"。处者，原野山林，非旅馆居屋之处所也，故未得安宁之地。艮为手、为获，二至四互巽为近利市三倍，上卦离为干戈、为武器、为斧，故"得其资斧"。二至五中四爻互体坎卦，坎为心、为加忧、为危险，故"我心不快"。以阳居阴失位，以诸侯而旅居原野之处，故"未得位也"。未得安居，虽得资斧，亦"心未快也"。

昔商鞅相秦孝公，立富强之基，用严刑峻法，不以仁义治国。孝公死，秦惠王立，而捕杀商鞅。鞅逃至旅馆，旅馆皆以鞅无证件不敢留之。商鞅虽得资斧亦无用，被车裂而死，为法自毙。王安石变法失败，封于江宁，虽得资斧，怏怏以亡。盖客居虽好，未若家居平安也。

六五：射雉①，一矢亡，终以誉②命。
《象》曰："终以誉命"，上逮③也。

【音注】①雉：似鸡而小，羽毛光彩美丽，野生帝雉尤其美丽闲雅。 ②誉：令闻。 ③逮：及也，引申为与。

【义译】六五，以柔中之才，居阳刚之位，以天子之尊而处羁旅之地，不以天下为事，而唯射雉为乐，虽暂得乐于一时，旋亡其箭，失意跟着而来，幸柔顺得中，文明而知止，所以终于得有荣誉美名，保其天命。

《象辞》说，"终以誉命"，是上天所给予的。

【象证】坎为弓轮、为矢，离为干戈、为雉，下艮为手，故有"射雉"之象。乾为天、为一，六五失位，变正成乾，今在离中互兑为毁折，故"一矢亡"。下艮为终，乾为天、为善、为誉，巽为命，故"终以誉命"。乾为上天、为施、为"上逵"也。

昔周穆王不以天下为事，日以逸乐遍游天下，以八骏马行万里。诸侯无从禀政，大部分归附徐偃王。幸徐偃王以笃行仁义为事，不事武备，而周家天命未改，故穆王仍保有江山，是"一矢亡，终以誉命"。其后幽王宴乐，乱举烽火，而西周沦亡，是"一矢亡"矣。从来游乐误国，有天下者当以为戒。

上九：鸟焚其巢①**，旅人先笑后号咷**②**，丧牛于易**③**，凶。**
《象》曰：以旅在上，其义焚也；"丧牛于易"，终莫之闻也。

【音注】①巢：鸟居。　②咷：扬声大哭。　③易：埸也，田畔疆界之处。

【义译】上九，以阳刚居阴柔，失位不正，而高居宗庙隐士之地，在天子之上，当旅卦羁旅之时，高亢过甚，无所容身，犹如鸟巢已焚烧，鸟无归处。旅人先则有旅游天下的欢笑，后则有号啕大哭，无所容处的悲哀；又如耕田的农夫，在疆界上失其耕田之主力牛，则何以耕田而得生？凶害随着来了。

《象辞》说，于客旅之时，而高傲在上，于道理上会有居处焚烧、无处容身之象；"丧牛于易"，损失了他的资财、本钱，是说终于莫有人知闻其事，而白白损失。

【象证】离为鸟、为火、为科上槁，上九最居于旅上，上卦为离，故有"鸟焚其巢"之象。上九不得位，变震，又四、五震象半见。震为先，互兑为悦、为笑，巽为风、为后、为号咷，故"旅人先笑后号咷"。上卦离，六五坤爻，坤为子母牛，兑为毁折、为丧，艮为山、为径路、为埸，故"丧牛于易"。离为目，坎为耳，坎象不见，故"终莫之闻也"。上九高居天子之上，倨傲不顺，刚阳过强，不知止，不英明，不得正道，是以终有丧其资财屋舍，而无处容身之凶咎。

如昔后汉之时，帝王皆短寿。帝王幼小时，母后与外戚专权；帝王长大时，宦官把政。终东汉之世，外戚与宦官皆时相争权互斗，以致天下大乱，其最后何进欲招董卓杀十常侍宦官，反为宦官所杀。后董卓、曹操相继窃权，东汉以之而亡。而外戚、宦官皆遭"鸟焚其巢""牛丧于易"，生命危亡之凶咎。虽以西汉霍光之贤，功勋之高，为宣帝岳父之贵，尚遭宣帝诛灭其家之凶，足见高亢之位之凶。

巽

巽为风

卦体	下卦巽	上卦巽
卦象	为风	为风
卦德	为入	为入

错卦	反卦	下互卦	上互卦	消息卦	附注
震为雷	兑为泽	兑卦	离卦	七、八月侯卦	

二阴伏于四阳之下，能恭敬巽顺于阳刚，故名为"巽"。其象为风，风无孔不入，恭敬巽顺，亦能广受容入。《序卦》曰："旅而无所容，故受之以巽。"为《易经》第五十七卦。

巽①：小亨，利有攸往，利见大人。

【音注】①巽：入也，恭顺也。

【义译】巽能恭敬逊顺而入，所以小有成功，这种恭敬逊顺、一顺百顺的谦逊精神，有利于前往，去奋斗，去迈向他光明的前程，也利于前往晋见伟大的人物。

【象证】上下皆巽，巽二阳一阴，阴柔居内卦下，能顺巽于阳刚，故为恭逊卑顺之义。巽为风、为入，风行无所不入，能自恭敬巽顺者，亦无所不容。初至四互体坎象，坎为通，阳大阴小，巽长女，为阴、为小，故"小亨"。一顺百顺，不为违逆，君唱臣和，教令可亨，能逊顺谦卑，恭俭庄敬，则刚健中正，方能大亨。今唯卑逊不以礼节之，则所通非大，故"小亨"而已。然巽顺以行，物不违拒，故曰"利有攸往"。巽为利、坎为通，三、四震半象，震为行、为往，亦"利有攸往"之象也。乾为大人，九五阳刚中正，为大人象，互离为见，故"利见大人"。谦卑、恭敬、逊顺以见大人，大人无有不被感动者。

昔刘备以恭敬顺逊得天下，故所至之处，人不分男女老幼，职不分文武贤否，皆欢迎之，其所往之处，公孙瓒、陶谦、曹操、袁绍、刘表无不欢迎之。能尊礼徐庶、水镜先生，三顾茅庐以拜谒诸葛孔明，终得鼎足三分，是善用巽卦而得"小亨，利有攸往，利见大人"者也。商汤、文王以巽逊恭敬尊礼伊尹、太公，伊尹、太公以恭逊利见商汤、文王，皆得巽卦巽逊"利见大人"之义而成大功者也。

《彖》曰：重巽①以申②命，刚巽乎中正而志行，柔皆顺乎刚，是以"小亨，利有攸往，利见大人"。

【音注】①重巽：重，复叠，再。重巽，即上下皆巽。 ②申：申述。

【义译】《彖辞》说，上下都是巽逊，一再卑恭逊顺，三令五申叮咛其命，阳刚的君子上级本着巽顺恭逊而大中至正之位，就能实行他的心志，柔顺的臣下又都能巽顺地去顺阳刚，所以能得到小成，利于有所前往去奋斗，利于前往去见伟大的人物。

【象证】巽为风、为命令，上下皆巽故"重巽以申命"。九五居外卦之中，阳刚得正，互体双坎，坎为志，旁通震为行，故曰"刚巽乎中正而志行"。初六、六四为柔皆坤爻，皆在阳刚之下，故皆"顺乎刚"。叮咛重复以申命令，无处不入，诏令之入人心，能如风之动物也，则政功成而民心动矣。

唐德宗时陆贽从狩奉天，所下制书，日以百计，虽武夫悍卒，无不感动流涕，是申命之系于人君大矣。昔启伐有扈有《甘誓》，胤伐义和有《胤誓》，汤伐夏有《汤誓》，武王伐纣时亦制《泰誓》《牧誓》，三令五申告其民，告其敌，以伸张正义，故天下皆听受之而成政功。

《象》曰：随①风巽，君子以申命行事。

【音注】①随：跟随，追随。

【义译】《象辞》说，前巽风去，而后又有巽风随之而来，这是巽卦的象征。君子体察此现象，即一再晓谕申述其政命，然后去执行实践他的事功。

【象证】巽，入也。巽之为巽，上下顺从之象。风之所入，物无不顺，上下皆巽风，两风相随而行，故曰"随风巽"也。巽为命令，重巽故"申命"。旁通震为行事，贵其必从，故曰"行事"。君子顺人心、申政令、行政事。上苟能顺下，下必随之，风行草偃，有王者风教天下之意焉。故君子象此，申其命令，行其政教之事。

昔孔子之教导学生，文、武、周公、成王、康王之晓谕臣民皆以此，盖晓谕于行事之先，而践言于申命之后也。

初六：进退，利武人之贞。

《象》曰："进退"，志疑①也；"利武人②之贞"，志治也。

【音注】①疑：怀疑，不相信，犹疑不决。 ②武人：刚毅果决之人。

【义译】初六，以阴居阳，不得其正，当士农工商之位，在顺逊谦卑之时，有进退不决的样子，这样犹疑不决，是不能成功的。其利在像武人一样刚毅果决，去努力创业，而守着正道，方能成功。

《象辞》说，"进退"，是心志有怀疑不决的关系；"利武人之贞"，是说如武人一样，心志刚勇、坚毅、果决，治而不乱的意思。

【象证】巽为风、为进退不果，初失位变正，为乾、为刚健、为武人、为君子，巽为利，故"进退，利武人之贞"。初至四互体二坎象，坎为志、为心、为狐疑，变正则内卦成乾，乾为治，故"志治也"。如武人之果断威武以矫其柔懦，以申命行事，则弱转强，胆怯而转勇，事可行、志可治矣。

李愬拜裴度，韩信师广武，以谦恭柔逊之德，而御其刚强武勇之气，贞正不邪，武而不弱，则事功成矣。

九二：巽在床下，用史巫①纷②若③，吉，无咎。
《象》曰："纷若"之吉，得中也。

【音注】①史巫：史，谓祝史。巫，谓巫觋（代人祈祷者，女曰巫，男曰觋），皆以诚信通达神明者也。 ②纷：缤纷，繁忙，如落英缤纷。 ③若：语助词。

【义译】九二，以阳居阴，在大夫之位，而不得其正，当恭逊卑顺之时，不敢面对现实，而巽顺卑弱躲避在床下，过于卑弱则不能申命行事，当像史巫一样勤敏缤纷，诚信恭敬，则吉而无咎。

《象辞》说，"纷若"之吉，是说能得中道，允执厥中。

【象证】巽为木、为绳直、为工，在下卦，故曰"巽在床下"；且九二比初六阳在阴上，似有床，亦"巽在床下"之象也。二至四、五体兑，兑为巫，互体双坎，坎为劳、为水、为信，故"用史巫纷若"。在内卦之中，能尽心竭力，诚信恭敬，孜孜努力允执厥中，不过于卑弱，斯"吉"而"无咎"者也。

少女沈云英值胡贼攻郡，父兄县宰战殁，能鼓励全郡军民英勇作战，击退敌贼而保全一郡。郑成功值清兵入寇，父降君死，祭孔并投笔从戎，精忠报国，延民族正气与命脉。至若陈后主、李后主君臣，值敌来攻，或躲在井中，或不知所为，皆平时不诚信恭敬以治国，战时"巽在床下"以降敌，自取灭亡者也。

九三：频巽①吝。
《象》曰："频巽"之吝，志穷②也。

【音注】①频巽：频，屡次，频数。频巽，数巽。 ②志穷：其志穷屈。

【义译】九三，得三公之正，居巽卦恭巽卑顺之时，常常卑逊，常常如此，则无志节，这是卑吝的。

《象辞》说，"频巽"之吝，是因志穷之故。

【象证】九三，在下卦之上，上卦之下，上下皆巽故"频巽"。坎为志，初四坤爻，坤为吝、为阴、为穷，二、三变，则初至四互体二坤，故"志穷也"。荀爽曰："乘阳无据，为阴所乘，号令不行，故志穷也。"盖九三居两巽之间，一巽既尽，一巽复来，频巽之象也，故曰"频巽"。频巽，则频失可知矣。

北宋之君臣，对辽、夏割地送银；南宋秦桧主政，对金割地送财物；清末对外国割地赔款：皆频巽志穷吝，而国以亡者也。

六四：悔亡，田获三品①。

《象》曰："田获三品"，有功也。

【音注】①田获三品：一供宗庙俎豆，一颁徒御，一供宾客，言其所获之多，遍及上下。而"田获三品"，可以供神、奉君、待宾客。田，与"畋"通，田猎。

【义译】六四，以诸侯得阴阳之正位，当恭逊卑顺的时候，上承顺于九五之君，下和悦于九三、九二与初六，是可以安国家、去盗匪，建功立业而没有后悔的，犹如前往田猎，可以得到三品之物的丰收一样。

《象辞》说，"田获三品"，是说前往而可以有功。

【象证】互离为戈兵，震、艮半象皆见，震为行动，艮为手、为获，离为三，故曰"田获三品"。如昔卫青、霍去病、郭子仪等皆得其君之信任、部下之信服，终能克翦盗匪，安邦定国，而建立功业是也。

九五：贞吉，悔亡，无不利。无初有终。先庚①**三日，后庚三日，吉。**

《象》曰："九五"之吉，位正中也。

【音注】①庚：天干有十，甲乙丙丁戊己庚辛壬癸是也，先庚三日丁也，后庚三日癸也。庚有更改行事之意，丁则叮咛告诫，癸则揆度衡量，所以垂象示意也。

【义译】九五，以阳处中得正，居巽顺之时，当天子之位，是正而且吉，没有后悔、没有不利的。虽然有时在初始之时不好，但一定有善终。在申命行事有所改革更张之前，务在先庚三日即丁，再三叮咛，三令五申之；在申命行事有所改革更张之后，后庚三日即癸，亦须再三揆度衡量，观察其善恶是非适应与执行的情形。申命行事或改革更张，能这样去做，则吉利。

《象辞》说，"九五之吉"是因为其位既正而在外卦之中"大中至正"。

【象证】以阳居阳，居外卦之中，大中至正，故"贞吉，悔亡"，"位中正也"。上下皆巽，巽为近利市三倍，故"无不利"。巽逊卑顺以为君，故"无初"。三令五申，先庚后庚，互离为日，兑为悦，出令更改能一而再、再而三，殷勤地叮咛揆度，故"吉"而"有终"。

如周成王治民，先之以《召诰》《洛诰》的叮咛三令五申，后之以《多士》

《多方》之鼓励教诲。商盘庚之迁都，亦先之以上篇文告，后之以中篇、下篇文告之训诲鼓舞，皆得吉。若夫王安石之变法，无先三后三之序，采突变之式，故卿、士、大夫与民皆不习惯，不顺而败。

上九：巽在床下，丧其资斧①，贞凶。
《象》曰："巽在床下"，上穷也；"丧其资斧"，正乎凶也。

【音注】①资斧：资财武器，所以养生防卫者也。

【义译】上九，以阳处阴，不得其正，在宗庙隐士之位，当巽顺之极，是恭逊卑顺到了极点，胆子太小不敢面对现实，而逊弱地躲在床下，所以丧失了他的资财以及斧斤的卫护，虽得正也会获凶的。

《象辞》说，"巽在床下"，是说卑弱地处上，穷困至极之故；"丧其资斧"，是说如此卑弱，虽得正位也获凶。

【象证】巽为木，初、二与四、五艮象半见，似床，故二、上皆为"巽在床下"之象。巽为利益、为资财，互离为干戈、为斧，互兑为毁折，故"丧其资斧"。上九失位不正而卑逊至此，故虽正亦凶者矣。九二得中，能"用史巫纷若"。以大夫之位在下而卑，故虽"巽在床下"而"吉"。上九在上而高，处宗庙隐士高亢之位，而恭逊卑顺至极，隐士自高而卑逊如此，定"丧其资斧"而"凶"矣。

昔李斯忧惧蒙恬代其相位，惧失其爵禄，无道义之勇，有卑逊下贱之实，便顺从赵高废太子扶苏之邪谋，逢迎赵高与秦二世之嗜好、阿顺苟合、委屈求容，恭逊卑顺至极，而"巽在床下"，终为赵高所害，而身死、家亡、族灭，此"丧其资斧"而凶咎者也。

兑

兑为泽

卦体	下卦兑	上卦兑
卦象	为泽	为泽
卦德	为说	为说

错卦	反卦	下互卦	上互卦	消息卦	附注
艮为山	巽为风	离卦	巽卦	秋七、八、九月方伯卦	

《序卦》曰："巽者，入也。入而后说之，故受之以兑。兑者，说也。"说与"悦"音义同。能入、能适应，悦矣，能润泽万物亦所以为悦也，故巽卦之后为兑卦，即《易经》第五十八卦。

兑①：亨，利贞。

【音注】①兑（duì）：喜悦，和悦。为泽，为口。"酉，秀也……于《易》为兑，兑，悦也，物得备足，皆喜悦也。"（《释名·释天》）

【义译】兑卦，以和颜悦色，心悦诚服，喜悦的态度去处世接物，可以亨通成功，但必须守正方能得利。

【象证】兑，悦也，和也。为卦兑上兑下，二泽互丽相资，故有喜悦、和悦之象。能以和悦、喜悦以互丽相资，必能相益相成，而得亨通之道。兑有润泽万物之功，亦所以致亨者也。悦不以正则入于邪必败，故必利贞而后可。

《彖》曰：兑，说也。刚中①而柔外②，说以"利贞"，是以顺乎天而应乎人。说以先民③，民忘其劳④；说以犯难，民忘其死⑤。说之大，民劝⑥矣哉！

【音注】①刚中：九五、九二阳刚在外卦、内卦之中，故曰"刚中"。 ②柔外：六三、上六皆在九二、九五阳刚之外，故曰"柔外"。 ③说以先民：能以喜悦之政事先施于人民之上。 ④劳：劳苦。 ⑤忘其死：忘记死亡的危险。 ⑥劝：互相劝勉。

【义译】《彖辞》说，兑是喜悦的意思。能用"刚"，刚毅坚强，存天理之正气，去人欲之私情，以居中正，又能柔顺、一顺百顺地表现在外，以喜悦、和悦的态度，去利于守着正道，所以能和顺于天道，而应合于人心。做君王的人，如能以和悦的态度去施行政事，以身作则，先施于人民之上，则人民受感化而忘其劳苦；如能以喜悦、和悦的态度，去领导人民以安邦定国、剿除凶盗匪寇，而让人民去犯难冒险，人民也会忘记死亡的危险和痛苦，而致力于君国的事情。喜悦之理，推至极大，则人民就会互相劝勉了。

【象证】兑卦，二、五皆阳刚，故云"刚中"。上下皆一阴在外，故曰"柔外"。初、二与四、五乾半象，乾为刚、为天；三、上坤爻，坤为顺、为民；三至上互体双坎，坎为劳、为心、为陷、为难；兑为悦；二、三与五、上震半象，震为先，坤为死，乾为天、为大、为劝。以逸道使民，虽劳不倦，以生道杀人，虽死不怨。劳不倦、死不怨，必其先有以悦其心也。昔越王勾践、范蠡、文种、西施君臣，为救越国虽劳其心身而不怨。又如古代许多勇猛将帅义士为国牺牲，亦死而无怨。

能悦其心，则所欲有甚于生，故杀身成仁、舍生取义在所不辞也。此悦道之大，故云"民劝矣哉"。夫劝民正所以教民也。盖好逸恶劳，人之情也，今忘去劳死者，以圣人劳我正所以逸我，死我正所以生我也，是悦而自劝也，亦圣人之善教其民有以致之也。苟或平时无以教之，而欲临事有以劝之，则国亡不救矣。

《象》曰：丽①泽，兑。君子以朋友讲习。

【音注】①丽："偶也。"（《玉篇》）又谓"旅行也，鹿之性，见食急则必旅行"（《说文》）。引申有俪偶之意。如《周礼·夏官·校人》之"丽马一圉"，郑玄云：两马也。

【义译】《象辞》说，上下两泽互相附丽对偶，这是兑卦的象征。君子体察此现象，则以朋友相互讨论讲说，传习研究。

【象证】上下皆兑，两兑相连相偶，故曰"丽泽，兑"。初、二、四、五，乾半象，乾为君子，两兑相连，"朋友"象也。兑为少女，互离为中女，巽为长女，亦朋友相友象也。兑为口、为讲说，三至上互体双坎，习坎为习象，故"朋友讲习"。虞翻曰："君子大壮乾也，阳息见兑，学以聚之，问以辨之。兑二阳同类为朋，伏艮为友，坎为习，震为讲，兑两口对，故朋友讲习也。"

子曰："学而时习之，不亦说乎！有朋自远方来，不亦乐乎！"（《论语·学而》）又曰："德之不修，学之不讲，闻义不能徙，不善不能改，是吾忧也。"（《论语·述而》）《诗经》云："相彼鸟矣，犹求友声，矧伊人矣，不求友生。"（《小雅·伐木》）曾子曰："君子以文会友，以友辅仁。"（《论语·颜渊》）蔡邕："闻之前训曰：'君子以朋友讲习。'而正人无有淫朋，是以古之交者，其义敦以正，其誓信以固，逮夫周德始衰，颂声既寝，《伐木》有鸟鸣之刺，《谷风》有弃予之怨，其所由来，政之缺也。"（《正交论》）

孔子七十二贤、三千弟子，孟子弟子万章、公孙丑之徒，皆相与讲习，故德义日积，有希圣希贤之望焉。

【笺注】程子曰："朋友讲习，更莫如相观而善工夫多。"

初九：和兑，吉。
《象》曰："和兑"之吉，行未疑也。

【义译】初九，在兑卦喜悦的时候，以士农工商而得阴阳的正位，能够以和谐喜悦的态度去做人处世，这是吉利的。

《象辞》说，以和谐喜悦的态度去做人处世而得吉利，这样做是不会有疑问的。

【象证】初九，以阳居阳位，得正，而在兑卦和悦之时，故有"和兑，吉"之象。二、三有震或坎半象见，震为行，坎为疑，得正，故"未疑也"。虞翻曰："得位四变应己，故和兑吉矣。"谦虚和悦，不怨天、不尤人地居于人下，终必能得到上级的赏识与提拔，吉利而不必疑者也。子曰："'伯夷叔齐，不念旧恶'，怨是用希。"（《论语·公冶长》）此其所以"和兑"而"吉"者也。

柳下惠治亦进、乱亦进，与众和谐，是得"'和兑'之吉，行未疑也"，故为"圣人之和者"。

九二：孚①兑，吉，悔②亡③。

《象》曰："孚兑"之吉，信志也。

【音注】①孚：诚信。 ②悔：反悔，懊悔，悔恨；而"悔吝者，言乎其小疵也"（《系辞上》）。 ③亡：无。

【义译】九二，居兑悦之时，以大夫之位，而以刚阳居于内卦之中，得刚中之美，诚能信而和悦，则是吉利的，没有后悔的。

《象辞》说，诚信而和悦以处世做人而得吉，是说他的心志能够有自信，而人也相信他。

【象证】虞翻曰："孚谓五也，四已变，五在坎中，称孚。二动得位，应之，故'孚兑，吉，悔亡'矣。"又"二变应五，谓四已变，坎为志，故信志也。"按三至上互体坎，五、上亦互坎，四变则外卦亦为坎。

昔冯异以诚信和悦待汉光武帝，累积战功，独专方面之重任，镇守关中而不自安，上书光武愿亲帷幄而不许。后有告冯异为咸阳王者，光武明示异上书，光武诏报曰："义为君臣，恩犹父子，何嫌何疑？"（《后汉书·冯异传》）是君臣诚信于内，和悦于外，而皆各能信志者也，故上下皆得吉利也。

六三：来兑，凶。

《象》曰："来兑"之凶，位不当也。

【义译】六三，以阴居阳，不得其正位，当兑卦喜悦、和悦之时，为三公之位，而巧言令色以取悦于人，不守正道，不当其位，所以有凶灾。

《象辞》说，来取悦于人而得凶咎，是因为位置不当。

【象证】二、三震象半见，震为动、为来，二不得正位，变正，下卦亦为震动，兑为悦，来而取悦于人。子曰："巧言令色，鲜矣仁。"(《论语·学而》) 斯"来兑，凶"者也。

昔恶廉、飞来之侍商纣，萧恭、石显之侍西汉元帝、成帝，明清奸臣如刘瑾、严嵩、魏忠贤、和珅，以取悦天子弄得实权，宰割天下，顺我者生，逆我者亡，以致忠臣死，奸臣得位，败国殄民，斯"来兑，凶"者也。大凡来取悦于我者，非有求于我，即是有阴谋而来，不可不慎察也。

九四：商①兑未宁②，介③疾有喜。
《象》曰："九四"之喜，有庆也。

【音注】①商：量度；"谓商量裁制之谓"(《周易口诀义》)。 ②宁：安定。 ③介："隔也。"(《周易口诀义》) 耿介，或解为大。

【义译】九四，以阳刚居阴，在诸侯之位，上承于九五孚于剥之君王，下比于六三来兑的三公，当兑悦之时，勤劳王事，多所商量、揆度于和悦以事君，所以勤劳而存国事，未能安宁宴息，当以耿介阳刚、无欲无邪之坚毅，介隔于阴柔而疾恶之，使不危害君国，则有喜庆之事了。

《象辞》说，九四的喜悦，是有吉庆的。

【象证】兑为悦，互巽为进退不果，故"商兑未宁"。阳刚，故为刚介，又在上下卦间，故为介隔。互坎为疾，变正亦坎，兑为喜庆，九四阳刚居上体之下，当盛悦成风之时，上承九五中正之元首，下近六三邪佞之小人，如何用悦，商度再三，心未安宁也。幸其质阳刚，而能耿介自守，疾恶邪佞，故为元首所依重，自必有喜而庆也。

如昔包拯在宋仁宗朝，能隔庞相之奸诈，疾其巧言令色，而以刚正耿介之正道事君，所以安邦而定君。诸葛孔明之辅相刘禅亦然，能隔其邪而匡其正，故家安而国可保也。

九五：孚于剥①，有厉②。
《象》曰："孚于剥"，位正当也。

【音注】①剥：剥夺，剥丧。 ②厉：危。

【义译】九五,居中得正,以天下至尊之位,当兑卦兑悦之时,上比于上六之阴柔,下悦于六三来兑的邪谄,而喜悦之,孚信之,势必剥丧其天下,这是危险的。

《象辞》曰:"孚于剥",是说正当天子之盛位,易于一意孤行,夬履贞厉,而孚信小人,剥丧天下的意思。

【象证】三至上互体坎,坎为孚信、为危厉,九五以阳居阳,故"位正当也"。以天子而孚信六三、上六之小人,则君子废去,小人得志,而天下剥丧矣。九二、九四阳刚不得正位,变正,则二至五互体剥,故有"孚于剥",将丧天下之象。

古今中外天子之所以剥丧天下者,多"孚于剥"之故,舜惧"孚于剥",故去四凶以安国。此诸葛亮所谓:"亲小人,远贤臣,此后汉之所以倾颓也。"及姜太公曰:"群邪比周而蔽贤,忠臣死于无罪,奸臣以虚誉取爵位。是以世乱愈甚,则国不免于亡。"(《六韬·文韬》)

昔燕王哙信奸相子之之说而剥丧其天下;明思宗信敌人反间之说,杀忠臣袁崇焕而丧其天下;唐玄宗信口蜜腹剑之李林甫亦江山倾危;宋徽宗、高宗皆信奸邪而江山倾危。

上六:引^①兑。

《象》曰:"上六引兑",未光也。

【音注】①引:引而长之,牵引。

【义译】上六,居兑悦之极,在宗庙隐士之位,有牵引、引导而入于喜悦的现象。若专以邪媚引人而求悦,则为小人。

《象辞》上说,上六牵引至于喜悦,是说未能光明正大,而黑暗无光的意思。

【象证】下互巽为绳,兑旁通艮为手,故有"引兑"之象。兑为毁折,三至上互体双坎,坎为险陷,三至上又互体大过,未见离明,故"未光"也。王弼曰:"以夫阴质,最处说(悦)后,静退者也。故必见引,然后乃说(悦)也。"

若乐正子从齐宣王之权幸王驩游食,孟子引导以入圣人之道,是得圣人则可以化未光为光也。

尧之朝,四凶相牵引以小人之道,为舜所诛。飞廉、恶来,引导其君商纣喜悦声色小人之行,而卒致君臣皆亡。此皆"引兑"而"未光"者也。昔者黄皓专政五年,而务引刘禅悦乐于邪恶,终使蜀汉灭亡,亦"引兑,未光"者也。

涣

风水涣

卦体	下卦坎	上卦巽
卦象	为水	为风
卦德	为险	为入

错卦	反卦	下互卦	上互卦	消息卦	附注
雷火丰	水泽节	震卦	艮卦	六月卿卦	散难释险

风水涣，风行水上，有披离解散之意。《正义》曰："涣者散释之名。"《序卦》曰："说而后散之，故受之以涣。"故涣卦接于兑卦之后，而为《易经》之第五十九卦。

涣①：亨，王假②有庙③，利涉大川，利贞。

【音注】①涣：卦名，离散的意思，散难释险也。　②假（gé）："至也。《虞书》曰：'假于上下。'"（《说文》）通作"格"，至也。　③庙：宗庙，人伦相聚之处。

【义译】涣卦是涣散的意思。当天下涣散之时，能够散除灾难，释去危险，就可以亨通成功。就要做领导的君王献出至诚之心，以团结人心，比如至于宗庙，利用主义、思想或宗教信仰，用神道设教以聚合人心，使天下归服；利于去努力奋斗，像跋涉大川般的去冒险犯难；利于以正道行之。具此三者便能散除危难而成功了。

【象证】下坎为水、为险，上巽为风、为入、为涣，风行水上，能舒散险难所以亨通。互艮为宫阙，三至上互体观，宗庙之象也，五上乾象半见，乾为王，互震为至，故"王假有庙"。坎为水、为大川，震为行、为涉，巽为风、为木，所以有"利涉大川"之象。唯亦宜利于贞正，方能成功而长久。离散之时，坚白异同，是非颠倒，自非口舌时事所能收拾。宗庙者，乃人心伦理之所聚也，故假宗庙神教以聚之。

秦时暴政，祸延天下，使得民心涣散，天下大乱，群雄乘时并起。刘邦以斩白蛇起义，造成赤帝子之神话，遥奉义帝之命以入关攻秦；及入秦也，务在收买人心，一物不取，不杀秦民及王子婴，与民约法三章而得秦民之心，即因其能以至诚之心团结人心，"王假有庙"也。其后刘邦历尽诸险，用群贤之匡辅，为义帝发丧，宣布项羽杀义帝之不正，而伸正义于天下，故终成帝业。唯其后大杀功臣则暴虐甚矣。

《彖》曰：涣，亨，刚来而不穷，柔得位乎外而上同。"王假有庙"，王乃在中也；"利涉大川"①，乘木有功也。

【音注】①利涉大川：郭京《易学举正》以为脱"利贞"二字。

【义译】《彖辞》说，涣卦可以成功亨通，是因为阳刚的君子来居于内，则刚毅刚健源源而不穷；而柔顺的臣民各得其正位于外，而能一顺百顺与君上同心。王至于宗庙，是说君王居中以领导众人，可以聚众而有功；"利涉大川"，是说乘巽木，用恭逊卑顺以行险犯难，一顺百顺，可以有广济之功。

【象证】下坎为阳刚、为水而在内卦，内卦曰来，水流不穷，故曰"刚来而不穷"。上巽为柔，六四巽爻为柔得位，而在外卦，与大中至正九五之君上同在外卦，故曰"柔得位乎外而上同"。乾为王，九五大中至正，故曰"王乃在中"矣。巽为木、为入，互震为行，故"乘木有功"，可以"利涉"。六四柔得位乎外，而上承于九五阳刚中正之天子，皆得正位而同，是能刚柔配合，共谋济涣之道矣，故"亨"，以成济涣之功。

《象》曰：风行水上，涣。先王以享于帝①立庙②。

【音注】①帝：上帝。 ②庙：宗庙。

【义译】《象辞》上说，风行于水上，这是涣卦的象征。先王见此现象，以人合天，即以祭祀上帝建立宗庙，以团聚人心。

【象证】上巽为风，下坎为水，风行水上激起波涛，有涣散之象，故曰"风行水上，涣"。诚敬为济天下涣散之本，故享帝立庙，必诚必敬，以团结人心而建功立业。乾为王、为老、为先王，九五天子位大中至正为帝，坎为水、为酒、为豕，互坤为牛，故"享于帝"。二变成观卦，故有享帝立庙之象。《孝经》曰："昔者周公宗祀文王于明堂以配上帝。"《诗经》有《清庙》《昊天有成命》诸诗篇，以歌颂享帝立庙之事。

昔武王伐纣，师渡孟津作《泰誓》云："予小子夙夜祗惧，受命文考，类于上帝，宜于冢土，以尔有众，厎天之罚。"亦享帝立庙，"王假有庙"以成其功。

初六：用拯①，马壮，吉。

《象》曰："初六"之吉，顺也。

【音注】①拯：援也，拯救的意思。

【义译】初六，在士农工商而不得其正位，在天下涣散之始，能得强大支援，如强壮之马，以拯救其危机，就能散除险难而得吉利。

《象辞》说，初六的获吉，是因能恭顺，一顺百顺。

【象证】互艮为手、为拯，下坎为险难，于马也为美脊、为亟心，初六变正，则初至四互体大壮，故"用拯，马壮，吉"。初六坤爻，坤为顺，能一顺百顺又有强援，故"吉"。

孙中山先生伦敦蒙难，得其师康德黎营救而出险，其后革命成功，"吉"也。又如包拯青年赶赴京城考试遇贼难，得展昭营救。汉高祖刘邦初起，即封郦食其为广野君，所到之处攻城略地；又得韩信、彭越、英布、张耳、张良等人之助，使各效其命。刘邦曰："运筹策帷帐之中，决胜千里之外，吾不如子房；镇国家，抚百姓，给馈饷，不绝粮道，吾不如萧何；连百万之军，战必胜，攻必取，吾不如韩信。此三者，皆人杰也，吾能用之，此吾所以取天下也。项羽有一范增而不能用，此其所以为我擒也。"（《史记·高祖本纪》）刘邦能得群雄之帮助，各授与适当职务，所以能拯救离散之危机，而得天下。

九二：涣奔其机，悔亡。

《象》曰："涣奔其机"，得愿也。

【音注】①机：通"几"，承物之具；"承物者也，谓初也"（王弼）。

【义译】九二，以刚中之才，处内卦之中，在大夫之位，当天下涣散之时，应迅速奔忙，凭几而发出救急之文书，以号召天下勤劳王室。如是勤劳奔忙以救涣，就无悔了。

《象辞》说，"涣奔其机"，是说能得偿所愿。

【象证】虞翻曰："震为奔，坎为棘、为矫揉，震为足，揉棘有足，艮肱据之，凭机之象也。涣宗庙中，故设机，二失位，变得正，故'涣奔其机，悔亡'也。"又"动而得位，故得愿也"。二至四互震，震为动，故为"奔"。三至五互艮，艮为手，故为"肱"。古时出师作战时，或返师振旅时，多在宗庙举行仪式，而庙中有神桌案几，亦可凭几而撰书。九二失位，变正则得位，故"涣奔其机"。在涣离之时，以刚中之才，阳刚则能坚毅刚健以存天理，得中则能尽善尽美，允执厥中，正《象辞》所谓"刚来而不穷"者也，故能"涣奔其机"，以解涣而得"悔亡"也。

昔伊尹五就桀、五就汤，陆宣公大发文告以济唐德宗，鲍照请救兵只书一"鲍"字加一圆圈于其外，皆用此道，以济涣释危者也。

六三：涣其躬①，无悔。

《象》曰："涣其躬"，志在外也。

【音注】①躬：身。

【义译】六三,以三公之位,在天下涣散之时,当涣出其身,外出勤王,释天下之难,济天下之险。这是无悔的。

《象辞》说,"涣其躬",是说献身在外,心志在外,以勤劳王事。

【象证】互震为行、为动,三、四坤象半见,坤为身,故献其躬,三变正,故无悔。

如昔周公在管叔、蔡叔、霍叔与武庚造反,并流言周公将不利于成王之时,毅然东征,在外三年终于平定叛乱,安周朝之江山,是"涣其躬"在外而"无悔"以成功者也。

六四:涣其群,元吉;涣有丘,匪①夷②所思。
《象》曰:"涣其群,元吉",光大也。

【音注】①匪:非也。 ②夷:常也。

【义译】六四,以诸侯之位,当涣散之时,得阴阳之正位,上承于九五之天子,下用九二刚阳之才,正当领导群贤,以济天下之险,成散难释险的大功,斯大吉者也。又当分散其丘陵土地、货财,以分封奖赏有功之士,所谓重赏之下必有勇夫,以此鼓舞士气,激励军心,易成大功。这不是平常人所能想的。

《象辞》说,"涣其群,元吉",是说可以济天下之涣散而光大。

【象证】三、四坤象半见,坤为群,三至五互艮为山丘,二至五互体离为日,下坎为月,日往月来为常,坎为心、为思,故"匪夷所思"。离为明,乾为大,故"光大"也。六四以柔顺、一顺百顺之才,当天下涣散之时,派出其群下以济险、以勤王,正是《象辞》所谓"柔得位乎外而上同"者也。难解功成,故大吉。能分赏士卒,安乐与共,故"匪夷所思"。

自古创业之君,皆以"涣其群""涣有丘"以成功者也。如商汤、周文王、汉武帝、唐太宗等,其可以共富贵者也。至于汉高祖、刘裕、朱元璋之徒,皆杀功臣,只可共患难,不可共富贵,无道自私之君也。

赵简子将袭卫,使史黯往察之。史黯回报:"今蘧伯玉为相,史鳅佐焉,孔子为客,子贡使令于君前,甚听。《易》曰:'涣其群,元吉。'涣者,贤也;群者,众也;元者,吉之始也。'涣其群,元吉'者,其佐多贤也。"于是赵简子按兵不动。

汉高祖刘邦能"涣其群"以成帝业,当项羽来攻危急时,群将不来,张良劝封韩信为齐王、彭越为梁王、英布为九江王，而"涣有丘"矣，终得众力灭项以成帝业，是"匪夷所思"者也。反观项羽则能"涣其群"以破秦而得大吉，不能"涣有丘"及诸财宝，将军印信多未与，故失众心而败亡，是"涣有丘，匪夷所思"也。

九五：涣汗①**其大号，涣王居，无咎。**
《象》曰："王居，无咎"，正位也。

【音注】①汗：身上热时冒出，勤劳过度亦有汗出。

【义译】九五，阳刚得中得正，处天子至尊之位。当天下涣散之时，应当痛快淋漓地散发出大号召、大政令，号召天下人共同勤王、共体时艰以济涣拯危，这时为救天下，便于发号施令，甚至迁居王城，改换国都，也是无咎的。

《象辞》上说："王居无咎"，是居天下之正位，以发号施令之故。

【象证】下坎为水、为汗，上巽为风、为号、为命令，五、上乾卦半见，乾为大、为王，互艮为居，得正得中，故"正位""无咎"。

盖天下有大险难，如一身有大疾病也。除一疾病者，非发汗则其疾不解；排大险难者，非大号召则难不散。商民所大病者，其政贪，周武王散财发粟之令一出而四海服。秦民所大病者其政酷，刘邦约法三章之令一下，而万民悦。故大号则民从，患解而功成矣。昔犬戎灭西周，周平王东迁洛阳，晋文侯、郑武公等发出勤王之师以救患。东晋元帝迁南京，唐明皇迁蜀，宋高宗迁杭，号召勤王之师，终于散难释患，而解救天下之危机。有大号令，大建立，无咎者也。

上九：涣其血①**，去逖**②**出，无咎。**
《象》曰："涣其血"，远害也。

【音注】①血：伤。 ②逖（tì）：远也；或解为"惕"之假借（《字汇》），是以虞翻言"忧也"（《周易集解》）。

【义译】上九以阳刚在宗庙隐士之位，居涣散之终，散去其伤害流血之灾，而离去远出，则无咎。

《象辞》上说，"涣散其血光之灾"，就是除去其忧患而远离灾害。

【象证】下坎为血、为灾害、为忧，三至上互体天山遁卦，故"涣其血，去逖出""远害也"。变正,故"无咎"。虞翻曰:"应在三,坎为血、为逖。逖,忧也。二变为观,坎象不见,故'其血去逖出无咎'。"又"乾为远,坤为害,体遁上,故远害也"。范蠡助越王勾践中兴,涣去其灾害,除去其忧患后,即隐处远出以保身安。

节

水泽节

卦 体	下卦兑	上卦坎
卦 象	为泽	为水
卦 德	为悦	为险

错 卦	反 卦	下互卦	上互卦	消息卦	附 注
火山旅	风水涣	震卦	艮卦	七月大夫卦	

《序卦》曰："涣者离也，物不可以终离，故受之以节。"为《易经》第六十卦。

节^①：亨，苦节不可贞。

【音注】①节："竹约也。"（《说文》）而约，"缠束也；……引申为节省、节制、节义字"（段玉裁注）；亦可解为"止也"（《说卦》），"节者，制度之名，节止之义，制事有节，其道乃亨"（孔颖达）。即制断。

【义译】节卦能够节制、节约，是可以成功亨通的，但过分刻苦地去节约，不可为正常之道。

【象证】节卦下卦为兑、为泽，上卦为坎、为水，泽上有水，其容有限，故为节。能够节约、节制，固可造成亨通。坎为水、为通，且二、五皆阳刚得中，因此得"亨"。二至五互体离卦，上下离火太炎，炎上作苦，又三至上互体蹇卦，蹇者难也，故"苦节不可贞"。盖过苦则伤了身心，身心不能忍受，病患生焉，待人过于苦节，则流于刻薄、小气、吝啬，他人弗堪，乱将生焉。所以说过分节约，刻苦地节约，不可为正道。

盖经济之原则为开源节流是也。开源而不节，则不富；不开其源，但节其流，亦不富。开源又节流，亨通成功矣。节流而至于过分刻苦，则身伤心苦，不可以常行，常苦节则老命不保。士庶之家有苦节而致生病，生病又苦节而不肯治病花钱，终致小病成大病，不治死亡者，此苦节不可为正、为常者也。

昔孔子、颜渊，饭疏食饮水，居陋巷，而乐圣贤之道，志尧舜之行，是节而亨者也。司马光、范仲淹训子唯节俭，此身行节俭而亨通。墨子身行节俭，唯己能忍，他人不能行，甚是伟大，然不得中道，其奈天下何？亦不可贞者也。

《彖》曰："节：亨"，刚柔分而刚得中；"苦节不可贞"，其道穷也。说^①以行险^②，当位以节，中正以通。天地节而四时成，节以制度^③，不伤财、不害民。

【音注】①说：悦。　②险：危险艰难。　③制度：制定之礼法，典章。

【义译】《彖辞》上说，节卦能节俭、节制是亨通的。刚柔分明，阳刚在上，能坚毅刚健以存天理之正气，去人欲之私情，阴柔在下，能柔顺、一顺百顺地去服从推行，而阳刚又能得中道以尽善尽美，面面俱到地去做，所以能够成功亨通。刻苦过分的节制，不可引为正道，是因为其道困穷。能心情欢悦地去克服艰险，应当坚守正位地去恭行俭约，做到大中至正，方能成功亨通。天地有一定的节制度数，所以春夏秋冬四时能以时而成；吾人用节俭的道理，去制定一切典章、礼仪、律法，不要伤费钱财，不要有害于人民。

【象证】上坎为中男、为刚，下兑为少女、为柔，故九五、九二阳刚各居外、内卦之中，故曰"刚柔分而刚得中"。二至上互体塞难也，节卦上下互易为泽水困，震为大涂、为道，故"其道穷也"。上坎为险，下兑为悦，故"说（悦）以行险"。九五以阳居阳位，当位得正，在外卦之中，上坎为水、为通，故"当位以节，中正以通"。初、二乾半象，三、四坤半象，下互震，二至五互体离；乾为天，坤为地，震为春，离为夏，兑为秋，坎为冬：故"天地节而四时成"。互艮为手、为制、为止、为度，四、五巽半象，巽为财，坤为民，兑为毁折而居下，故"节以制度，不伤财、不害民"。

昔圣王之治民也，莫不以勤开源，以俭节流，又能以大中至正之道制为制度，不伤财、不害民，故曰仁政既宏，王道成焉。舜谓禹曰："克勤于邦，克俭于家，不自满假，惟汝贤……人心惟危，道心惟微，惟精惟一，允执厥中……敬修其可愿，四海困穷，天禄永终。"（《尚书·大禹谟》）商汤"……不迩声色，不殖货利……克宽克仁，彰信兆民……懋昭大德，建中于民，以义制事，以礼制心，垂裕后昆……"（《尚书·仲虺之诰》）文、武、周公之成政功也，亦在恭行节俭，以礼节立制度，而施仁政于民，省刑罚，薄赋敛，申之以孝悌之义，如《礼运》"大同"一节所述者，是善于立制度以养民者也。

程子曰："圣人立制度以为节，故能不伤财害民，人欲之无穷也，苟非节以制度，则侈肆至于伤财害民矣。"（《二程集》）尤以今民主时代，各国各级政府预算，赤字多者则浪费公帑而不节，徇于私欲故也。预算多而用不完者，则务虚报，或任意吃喝玩乐，以竭其预算之盈余焉。此世界各国多有，乃民主政治之弊政，伤财害民者也。若能以儒家学说修正之，则尧舜之治可行于世界各国矣。

《象》曰：泽上有水，节，君子以制①数度②，议德行。

【音注】①制：制也，凡创造制作之谓也。 ②度："法制也。"（《说文》）即法制，如"谨权量，审法度"（《论语》）。亦可解为度数，此度为度量衡之度，指分寸尺丈引长阔之度数。

【义译】《象辞》上说，泽上有水，容量有限，不节，则无，这是节卦的象征。君子体察此现象，即以制作政治、军事、经济、教育、器用、衣食住行国家出纳，征役多寡之数，丰减之节，论议德行，使合乎节度，不逾规矩。

【象证】上坎为水在下兑泽之上，故曰"泽上有水"。艮为手、为制，巽为绳直、为度数，兑为议，乾为德，震为行。黄帝立军制、官制、教育、农牧、百工之制及衣食住行育乐器具之制造，使大鸿以德教民。颛顼"疏通而知事，养材以任地……治气以教化"（《史记·五帝本纪》）。下历尧、舜、禹、汤、文、武、周公，莫不有"制数度，议德行"之事。

凡事能制度化、系统化，持其本则万事理，政纲立矣，故当"制数度，议德行"之大小、轻重、缓急，高下皆有度有节，节物为外，以礼节人之德行为内。盖内省为德，外发为行，人之德行有节；方合天理之正，而无人欲之私。则制作器物制度，议论政治事理德行，都能中节。

【笺注】程子曰："学礼义，考制度，必求圣人之意。"（《二程集》）

初九：不出户①庭②，无咎。
《象》曰："不出户庭"，知通③塞④也。

【音注】①户：居室出入之所曰门户。 ②庭：堂阶前也，通称"门庭"。 ③通："达也。"（《说文》）又"往来不穷谓之通"（《易·系辞上》）。 ④塞："隔也。"（《说文》）窒碍，隔阻。

【义译】初九，以阳爻居阳位得正，以在士位，当制约之时，机未可行，不离开户庭，而能以正自守，这是没有祸害的。

《象辞》说，"不出户庭"，是因知道时之通塞，时当节制，塞而不通，故不出户庭；时当有利之时，方出门庭，以遂通达之志。

【象证】乾卦初九曰："潜龙勿用。"初九为士位，本不能有为，故须等待时机。处兑为毁折，互震为行，艮为户庭，故节卦初九时为不出户庭，谨守本分，得正，故无咎。通则行之四海而准，知通塞者，知通时则行，塞时则止，行动就不会不合时宜了。我们常说："识时务者为俊杰。"此"知通塞"之谓也。

昔颜渊，一箪食一瓢饮，在陋巷。人不堪其忧，而颜渊不改其乐，如闵子骞与漆雕开皆闭门不仕。

九二：不出门庭，凶。
《象》曰："不出门庭，凶"，失时极①也。

【音注】①极：穷极，极至，极大。

【义译】九二,以阳刚得中之才,当节之时,为大夫之位,可以有为,仍然守其节制、节俭之道,而不出门庭,这是有凶灾的。

《象辞》说,"不出门庭凶",是说极为失时。

【象证】互艮为门庭,震为行,在下卦兑为毁折,故不出门庭。九二以阳居阴,不得正位,故"凶"。阳刚在中,此时已可有所作为,然而不为,以大夫之位而"不出门庭",是故有"凶"。

段干木不见魏文侯,庄光不仕汉光武,皆失时极者也。其有身为大夫,而不出门庭、不办公事、尸位素餐者,皆"不出门庭,凶"者也。

六三:不节若①,则嗟②若,无咎。
《象》曰:"不节"之嗟,又谁咎也?

【音注】①若:句末助词,犹"样子""状""貌"然。如"出涕沱若,戚嗟若"(《易·离》)。 ②嗟:音皆,忧叹之词。"大耋之嗟。"(《易·离》)

【义译】六三,以阴居阳位,在三公而不得其正。在节之时,如不节约、节制,议德行、制数度于目前,势必嗟叹愁苦于未来。

《象辞》上说,不节而嗟叹,又能责怪谁呢?

【象证】六三,居节而失位不正,故"不节"。兑为口,坎为陷阱、为险、为加忧,互体蹇难,故"嗟若",变正则"无咎"。虞翻曰:"三节,家君子也,失位故'节若'。"节,节制;则于金钱不奢侈浪费,于谷物不暴殄天物,于身体善于保养而不戕。嗟,哀号声,震为音声、为出,三动得正而体离,坎涕流出目,故则"嗟若"。于待人接物,合理而得体,于治国平天下,能制数度,议德行而安排,则吉利;相反,若生活无所节制,必时出纰漏,不仅造成种种不便,严重者,造成国家有形无形的损失。

春秋伯有、晋之石崇皆不节而奢侈,以致被杀身死。不节必有忧患,一旦揽祸在身,只能责怪自己而不能怨天尤人了,此即咎由自取也。

六四:安①节,亨。
《象》曰:"安节"之亨,承上道也。

【音注】①安:安定,安泰,安宁。

【义译】六四,当节之时,以诸侯而上承九五之天子,又得阴阳之正位,故能安和节约,心安理得地去制数度、议德行,这是亨通的。

《象辞》说，"'安节'之亨"，是说能承顺君上之道，以修齐治平。

【象证】互艮为止，三至五互体颐养，故"安节"。坎为水、为通，故"亨"。上承九五之君，故"承上道也"。震为道、为大涂，二已变艮止，坤安，得正承五，有应与初，故"安节，亨"。《九家易》曰："言四得正，奉五上通于君，故曰'承上道也'。"

房玄龄、杜如晦辅佐唐太宗以成贞观之治，天下几至于刑措，而无罪犯是也。

【笺注】《韩诗外传》云："昔之君子道其百姓不使迷，是以威厉而刑措不用也。故形其仁义，谨其教道，使民目晰焉而见之，使民耳晰焉而闻之，使民心晰焉而知之，则道不迷，而民志不惑矣。"

九五：甘①节，吉，往有尚②。

《象》曰："甘节"之吉，居位中也。

【音注】①甘："美也。"（《说文》） ②尚：崇高，嘉尚。

【义译】九五，以天子之位而阳刚中正，居节之时，能甘美地节约、节制，以制数度、议德行以治国平天下，是吉利的。前往是值得嘉尚赞美的。

《象辞》说，甘节是吉利的，因居位得正得中之故。

【象证】九五，阳刚居阳位，得正得中，当节之时，而在天子之位，五居外卦之中。甘者，五味之中也，互体兑为口、为食，坎为水、为酒，二至五互体离为明、为美丽，故有"甘节"之象焉。阳刚则能刚毅坚强，以存天理正气，去人欲私情，得中则能尽善尽美，允执厥中，得正则能一正百正，如此以节，故"吉"。震为行、为往，离为美丽、为明，故"往有尚"。九五正《象辞》所谓"当位以节，中正以通"者也，大中至正，故"甘节，吉，往有尚"。

昔周成王、康王，在文、武、周公定太平、制礼作乐后，能依礼治国，甘节以亨，汉文帝、景帝崇尚节俭，故史称其时为"成康之治""文景之治"。

上六：苦节①，贞凶，悔亡。

《象》曰："苦节，贞凶"，其道穷也。

【音注】①苦节：刻苦地节约。

【义译】上六，得正，在宗庙隐士之位，以居节卦之时，苦守节约，而过于刻苦地节俭，这虽然正当但也有凶，然其自愿行之，故无悔。

《象辞》上说，苦节虽正而有凶，是说其道困穷。

【象证】 上爻居节之极，处险之上，三变则互离，又二至五亦互体双离，离火过炎，炎上作焦，焦则受苦，故"苦节"。互体蹇难，故"贞凶"。穷时之变，可以无悔，甘守刻苦，宁饿死而不食嗟来之食，如古之志士，"渴不饮盗泉水，热不息恶木阴。恶木岂无枝，志士多苦心。"（《猛虎行》）是亦无悔。伯夷求仁得仁，亦死无悔。

张洪之曰："夷、齐耻食周粟，饿死首阳；文天祥不甘事仇，就刑柴市；徐锡麟痛恨满奴，倡刺恩铭，事成至剖心不悔，人莫不悲其苦节，而钦其正谊。"是"苦节，贞凶"，而至杀身成仁，舍生取义，壮烈以死！能伸民族之正气，成千古之大名，无悔者也。

【笺注】 杨诚斋曰："苦节非不贞正也，而奚其凶？果凶矣？夫凶悔吝，大者凶，小者悔，小者尚亡，大者奚有焉？悔无，凶亦无矣。今也前曰'凶'，后曰'悔亡'，是凶而不凶也。学者至此宜覃思焉。盖君子之行，或过或不及，故圣人之言或抑或扬。上六在一卦之外，此世外之士也。世外之士，过于节而行，一概苦节，亦何恶于人？然厉其节，极其苦，以为贞正之操，而不屑一世，此世之所疾，故有凶之道焉，'伯夷隘'是也。然人苦其苦，而己甘其苦，不怨不怼，不惑不偷，又何悔焉？圣人悯其人而深戒之以'凶'，又嘉其节而深许之以'悔亡'。悔且亡，况凶乎？是不许其一而许其百也，圣人之义章矣。又哀之曰'其道穷也'，岂不曰斯人也而有斯穷也。不以非道而穷，盖以道而穷者欤？孔子曰：'君子固穷。'固之为言，固当然也。又曰：'伯夷叔齐饿于首阳之下，求仁而得仁，又何怨？'然则上六之凶，何知非吉？而其穷，何知非通欤？呜呼！上六之道，其使人悲也。虽然可悲，而上六则荣矣。"（《诚斋易传》）

中孚

风泽中孚

卦体	下卦兑	上卦巽
卦象	为泽	为风
卦德	为悦	为入

错卦	反卦	下互卦	上互卦	消息卦	附注
雷山小过	风泽中孚	震卦	艮卦	十一月公卦	

诚信于中，自然有孚于外，故曰"中孚"。《序卦》曰："节而信之，故受之以中孚。"能节约、节制则诚信矣，故节后为中孚，《易经》第六十一卦。

中孚①：**豚鱼**②**吉，利涉**③**大川，利贞。**

【音注】①中孚：卦名，诚信于中，自然有孚于外。孚，信的意思。 ②豚鱼：一解为鱼类的一种，生于大泽中，有海豚、江豚，性聪慧，善才艺，能表演。昔人以为风将起时，豚鱼能预知而拜之，故为自然界中信的象征。另一解为豕，猪也。《说文》所谓"小豕也"。《尔雅》所谓"猪子曰豚"。则豚鱼者，猪与鱼二种动物也。 ③涉：渡水。

【义译】中孚，能诚信于中，自然有孚信于外，发挥诚信之道，就能感动万物。比如说陆上的猪、水下的鱼，只要具诚信，也能感动它们的。像这样能信及于猪、鱼的诚信，是吉利的。有这样深刻的诚信，则无事不成了，即如跋涉大川等险难的事，也可以有利，但仍须利于守着正道，才能永久吉庆，否则，假诚假信定不久、不吉。

【象证】中孚，旁通小过，二至五互体双坎，坎为水、为信。中孚，二阴在内，四阳在外，二五之阳皆得其中，刚中故"吉"。二柔在内而中虚，正是诚信于中之象，而二刚居中（居上下两卦之中，指二五两爻）而中实，则表坚守诚信之志无二，故曰"中孚"。若能坚持诚信之道而及于万物，则无所不吉。上巽为人、为蕃鲜、为鱼，下兑为泽，小过坎为豕，故有"豚鱼"之象。如豚鱼难感化之物，只要诚信在中，皆能受感召，信之深如此，故"吉"。坎为水、为大川，巽为木、为震动，故利于涉大川，如此的诚信在中，虽涉险、冒险奋斗，无有不克者也，因为诚无所不至。但诚信必须用于正道之事，坚守正道，方能得吉，如盗贼宵小之信，败亦旋踵而至，且害己、害人、害国，何吉之有？故诚信必"利贞"而后可，必应用在正道，方能永享吉庆。

昔诸葛孔明以诚信治蜀，开诚心、布公道，尽忠益时者虽仇必赏，犯法怠慢者虽亲必罚，服罪输情者虽重必释，游辞巧饰者虽轻必戮，善无微而不赏，恶无纤而不贬，庶事精练，物理其本，循名责实，终于感动四方。七纵七擒孟获，而孟获终身忠恳、永不叛蜀。李平、李严遭贬斥而不敢怨。魏军来攻，而休假之军仍使休假，诚信动人，故休假之军亦来助战而大破魏军。六出祁山，光复不少汉土，伸正气于天下。孔明诚"中孚：豚鱼吉，利涉大川，利贞"者也。至于晋文公攻原以立信，约十日不下即去兵。十日不下，终退兵，而原降服，亦诚信"利涉大川"而"吉"者也。商鞅徙木立信，行法家之治，使秦霸天下，尝侵魏以诈而攻，虽致于富强，"利涉大川"以吞并，然不正，终致身死而家破人亡。秦用之，虽得天下，而不旋踵二世即亡。

《彖》曰：中孚，柔在内而刚得中，说而巽，孚，乃化邦也。"豚鱼吉"，信及豚鱼也；"利涉大川"，乘木舟虚也。中孚以利贞，乃应乎天也。

【义译】《彖辞》说，中孚诚信在中，内心存着柔顺的本质，而能坚毅刚强，以存天理正气，去人欲私情，又能做得恰到好处、允执厥中，同时本着欢悦的态度、恭逊卑巽的精神，做到这样而去实践中孚，才能教化邦国，成内圣外王之业。"豚鱼吉"，是说诚信能推及于万物，豚鱼这样难以感化的动物，也能感受诚信的感召。"利涉大川"，是因为中孚之象外实内虚，有乘舟渡川之象。能用巽木的恭逊谦虚一顺百顺，就能去奋斗涉险。中孚利于守着正道，才能够应合于上天之道，得天理之正，而享有长久的幸福。

【象证】中孚，四阳二阴，三四两阴爻在内，为二柔在内而中虚，故曰"柔在内"。二、五两刚居中而中实，故曰"刚得中"。虚则内欲不萌，实则外诱不入，这代表诚信的本体，诚信于中之意，此所以名为"中孚"也。而下卦兑为悦，上卦巽为顺，具备柔在内、刚、得中、悦、巽顺五德，以诚信相交，乃可感化万邦，而成内圣外王之治也。三、四坤爻，坤为邦，初、二与五、上乾爻，乾为化，故"孚，乃化邦也"。坎为信、为豕，巽为鱼，震为动、为及，故"信及豚鱼"。豚鱼之冥顽无知，亦能受诚信之感召，此所以中孚一卦是吉利的。又中孚一卦二柔在内，中虚之象；四阳在外，内虚外实；且巽上兑下，巽为木，木在兑泽之上，互震为动：这些均有舟楫之象，所以说"乘木舟虚也"。而诚信之人，乃无所不克的，中虚诚也，中实信也，诚信者天之道也。盖天道至诚至正，故诚信必须合于上天之道，否则必遭天谴。

如商纣口能饰非，言能拒谏，荒淫无道，任意妄为，毫无诚信可言，故为周所灭。而周文王因其诚信感化诸侯，故《诗经》云："仪刑文王，万邦作孚。"（《大雅·文王》）虽有三分之二的天下使各邦来归，犹以诚信服事商纣。至武王之诚信，遂一戎衣而有天下，垂八百年之正统，是诚信之功也。

《象》曰：泽上有风，中孚。君子以议①狱②缓③死。

【音注】①议：谋也，审事宜也。　②狱：讼也。　③缓：延缓，宽缓也。

【义译】《象辞》说，泽上有风，这是中孚卦的象征。君子体察此现象，则以详审狱情，宽缓死刑。

【象证】中孚卦上巽为风，下兑为泽，风行于兑泽之上，水体虚，故风能入之，而人心虚，故风能感之，此中孚之象也。坎为桎梏、为狱，兑为言、为议，三、四坤象半见，坤为死，互艮为止、为缓、为后，故有"议狱缓死"之象。盖因诚信于中，于天下事就无所不尽其忠，而"议狱缓死"是其中最大者，君子将其至诚恻怛之意，溢于用刑之间，所以古代的贤君明主，常不欲以严罚重刑来治理人民，而待民忠厚之至。

如尧舜时，《尚书·舜典》曰："五刑有服，五服三就。五流有宅，五宅三居。惟明克允（信也）！"《尚书·大禹谟》："刑期于无刑，民协于中。""罚弗及嗣，赏延于世。宥过无大，刑故无小；罪疑惟轻，功疑惟重；与其杀不辜，宁失不经，好生之德，洽于民心。"是议狱而宽刑减死者也。欧阳修之父做判官，亦"议狱缓死"，全活甚众，功著于当时，而阴德福荫欧阳修。

初九：虞吉，有它不燕。
《象》曰："初九虞吉"，志未变也。

【音注】①虞："专也。"（王弼）意即考虑、忖度。 ②燕：安适，燕乐。荀爽解作"安"，来知德解作"乐也"。

【义译】初九，得正，以处士农工商之位，于中孚诚信在中之时，凡事当考虑衡量，合于诚信在中，就吉利了。如果诚信不专，怀有他心，三心二意，就不能燕乐安逸。

《象辞》说，初九所以能衡量忖度而吉利，是因为专一诚信之志，没有改变。

【象证】二、三与三、四坎卦半象，坎为加忧、为险陷，故宜考虑、衡量、忖度，得正故"吉"。上承于九二，又上应于六四，故"有它"。心志不分，乃凝于神，三心二意故不乐。坎为加忧、为心病，故"不燕"。王弼曰："为信之始而应在四，得乎专吉者也。志未能变，系心于一，故'有它不燕'也。"坎为志，以阳刚居阳位得正，诚信专一，故"志未变也"。《尚书·大禹谟》曰："儆戒无虞。"《易·萃》："象曰：君子以除戎器，戒不虞。"《左传·隐公五年》曰："不备不虞，不可以师。"中孚旁通小过，初至五互体萃卦，故有戒不虞之象。凡人能诚信在中，又诚慎防不虞，而警戒考虑、衡量忖度焉，吉而行则吉矣。

昔郑商人弦高，见秦军过周北门，将偷袭郑国，思虑再三，乃先以其皮货，后送十二牛，假郑君之命而劳秦师，又派人急告郑国准备，终能挽救郑国免于灭亡，是"虞"而"吉"者也。

九二：鸣鹤①在阴②，其子和③之。我有好爵④，吾与尔⑤靡⑥之。
《象》曰："其子和之"，中心愿也。

【音注】①鹤：形似鹭，貌清高潇洒，洁白可爱，长寿之禽，八月霜降则鸣，亦信鸟也。 ②阴：水之南面曰阴；又荫也，荫蔽之处。 ③和：应和。 ④爵：文武百官的爵位；或做好的酒器。 ⑤尔：你。 ⑥靡：共也，治也。

【义译】九二，以刚中之贤，在中孚卦诚信在中之时，以大夫之位，上承于九五之君，君臣诚信相应，犹如父子真诚相感，就好像鹤在水的南岸鸣叫着，它的孩子也自然心灵相通而循声应和着。君臣相互以诚信相感，也是如此诚信不欺，互相信任，所以我有好的爵位，愿与你共同来治朝理政。

《象辞》说，"他的孩子与他相应和"，是因为中心愿意。

【象证】互体离为雉，下兑为秋，鹤秋鸣故以象焉。兑为口、为鸣，二、三坎象半见，坎为北方之卦，故"鸣鹤在阴"。三、四坤象半见，坤为身、为我，五、上乾象半见，乾为君、为金玉、为好爵，互震为动、为治，故"吾与尔靡之"。坎为心，二、五皆阳刚得中，故"中心愿也"。居此诚信在中，必有同类之人来同应和，不用害怕无人知晓而孤独寂寞，故孔子说："德不孤，必有邻。"（《论语·里仁》）

至诚之君王无所偏私，只要同样是大中至正有实德之君子，就与之亲善。所以我有文武百官的好爵位，则中心愿意与贤者共之，就如同鹤之与子相应和，完全是出乎自然、中心愿意一般。如古代之禅让政治，就完全是基于此种精神。

尧、舜之公天下，尧让位于舜，舜让位给禹，完全是因为舜、禹的贤能。又如鲍叔之推荐管仲给齐桓公，徐庶之推荐诸葛亮于刘备，亦是"我有好爵，吾与尔靡之"；不以爵位为私，而有大中至正、公正公开之诚信，谋国以忠的胸怀。

六三：得敌①，或鼓②或罢③，或泣④或歌。
《象》曰："或鼓或罢"，位不当也。

【音注】①敌：对也，相对之意。 ②鼓：振动，古代击鼓为进军、冲锋之军号；而"鸣金"为收兵之信号。 ③罢：止也。 ④泣：哭泣，悲泣。

【义译】六三，于中孚诚信在中之时，以三公之位，而应于上九之宗庙，邻于六四之诸侯，而共同上承于九五之天子，六三阴柔不正，有视彼等为政敌而对立的象征。故有时想鸣鼓前进而攻之，有时又止而不敢向前；有时因政治的失望而悲泣，怕不能诚信以相应，有时却又高歌，想定能见用于九五之君。

《象辞》说，有时想鸣鼓前进，有时又止而不前，乃是由于位不当。

【象证】六三，以阴柔而居阳位，下兑为金，上巽为木，金克木故有"得敌"之象。兑为悦、为毁折，巽为进退不果，故有进退变化多端之象。与上九相应，上九为信之穷，近比于六四之诸侯，故"得敌"。互体震动，故"或鼓"。艮止，故"或罢"。坎为水、为加忧，故"或泣"。兑为悦，震为善鸣，故"或歌"。以阴居阳位，故"位不当也"。荀爽曰："三四俱阴，故称'敌也'；四得位有位，故'鼓'而'歌'，三失位无实，故'罢'而'泣'之也。"盖六三不正则不诚信矣，诚信在中之时而居三公之位，犹如古今中外不诚信而贪慕富贵、喜好名利之政客，不知名利富贵如浮云一般难以依靠，不知其中的吉凶忧乐非人所能预知，而将自己的生命系在如此变幻无常的现象上，这岂不是天底下最愚笨的行为吗？

历史上诸多争名逐利而不得正位的政客，哪一个有好的下场？苏秦、商鞅、李斯之辈，追逐名利至死而不疑，甘之而不悔，却落得"生不五鼎食，死即五鼎烹"的悲惨下场，这是多划不来啊！所以古时候的贤人都韬光养晦，致力于己身德性的修养，将富贵功名看作鸿毛一般。唐尧贵为四海之主，却有归隐汾阳之心，即是基于此理。

六四：月几①望②，马匹③亡④，无咎。
《象》曰："马匹亡"，绝类上也。

【音注】①几：近也。　②望：阴历每月十五日，日月相望，月光圆满光明。③马匹：以喻财富、人马、部众。　④亡：亡失。

【义译】六四，柔顺得正，当中孚诚信在中之时，以诸侯之位，而上承于大中至正的九五之尊，得君王之重用，以展其才德，匡辅君王，措天下于太平，光明在望，如月近于十五，光明将照耀天下一样，这是光明吉祥的。但治天下者，不可有私心，应尽赤忠于君国，而离去其私党，输财报国，故有亡失其马匹的象征，这是无咎的。

《象辞》说，"马匹亡"，是说绝去其私类而竭诚信以应于君上。

【象证】 互体有离日、坎月之象，而四居其间，故有"月几望"之象。乾象半见，乾为良马，互震其于马也为善鸣、为作足，而艮为止，兑为毁折，六四应于初九，不系于僚属朋党，而专志输诚信于君王，故"马匹亡"。绝其下累而类从上级，"无咎"之道。

杨诚斋曰："为臣者不能诚其身，则不能诚于君。六四以阴居阴，以顺居下，处己而不盈也……人知以盈自裕，莫知以盈自仆，人知以党自助，莫知以党自蠹。六四不盈如月之近于望，不党如马之亡其匹。其中心之诚，人信之，君信之，又何咎矣？张良蚤（早）师黄石，晚从赤松，'月几望'也。"（《诚斋易传》）盖身居诸侯将相之位，不可自居于满盈盛极之地，方保无咎，故大有九四"匪其彭，无咎"。

中孚六四月近望，不居满盈，而光明则在望。如司马光为相，崇尚节俭、勤劳、谦虚，而名扬万代。身荣当时，盈满如月已望则必败，如董卓、王莽及古今中外之奸相是也。而从政尤宜开诚心、布公道，用忠诚、去私佞。如诸葛孔明，犯法怠慢者虽亲必罚，尽忠益时者虽仇必赏，诚信在中，大公无私，是"'马匹亡'，绝类上"者也。

至如东汉末年党锢之祸，唐朝牛李党争，以及明代宦官专横、东林党争等，皆是小人偏私结党以倾君子，不能亡其马匹、输财货人马以报国、以类上，遂致家倾、政败、国亡者也。

九五：有孚挛[①]如，无咎。

《象》曰："有孚挛如"，位正当也。

【音注】 ① 挛：挛如，相牵系不绝的意思。

【义译】 九五，以阳刚居阳位，大中且正，又居天子之尊位，当中孚诚信在中之时，有诚信于天下，天下人皆相与牵系，诚信地来归服，这是无咎的。

《象辞》说，"有诚信于天下，而人皆相连归服"，是因为大中至正，位正当。

【象证】 互体坎为孚，上巽为绳，艮为手，震为动，"有孚挛如"之象也。以阳爻居阳位，得正、得中，以居天子之尊位，而于臣下百姓相牵于诚信，斯"位正当"而"无咎"者也。卦辞所谓"中孚，豚鱼吉，利涉大川，利贞"，《彖辞》所谓"刚得中，说而巽，孚，乃化邦"者，九五天子之位，诚当如此。

尧、舜之朝廷与二十二贤臣乃至全国百姓，诚信相牵，而至王道大盛是也。舜所居，一年成聚，二年成邑，三年成都，大王迁都，民从之如归市。此皆"有孚挛如"之所致也。

上九：翰①**音登**②**于天，贞凶。**
《象》曰："翰音登于天"，何可长也。

【音注】①翰："天鸡赤羽也。"（《说文》）又"鸡曰翰音"（《礼记·曲礼》）。翰者，羽也。鸡鸣则振拍其羽，故翰音即鸡鸣之音。天将明则鸡必鸣，有中孚诚信相应之意，惜其不长久耳。 ②登：升也。

【义译】上九，以阳居阴，位既不当，而又居中孚诚信在中之极，当宗庙隐士之位，上乘于天子之尊，下应不正之六三，纵欲有所为，亦不长久。有如鸡鸭之声高升于天上，不久即声嘶力竭，天亮旋即消亡，虽是正道，亦且有凶，何况不正呢？

《象辞》说，鸡鸣之声高升于天上，如何可保持长久呢？

【象证】中孚上卦巽，巽为鸡、为长、为高，互震为善鸣，下兑为口，五、上乾象半见，乾为天，故"翰音登于天"。以阳居阴位，不正之诚，故"凶"。兑为毁折，故"何可长也"。盖上九处中孚诚信在中之外，而不正，而处高位以陵九五之尊，下比六三之邪，虽正亦凶。如樊笼之鸡，乃欲一鸣惊人，一飞登天，必不能者也，而且很快就会声嘶力竭了。且上九一未登天，既失位，而又信不由中，如此则会变成声闻过情，而有声无实，中实内丧，虚华外扬，必定不能长久，而且有凶。

自古以来，许多追逐名利者即是如此，一味想往上爬，却忽略己身中实的德业修养，虽侥幸造就一时之名气，却因声闻过情、才学不够，立即又为众人所淘汰，而招致祸害，甚且误国误民，而致亡国破家，如晋之王衍、明之马士英、清之慈禧太后是也。亦有时因怕自己才学不够的实情，为他人知道，而患得患失。己既不修而又忌人修，己无才而又妒有才，而且想尽办法去消灭比自己更有实德实才者。如战国时的庞涓，因其口才为魏惠王所赏识，但因己身的才学毕竟比不过孙膑，所以计诱孙膑到魏国，想尽方法去伤害孙膑，去其双腿，使不能行，后孙膑佐齐破魏，而使庞涓兵败消亡，是"翰音登天"，声闻过情，不能长久者也。

小过

雷山小过

卦体	下卦艮	上卦震
卦象	为山	为雷
卦德	为止	为动

错卦	反卦	下互卦	上互卦	消息卦	附注
风泽中孚	雷山小过	巽卦	兑卦	十二、正月候卦	

阴为小，阳为大，本卦四阴二阳，阴过于阳，故谓之"小过"。《序卦》曰："有其信者必行之，故受之以小过。"能诚信在中，必能有所行，以稍有超过之才，则行小事可以成功，故继之以小过，为《易经》第六十二卦。

小过[①]：亨，利贞。可小事，不可大事，飞鸟遗[②]之[③]音，不宜上，宜下，大吉。

【音注】①小过：过，度也，超过也。小过，卦名，小有所超过之意。 ②遗：遗留也，或"存也"（朱骏声《六十四卦经解》）。 ③之："之，其也。"（裴学海《古书虚字集释》）

【义译】小过，以稍有超过之才去做事，是可以得到成功亨通的，但必须利于坚决地秉守正道。可以做小事，不可以做大事，就像飞鸟飞过之后，不见其身，只闻其微有音响遗存虚空一样。飞鸟的飞行，不宜上升高空，超过它的能力，只宜于下飞低空，适合它的才性。能够顾到小过之时，做稍有超过之事，这样就能得大吉的喜庆了。

【象证】小过，稍有超过，下艮止，上震动，动静合宜故"亨"。稍有超过，阴多阳少，故宜"利贞"。阳大，阴小，阴有所超过，故"可小事"。阳无超过，故"不可大事"。旁通中孚，互体离卦，离为飞鸟，上互兑为口，震为善鸣、为行，艮为止，飞鸟飞行而音止，故"飞鸟遗之音"。互体巽为长、为高而在下，上互兑为毁折，故"不宜上，宜下"。有所超过而又得中、得时，故"大吉"。

昔鲍叔牙佐齐桓公取得君位，自以小过之才，未足以辅相齐桓公安邦定国以成霸业，荐管仲以自代，而率百官下之，是"不宜上，宜下"，可小不可大，以"小过"之才，而享"大吉"者也。郑子皮推荐子产相郑亦然。才各有攸宜，宜"小过"而在下，则"大吉"。"小过"而在上做大事，如晋王衍、明马士英、太平天国杨秀清和韦昌辉，则凶咎矣。观古今中外衰危乱亡之文武大臣，皆以"小过"之才，而做大事者也，故国为之衰弱危亡，岂不殆哉。

《象》曰：小过，小者过而亨也。过以"利贞"，与时行也。柔得中，是以"小事"吉也；刚失位而不中，是以"不可大事"也。有飞鸟之象焉；"飞鸟遗之音，不宜上，宜下，大吉"，上逆而下顺也。

【义译】《象辞》上说，小过，是说小的事情（阴为小）超过平常的努力与恭敬，而得成功亨通的意思。但所超过的必利于守正，而且随时而行，才能得到永恒的亨通成功。柔顺又得中道而行之，所以做小事是吉利的；阳刚失位而不中，所以不可以做大事。又本卦有飞鸟之象征，"飞鸟遗之音，不宜上，宜下，大吉"，是说过上则逆而易于失败，下则顺而易于成功。

【象证】阳大阴小，四阴超过，故曰"小者过"。互体坎为通故"亨"。上震为春、为行，互兑为秋，坎为冬，旁通中孚，互离为夏，四时行焉，故"与时行也"。二、五柔爻皆在内外卦之中，故"柔得中"。三、四阳刚皆不在内外卦之中，亦不在五天子之位，四又不得正，故"刚失位而不中"。小过横看如鸟之飞行，上下四阴，正像鸟翼左右展开，中两阳像鸟身，有"飞鸟之象"焉。上乘阳刚故"逆"，下承阳刚故"顺"。

王莽、王安石之才识度量，身为安分守己的文官，上承顺于君王宰相则吉，而王莽至于篡逆，王安石甚为执拗，则为上则逆，一则身死国灭，一则功业未成。

《象》曰：山上有雷，小过。君子以行过乎恭，丧过乎哀，用过乎俭。

【义译】《象辞》上说，"山上有雷"，这是小过，小事稍有超过的象征。君子体察此现象，则使自己的行为比平常略过于恭敬，遇到丧事时略过于哀痛，一切开支用费比平常略过于节俭。

【象证】小过卦下卦艮为山，上卦震为雷，故曰"山上有雷"。雷鸣于山上，所鸣非其所，略过其常矣；鸣声影响于平地者小，亦稍逾越其常度者也：故谓之"小过"。上震为行，互巽为恭逊，二至五互体大过，故"行过乎恭"。初、二与五、上坤半象，纳甲则月丧于坤，互体坎为加忧，故"丧过乎哀"。坤为吝啬，震为行、为用，故"用过乎俭"。

昔汉文帝敦行恭敬节俭，汉景帝继之，开汉初之盛治，至武帝乃得于奋击匈奴，是有小过而后可以有为也。孔子弟子七十二贤中之高柴，母死，而泣血随之；子夏丧子，而丧其明。此是"丧过乎哀"之太甚者也，尤当以中道节之，节哀顺变，不可反小过为大过。阳丰阴俭，君子之道，有过用夫阴者，唯此三者耳，不溺于怠惰，不靡于嗜欲，不流于惨杀，则皆阳以胜阴，而不使过也。

初六：飞鸟以[①]凶。
《象》曰："飞鸟以凶"，不可如何也。

【音注】①以："犹有也。"（裴学海《古书虚字集释》）

【义译】初六，以阴居阳，不得其正，在士农工商之位，当小过之时，宜下不宜上，而初六应乎九四，位卑器小而志大，如鸟的飞行，过偏差高亢，将至颠危，这是有凶咎的。

《象辞》说，"飞鸟以凶"，是说不可如何，没有人能挽救。

【象证】二、三与四、五离象半见，又旁通中孚，二至五互体离卦，离为飞鸟，又本卦横观之，正像鸟之飞，九三、九四鸟之身，初六、六二、六五、上六则其左右两翼，故有"飞鸟"之象。以阴居阳，失位不正，故"凶"；体艮止当止，而以高飞，不胜其任所以凶。

昔王衍不安居士位，而高居上位，以清谈为事，高谈阔论疏远国事，而致国亡身灭。近者经济罪犯，倒亲友钱财而远飞国外，及至被警察逮捕，或恶有恶报，身死异邦，亦心术不正，位卑心狂，而致"飞鸟以凶"者也。

六二：过①其祖，遇②其妣③。不及④其君，遇其臣，无咎。
《象》曰："不及其君"，臣不可过也。

【音注】①过：超过。 ②遇：遇见，遇合。 ③祖、妣：祖为祖父、祖考。妣，如与考对称则为母，如与祖考对称则为祖母，今唯对死者称之，古则在生时亦称之。祖，指初；妣，指四。 ④不及：不逮，赶不上。

【义译】六二，柔顺中正，在小有超过之时，在大夫之位，位在初六士位之上，其才识职位超过了初六的祖考，而遇到与自己同居臣位之九四诸侯。深得六五国君之赏识，尤当怀德谦虚，柔顺中正，时有才德势位，不及其国君的样子，以免除国君及群臣的嫉害。只可以接触其臣，相与进德修道，如此的小有所过，就没有灾害。

《象辞》说，"不及其君"，是说臣子不可超过其君。

【象证】二至四互巽，巽为进退不果；上震为行、为过、为遇，下艮为止、为不及；祖者始也，指初；二在初上，故"过其祖"。妣者阴也，九四以阳居阴，为诸侯之位，二进遇四，故"遇其妣"。在六五柔中之君之下，故"不及其君"。与三公、诸侯、宗庙诸臣同居臣位，故"遇其臣"。得位居中，故"无咎"。

陈平、曹参、萧何以过其祖之才，仕刘邦王朝为臣，与张良、周勃同位，能柔顺在中，安守臣位，故能保其功名，免除刘邦之妒害，得以"无咎"。韩信、彭越、英布才过刘邦，终为所杀，是过祖、遇妣又过君，所以取灾害者也。张良知刘邦之嫉贤，故谦逊，"不及其君"，以免害保身。

九三：弗过①防之，从或戕②之，凶。

《象》曰："从或戕之"，凶如何也？

【音注】①弗过：不超过。 ②戕（qiāng）：伤害。

【义译】九三，以阳居阳，得正，在小过小有超过的时候，居三公之位，应当防止小人，不超过逾越礼度。若不能防止小人之陵越，而应合于上六，顺从小人，就将会有被小人杀害之凶险。

《象辞》说，"从而有被杀的凶险"，是说其凶太甚，如何不凶呢？

【象证】震为行，艮为止，止而不动，故"弗过"之。初二坤半象，坤为顺从，三应上六，五、上亦互坤为顺从，三至五互兑为毁折，故"从或戕之，凶"。九三阳刚得正，为国之三公，小过之时，当防止小人之超过，否则小人道长，君子则被害矣。

昔在东汉党锢之祸中，多少君子未能防止小人，而为小人所杀害；于明，宦官当政，亦残害士大夫、君子，以致国是日非，国遂亡矣。洪秀全不能防止杨秀清之超越，而使韦昌辉杀之，石达开又杀韦昌辉，以致政权覆灭。此皆"弗过防之，从或戕之，凶"。

九四：无咎，弗过遇之，往厉必戒，勿用永贞。

《象》曰："弗过遇之"，位不当也；"往厉必戒"，终不可长也。

【义译】九四，以阳居阴，居诸侯之位，上承于六五柔中之君，当小过之时，能刚能柔，是没有灾咎的。应当坚守已位，不能超过，亦须使小人不做超过之行为。既已与初六之阴相应合了，又有六二之大夫，上六之宗庙，亦皆以群阴相遇于君所了，尤当坚守不使超过其君。若有所前往，与阴柔的小人相应合，而超过其君，必有危险，必须随时警戒，随时顺处其合宜。不用永远固守其常时之正道，应当知道临时正道的变通，以求达到治国平天下之大利。

《象辞》说，"不能超过而遇到的小过，小者超过的时代"，是因为以阳居阴，其位不恰当；"前往有危险，必须警戒"，是说小人的行动终不可能长久。

【象证】在小过之时，九四以阳刚之才，坚毅刚强，存天理之正道，去人欲之私情，故可保"无咎"。下艮为止，故"弗过"。初至五互体与咸卦感应，下与初六相应，而六二、上六群阴，皆会聚君所，上震为行，故"遇之"。二至五互体大过与坎卦，坎为危险、为加忧，故"往厉必戒"。在小过之时，能刚能柔，知权变，能变通以尽利，方能成大事，故"勿用永贞"。以阳居阴位，故"位不当"。小人终必消灭，故"终不可长也"。互巽为长、为高，兑为毁折，下艮为终，故"终不可长也"。

昔张良五代相韩，韩为秦所灭，张良矢志报仇，遇秦皇巡狩于博浪沙，使武士苍海君击之，误中副车，几遭不测之灾，是"往厉必戒"者也。及受圯上老人之教，卑抑自下，隐忍图济，历游诸侯而后相刘邦，以王天下，是"勿用永贞"。伊尹、姜太公皆尝在夏桀、商纣之下，知暴君有相害之心，暴君不可相，乃相汤、武而成王业，是"往厉必戒，勿用永贞"，能变通以成治平之业者也。

六五：密云不雨，自我西郊，公弋^①**取彼在穴。**
《象》曰："密云不雨"，已上也。

【音注】①弋（yì）："矰缴射也。"（虞翻）即以绳系箭而射。

【义译】六五，以阴居阳，不正，当小过"不宜上，宜下"，小者超过之时，居天子之尊位，惠泽不下于民，犹如密云蓄积而不下雨，万物不得其润泽一样。当立志努力，从彼西郊开始行政施仁，举用贤才，除去凶虐之小人，犹如公爵以矰缴射取在穴巢中的鸟兽一样。除暴以安良，用贤以治国，施恩泽于民，方能免于败亡之命运。

《象辞》说，密云而没有下雨，是因为已处高上之位，太过高上骄傲，以致恩泽不施、天下将危。

【象证】小过，二至五互体双坎，坎为云、为雨，三至五互兑为毁折，故"密云不雨"。震为行、为自，兑为西，三、四乾半象见，乾为郊，故"自我西郊"。坎为弓轮，下互巽为绳，坎为穴，下艮为手、为取，故"公弋取彼在穴"。小过宜下不宜上，而六五以阴处阳，位居不当，又在天子之高位，故"已上也"。

昔齐威王荒于声色，行政废弛，沉湎不治，委政卿大夫，百官荒乱，诸侯并侵，国且危亡在于旦暮，淳于髡说之以隐，谓国中有大鸟三年不飞不鸣，威王醒悟，于是朝诸县令长七十二人，赏一人，诛一人，奋兵而出，中兴齐国，一鸣惊人。其沉湎不治，委政卿大夫，是"已上也"，是"密云不雨"也。当其朝诸县令长，励精图治，是"自我西郊"也。赏一人，诛一人，举贤才，除暴虐，是"公弋取彼在穴"也。夏桀、商纣居天子之尊，用小人为政，暴虐其民，是小过"密云不雨，已上也"，不能"自我西郊"，励精图治，用贤才，除暴安良，不能"公弋取彼在穴"，终因小过而败亡。

上六：弗遇过之，飞鸟离^①**之，凶，是谓灾眚。**

《象》曰："弗遇过之"，已亢也。

【音注】①离：遭也，遇也。一解作罹。另亦解作附丽，为网所网罗。

【义译】 上六，居宗庙隐士之位，在小过宜下不宜上的时候，高居六五柔中之君之上，没有与其臣下、同事相遇合，却远远超过了其君。像这样高亢，就如飞鸟飞得过高而遭遇到凶咎一样，这就是所谓灾眚了。

《象辞》上说，没有遭遇，却远远地超过，是说已经太过高亢了。

【象证】 应于九三，上震为行，而下艮为止，行而止之故"弗遇"。二至五互体大过，故"过之"。旁通中孚，离为飞鸟，坎为多眚，故"飞鸟离之，凶，是谓灾眚"。居最上之位，互巽为长、为高，故"已亢也"。

李斯、赵高、王莽、董卓、曹操、杨国忠、刘瑾、严嵩、魏忠贤、和珅，高居上位，有无父无君之心，或废立其君，或握弄权势，或篡位，皆得凶咎，遗臭万年。唯霍光之忠，高亢其位，为宣帝之岳父，不知退让明哲以保身，功成名遂而身不退，终被汉宣帝族灭。假使霍光能多读书，近圣哲，知退让，不居高亢位，则可以保其功名而不败。故遗子万金，不如教子读《易经》，后世之君子其鉴诸！

既济

水火既济

卦 体	下卦离	上卦坎
卦 象	为火	为水
卦 德	为明	为险

错卦	反卦	下互卦	上互卦	消息卦	附注
火水未济	火水未济	坎卦	离卦	十月大夫卦	与未济既是反卦也是错卦

水火相交，坎为云、为雨，已在离为日、在火之上，苍生已得救济。坎为水、为肾，肾水心火相交，一身已得平衡，六爻各得其阴阳之正位，上下相应，所以名为"既济"。《序卦》曰："有过物者必济，故受之以既济。"为《易经》第六十三卦，谓既已成功之意。

既济①：亨小，利贞，初吉终乱。

【音注】①既济：卦名，既已渡过彼岸，事已做成，已经成功之意。

【义译】既济，是在事情既已做成之后，所以成功亨通小，唯有利于守着正道以处世而已。在事既已做成之后，最初是吉利的，最后安于事之已成而不戒惕，则终会成纷乱的状态，变成未济了。

【象证】二至上互体双坎，二至五互体未济，故"亨小"。六爻得正，故"利贞"。尚在既济卦，故"初吉"。终变未济，故"终乱"。二、三与四、五艮象半见，艮为终、为止，故"终乱"。古今中外之政权，莫不既未相变，治乱相因，成败相循，唯有圣德之圣人，知以谦守其大有，以戒惕励其乾乾，以保无咎。唯是保数代，未能保其终久。

商继夏，周继商，亦运数之自然，圣德之代兴。昔唐玄宗除韦氏之乱，而成开元之盛治，是既济"初吉"矣。于既济之成，而用奸相庸才杨国忠，宠爱女色，终肇安史之乱，是"终乱"也。

【笺注】来知德曰："无平不陂，无往不复，一治一乱乃理数之常，方济之时，人心儆戒，固无不吉矣。及既济之后，人心恃其既济，般乐怠敖（傲），未有不乱者，此虽气数之必然，亦人事之必然也，故利于贞。"（《周易集注》）

《彖》曰："既济：亨小"者，亨也；"利贞"，刚柔正而位当也；"初吉"，柔得中也；终止则乱，其道穷也。

【义译】《彖辞》说，既济在已经成功之后，亨通小，是说虽小也是亨通的；因在事已做成之后，不如大成之时的吉利亨通，故称亨小。利于守正，是要阳刚阴柔、君臣上下各守正道、各当其位，如此则天下能保持既济，因为既济六爻阴爻阳爻各得其正，而象征着君臣上下各居阴阳的正位。"初吉"，能用柔顺，一顺百顺，又能从容中道，允执厥中，尽善尽美。这是因为既济六二爻，以柔在内卦之中，能柔中以保吉。最后亨通终止之时，就会纷乱，这是因为其道必困穷。

【象证】初、三、五为阳爻之正位，二、四、上为阴爻之正位，而既济初、三、五为阳，二、四、上为阴，六爻皆得正位，故曰"刚柔正而位当也"。阳为刚、为君、为上、为父，阴为民、为臣、为子，君君臣臣、父父子子、上上下下各得其正，则国治而天下平，所以为既济，亦既济所以宜"利贞"以保其既济者也。坎为亨通，故"亨"。互体及反卦有未济、有坎故"亨小"。六二以柔居内卦之中，故"柔得中"。柔顺又得中，所以能保既济之"初吉"。终止奋斗，则至困穷，艮为止、为终，坎为多眚，故"终止则乱，其道穷也"。

商汤、周武以"刚柔正而位当"以成王业，商纣、周幽以"终止则乱，其道穷"而致国亡身灭。成功必骄，骄则怠而乱，圣人见其"初吉"，而探其"终乱"，唯能守之以贞固而不移，持之以忧勤而不息，则可免终乱而不穷矣。

《象》曰：水在火上，既济。君子以思患而豫①防之。

【音注】①豫：预也，预备的意思。

【义译】《象辞》说，水在火上，水能降火，火能温水，交相为用，这是既济的象征。君子体察此现象，则思及患难的事情，而预先防范它，使不发生以永保既济。

【象证】坎水在上，离火在下，故曰"水在火上"。六爻各得其正，九五乾爻，乾为君子，坎为心、为思、为加忧、为险陷，二、三与四、五艮象半见，艮为手、为防、为止，故"以思患而豫防之"。《系辞下》曰："危者安其位者也，亡者保其存者也，乱者有其治者也，是故君子安而不忘危，存而不忘亡，治而不忘乱，是以身安而国家可保也。"《尚书》曰："制治于未乱，保邦于未危。"

昔魏征《谏太宗十思疏》，即所以思患而预防者也，太宗能防以政治军事，故保无患。思患预防，可不慎哉！

初九：曳①其轮，濡②其尾，无咎。
《象》曰："曳其轮"，义无咎也。

【音注】①曳：拖曳而行。 ②濡：沾湿。

【义译】初九，以阳居阳，得正，在士农工商之位，当既济已经成功地开始，尽其心，竭其气力，非常努力地渡至成功的彼岸。虽然拖曳着他的车轮，沾湿了他的后尾，付出了相当艰苦的代价，但终于成功了，所以无有灾咎。

《象辞》说，拖曳着车轮，以达到既济之功，于义理上是无咎的。

【象证】坎为弓轮、为江水、为险难，上坎，而二至四又互坎，初进则遇双坎陷，初、二兑毁折象半见，初居卦下为尾，坎为水、为濡，故"曳其轮，濡其尾"。得正有应于九四，故"无咎"。

昔路温舒以蒲草织席，抄书其上以勤读，公孙弘削竹简抄《春秋》以力读，孙敬头悬梁、苏秦锥刺股以勤苦奋力用功，车胤囊萤、孙康映雪以读，勤苦如此，终于成功，得其富贵福禄，行其抱负壮志，是曳轮濡尾而得既济成功者也。

六二：妇丧其茀①**，勿逐，七日得。**
《象》曰："七日得"，以中道也。

【音注】①茀（fú）："妇人首饰。"（《集韵》）王弼作"髴"，首饰也。亦可解为"妇人乘车不露见车之前后，设障以自隐蔽，谓之茀"（《孔颖达》）。

【义译】六二，以阴居阴，得正处中，为大夫之位，而上应于九五之君。当既济事已成功之后，习于成功之豫乐，乐极生悲，有如妇人丧失其发饰，则疑虑惧焉。然以柔中之才，得正处中，能允执中正，而一顺百顺，又在既济时，故不用担惊害怕，不用追逐，七日后天运既周，当能失而复得。

《象辞》说，"七日得"，是因为行中道。

【象证】离为中女，为"妇"。初、二与三、四及五、上皆兑象半见，兑为毁折，故"丧"。坎为云、为发，离为丽，故"妇丧其茀"。三、四震象半见，震为行，而遇兑为毁折，故"勿逐"。卦有六爻，返归原爻为七，离为日，又《洛书》坎为七，艮三半象见，艮为手，又有七之象，故"七日得"。以柔居中，得正，故得"中道也"。

管叔、蔡叔谤周公，公不辩。遇大风，成王得周公代武王生病之金縢，而自悟，是"勿逐，七日得"也。叔向被拘禁，祁奚请免，而得脱，亦以柔顺得中正之故也。

九三：高宗①**伐鬼方**②**，三年克之，小人勿用。**
《象》曰："三年克之"，惫③**也。**

【音注】①高宗：殷高宗武丁。　②鬼方：国名。　③惫：疲惫。

【义译】九三，以阳居阳，得正，在既济已经成功之后，亨通小，当惕厉以守其成功，如轻用其成功，正如商朝时高宗讨伐鬼方，经三年之久才克服一样，虽成功却也劳累不堪。在既济之时，小人是不可用的，用小人必损国败家。

《象辞》说,"三年克之",是说已相当疲惫,然后才成功。

【象证】四变巽,二、三亦巽象半见,巽为长、为高。乾爻,乾为天、为高、为万物之宗。二至上互体双坎,坎为盗、为险陷、为加忧,"鬼方"象也。爻居三,又互离为三,离为戈兵,艮象半见,艮为手、为伐,故伐鬼方"三年克之"。二至五互体未济,坎为险、为盗,故"小人勿用"。坎为劳,勤苦如此故"惫也"。

盖既济之时,天下本无事,然三以刚居刚,故有伐国之象。但坎险在前,难以骤克,故有三年方克之象。以殷高之贤,而用兵之难如此,其戒深矣。若当既济无事之世,用小人,舍内治而幸边功,穷兵以厉民,必至师老力竭,国家惫病,而败亡随之。昔汉武帝远征匈奴、平越南,亦至三年以上方克。清高宗十全之功,亦在既济之极,数年方成。故必惕厉。

六四:繻^①有衣袽^②,终日戒。

《象》曰:"终日戒",有所疑也。

【音注】①繻(rú):光彩而细密之锦衣。 ②袽(rú):敝衣。

【义译】六四,"四多惧"(《系辞下》),以阴居阴,得到正位,然居多惧之位,在既济既已成功之后,为诸侯之位,上承于天子,尤当惕厉警慎,勤俭奋力,居安思危,以保其福禄。故虽有光彩细密之锦衣也不穿它,而穿破败的衣服。整日如此戒惕警戒,就能保持其既济了。

《象辞》说,终日警戒,说明有所疑。

【象证】六四坤爻,坤为布帛,六四得正,上承九五之天子,以处诸侯之正位,故"繻有"。三、四兑毁折象半见,互坎为险陷,故"衣袽"。下卦离为日,六四在离日上,又艮半象见,艮为终,坎为陷、为惕厉,故"终日戒"。坎为疑,"有所疑也"。

【笺注】《诗经·小雅·小旻》云:"不敢暴虎,不敢冯河。人知其一,莫知其它。战战兢兢,如临深渊,如履薄冰。"

《诗经·小雅·小宛》云:"温温恭人,如集于木,惴惴小心,如临于谷。"终日戒惕如此,所以保其既济,以免咎者也。

《尚书·大禹谟》舜谓禹曰:"克勤于邦,克俭于家,不自满假,惟汝贤。汝惟不矜,天下莫与汝争能。汝惟不伐,天下莫与汝争功。"

孔子曰:"禹,吾无间然矣,菲饮食而致孝乎鬼神;恶衣服而致美乎黻冕,卑宫室，而尽力乎沟洫。"（《论语·泰伯》）禹"菲有衣袽"，又勤俭惕厉，故能保其成而开四百年之江山。

九五：东邻^①杀牛，不如西邻^②之禴祭^③，实受其福。
《象》曰："东邻杀牛"，不如西邻之时也；"实受其福"，吉大来也。

【音注】①东邻：指商纣，纣居河南。　②西邻：指周文王，文王居陕西。③禴祭：夏祭，薄祭也。禴，同"礿"。

【义译】九五，阳刚中正，居天子之尊位，在既济已经成功之时，奉行勤俭可以保其既济而不败。而东邻的商纣不知此理，虽然杀牛极尽奢侈之态以祭祀，还不如西邻的周文王，能知克勤克俭，用薄薄的夏祭，以其诚敬祭享鬼神，而实蒙受成功的幸福。

《象辞》说，"东邻杀牛"，不如西邻之合于时宜。"实受其福"，是说吉庆大大地前来。

【象证】震者兑半象见，震东兑西，上六、六四皆坤爻，坤为邦、为地，东西邻之象也。离为干戈，坤为牛，兑为毁折，"杀牛"之象也。离为夏，艮门阙象半见，"禴祭"之象。艮为受，九五阳刚为宽、为大，乾为福、为吉，故"'实受其福'，吉大来也"。震为来、为春，离为夏，兑为秋，坎为冬，四时象具，故曰"时也"。《说苑·反质》云："《易》称'东邻杀牛，不如西邻之禴祭'，盖重礼不贵牲也，敬实而不贵华。"《汉书·郊祀志下》则云："奉天之道，贵以诚质大得民心也，行秽祀丰，犹不蒙祐。德修荐薄，吉必大来。"

夏禹、商汤、文王以勤俭诚敬祭祀，而子孙享有天下。夏桀、商纣、隋炀帝以骄奢而丧其天下。祭祀所以献诚敬以教民，鬼神享德不享无道。是以随国季梁谏追楚师云："小之能敌大也，小道大淫，所谓道，忠于民而信于神也……圣王先成民而后致力于神……所谓馨香，无谗慝也，故务其三时，修其五教，亲其九族，以致其禋祀，于是乎民和而神降之福，故动则有成。"（《左传·桓公六年》）

【笺注】《论衡·祀义》："难曰：'《易》曰："东邻杀牛，不如西邻之礿祭。"夫言东邻不若西邻，言东邻牲大福少，西邻祭少福多也。今言鬼不享，何以知其福有多少也？'曰：'此亦谓修具谨洁与不谨洁也。纣杀牛祭，不致其礼；文王礿祭，竭尽其敬。夫礼不至，则人非之；礼敬尽，则人是之。是之，则举事多助；非之，则言行见畔。见畔，若祭不见享之祸；多助，若祭见歆之福，非鬼为祭祀之故有喜怒也。"

上六：濡其首，厉。

《象》曰："濡其首，厉"，何可久也？

【义译】上六，居卦之终极，极享既济之乐而不知节制，乐极生悲，反成不济，有如渡河而沾湿他的头，这是危险的。

《象辞》说，渡河而沾湿了他的头，像这样的危厉，怎么能长久下去呢？

【象证】坎为水、为濡，九五乾爻，乾为首，上卦坎，又互坎，坎为危厉、为险、为陷，故"濡其首，厉"。乾为久、为首，陷双坎水之中，故"何可久也"。上六以柔懦之资，怀亢满之志，居治安之极。石崇于金谷园极尽享乐之极，商纣肉林酒池，皆"濡其首，厉"，不知节以致亡国败家者也。

【笺注】虞翻曰："乾为首，五从二上在坎中，故'濡其首厉'，位极乘阳，故何可久。"（《周易集解》）

荀爽曰："居上濡五，处高居盛，必当复危，故曰'何可久也'。"（《周易集解》）

杨万里曰："上六既济之极，如已济大川，自谓没世无风波之虞矣。不知济其一，又遇其一，求载而无宿舟，求涉而无善游，乃欲褰裳而冯河，此必溺之道也，危而不可久生也，明矣。此晋武平吴之后，明皇天宝之末也，可不惧哉！濡至于首，则溺其身可见矣。"（《诚斋易传》）

来知德曰："（上六居）既济之极，正终乱之时也。故有狐涉水而濡首之象。既濡其首，已溺其身，占者如是，危可知矣。"（《周易集注》）

未济

火水未济

卦体	下卦坎	上卦离
卦象	为水	为火
卦德	为险	为明

错卦	反卦	下互卦	上互卦	消息卦	附注
水火既济	水火既济	离卦	坎卦	十、十一月卦	二卦既错卦亦反卦

火性炎上而在上，水性润下而在下，水火不交，外明内险，故未能成既济之功。六爻皆不得正位，皆尚未变正，故称"未济"。《序卦》曰："物不可穷也，故受之以未济终焉。"《易经》始于乾，所以勉人法天而行健，刚健则坚毅刚强，以立功业。终于未济者，示宇宙人生皆未有终止，不可因成功既济，而遂废其刚健也，犹当自强不息，以开未济，则庶几永保元亨利贞矣。盖宇宙人生、文明、文化、事业、政功，永无穷者也，故君子努力亦永无穷者也，故以未济终焉。既济、未济相仍相因，犹泰否、剥复、损益也。能奋其德智以努力，则未济可成既济；怠惰豫乐，则既济终成未济。

未济①：亨，小狐汔②济，濡其尾，无攸利。

【音注】①未济：尚未渡过彼岸，尚未成功之意。 ②汔："水涸也"（《说文》）；又几乎也、将近也。

【义译】未济，尚未成功，加之以努力，终能成功亨通；假使努力不够，怯懦多疑，未能专心一致，如同小狐，几乎渡过川水、到达彼岸了，而功亏一篑，未能济渡，尾巴已先沾湿，这是无有所利的。

【象证】外明能济内险，六爻虽失位而有应与，哀兵必胜，乱极必治，故"亨"。坎为狐，在下称"小"。时在未济，初至五互体双坎，坎险双重，故小狐未能成既济之功。初称尾，坎为水、为濡，故"濡其尾"。未成既济，故"无攸利"。故曰："官怠于有成，病加于小愈，祸生于懈惰，孝衰于妻子。察此四者，慎终如始。《易》曰：'小狐汔济，濡其尾。'《诗》曰：'靡不有初，鲜克有终。'"（《韩诗外传》）是也。

昔洪秀全起事未能一心一德，迟疑不果断，终于不能成既济之功而失败，人亡家破，此小狐疑怯不一，而致未济之败者也。

《彖》曰："未济：亨"，柔得中也。"小狐汔济"，未出中也。"濡其尾，无攸利"，不续终也。虽不当位，刚柔应也。

【义译】《彖辞》说，"未济尚未成功而能得成功亨通"，是因为柔顺，能一顺百顺而得中道，能尽善尽美、面面俱到允执厥中（指六五）。"小狐汔济"，是因未出于彼岸之中，未能济渡。"濡其尾，无攸利"，是因为不能继续前进以贯彻始终。虽然六爻皆未得到正位，但刚柔能互相应援，所以有亨通成功的希望。

【象证】六五以柔顺居内卦之中,故曰"柔得中也"。坎为狐,在下,故为"小狐"。时在未济,初至五又互体双坎,坎为水、为大川、为险陷,初、二、三、四皆在坎险之中,故"未出中也"。初、二与三、四及五、上皆艮象半见,艮为终,时在未济,三至上又互体未济,双层未济,双层坎陷,仅半见其艮,故"不续终也"。初九与六四,九二与六五,九四与上九,虽未当其位,然阳以应阴,柔以应刚,上下协力,共克艰险,则刚柔并用,终有亨通成功之望。

洪、杨起事,至半途即坐享南京,未出险中,又不续其终,而只图眼前之欢,又相与争权夺利,内斗互残,终致未济,"未出中""不续终"而败亡;向使二人听钱江之上计,并力北上,能贯彻以续其终,能出险中,则成功既济矣。

《象》曰:火在水上,未济。君子以慎辨物居方①。

【音注】①方:道也;犹方术、道术。"方以类聚,物以群分。"(《系辞上》)

【义译】《象辞》说,离火炎上而在坎水润下之上,水火不交,万物不通,这是未济,尚未成功之象。君子体察此象,则以谨慎地辨别物类,凡宇宙万物、精神物质,乃至凡民百姓、君子小人,各得其所,又能各处之以道,就能化未济为既济了。

【象证】未济卦,上离为火,下坎为水,故曰"火在水上,未济"。坎为加忧,为"慎",二、三与四、五皆兑口半见,震动半见,为"辨"。坎为豕、离为雉,物象也;坎北、离南,方象也;坎中男、离中女,人象也;坎阳离阴,坎月离日,阳为君子,阴为小人:各含宇宙万物之象。初、二与三、四及五、上之艮震半见,艮为居,为径路,震为大涂、为道,震东兑西,坎北离南,四方象具,故"以慎辨物居方"。故君子慎辨物宜,居之以道。来氏云:"火炎上,水润下,物不同也;火居南,水居北,方不同也。君子以之慎辨物,使物以群分;慎居方,使方以类聚,则分定不乱,阳居阳位,阴居阴位,未济而成既济矣。"(《周易集注》)

大舜慎命二十二贤,分掌百官之要津,以治理邦国,又去四凶,明五伦之教,五服、五章、五刑、五用、五典、五惇,各章其功,民协于中,四方感德,九德咸具。《尚书·舜典》谓:"慎徽五典,五典克从;纳于百揆,百揆时序;宾于四门,四门穆穆;纳于大麓,烈风雷雨弗迷。"可谓能"慎辨物居方"矣。

初六:濡其尾,吝。

《象》曰:"濡其尾",亦不知极也。

【义译】 初六,以阴居阳,未得其正,在士农工商之位,当未济尚未成功之时,勉强去济渡大川,因而沾湿了他的尾部,这是有吝悔的。

《象辞》说,濡湿了尾部,是说也不知道自己才力的极限,强不能以为能,所以有吝悔遗憾。

【象证】 此即卦辞"小狐汔济,濡其尾,无攸利",《象辞》"'濡其尾,无攸利',不续终也"者也,已解于前。初六不得正位,当士农工商之位,不能济渡,不能做事,而阴柔不正,强以为能,而终败国殄民者也。

如汉、唐、明之宦官专权,以致败国,而己亦因之亡身者也。古今中外国家之败,恒由阴柔不正之小人,不能治国而硬要治国,不安于其士民之位,而妄图非分以济,所以误国误民。

九二:曳①其轮,贞吉。

《象》曰:九二"贞吉",中以行正也。

【音注】 ①曳:拖曳。

【义译】 九二,当未济之时,以阳刚居中,当大夫之位,有应于六五柔中之君,君臣同心,终能必济,所以虽拖着它的车轮,但终有必济之希望,更应守正,方能获吉。

《象辞》说,九二曳其轮,"贞吉",是说以刚中之才,又能坚定地去行正道。

【象证】 坎为弓轮,二、三兑象半见,兑为毁折,故"曳其轮"。有应于六五柔中之君虽不正,各变正以相应,处中而行,故曰"贞吉"。九二以刚健之才,因受六五孚信之知,而独济大难之险,以底于中正之吉。

汉光武帝刘秀与邓禹二十八人,唐太宗与房玄龄十八人,君臣同心,曳轮创天下。关羽、张飞既死,诸葛亮自强以出祁山,出师未捷而身先死。岳飞方期直捣黄龙府,而为庸君奸相害死,其正气千古懔然!皆未济"曳其轮,贞吉"者也。

六三:未济,征凶。利涉大川。

《象》曰:"未济,征凶",位不当也。

【义译】 六三,以阴居阳位不正,以在三公之位,上应于上九。当未济之时,未能济渡,而有所前往,是有凶的。不过在患难之中,能勇于冒险,奋力以求出险，这是唯一进取之路，所谓置之死地而后生，陷之危地而后存，所以有利于冒险如济渡大的河川之事，以图既济之功。

《象辞》说，"未济，征凶"，是由于以阴居阳，其位不当。

【象证】初至五互体双坎，坎为险，时在未济，三至上又互体未济，二、三震兑半见，震为行，兑为毁折，故"未济，征凶"。又不得正位，宜其凶也，若变正，则二至四互体乾为健，二至上互体大有，故"利涉大川"。

昔刘琨、祖逖、桓温、刘裕在中原沦陷后，数度北伐，虽皆"未济，征凶"，但犹"利涉"，以励正气，因战而存也。

九四：贞吉，悔亡。震①用伐鬼方，三年，有赏于大国。
《象》曰："贞吉，悔亡"，志行也。

【音注】①震：震动。朱骏声云："执伯名。"（《六十四卦经解》）而执伯即殷之世族。

【义译】九四，以阳刚之才，下有初六之应，在未济尚未成功之时，居诸侯之位，上承于六五柔中之君，能奋其刚伐，坚守正道，则吉而无悔。如殷商之诸侯执伯，奉高宗之命，动用其刚武以讨伐鬼方，三年终于平定，克奏大功，而得奖赏于大邦国之中。

《象辞》说，"贞吉，悔亡"，是说其志能获得实践。

【象证】与既济相反、相综，未济九四即既济九三，故文辞部分相同（参见前释）。九四不正，变正以承其君，故"贞吉，悔亡"。四、五震象半见，离为干戈，三、四艮象半见，艮为手、为伐，四变三至五互坤为方，坎为盗、为北，故"震用伐鬼方"。四变则初至五互体师象，亦出师象也。离三，又下三爻，故"三年"。阳为大，坤为邦，乾阳为大、为赏，故有赏于大邦。坎为志，震为行，故"志行也"。

"赫赫南仲，玁狁于襄。"（《诗经·小雅·出车》）及"薄伐玁狁，至于大原，文武吉甫，万邦为宪。"（《诗经·小雅·六月》）赞美周宣王中兴时，尹吉甫、南仲伐玁狁。又如卫青、霍去病奉汉武帝之命讨伐匈奴。李靖、徐世勣、薛仁贵奉唐太宗、高宗之命，底定突厥、朝鲜。拔都奉成吉思汗之命平定欧亚大陆是也。

【笺注】《周易口诀义》曰："九四履失其位，所以有悔，然出险难之外，居文明之初，接近于君，志行其正，所以获吉，忧毁乃亡，故曰'贞吉，悔亡'

也。为君所任，正志既行，靡有禁其威者，故震发威怒以伐远方，故曰'震用伐鬼方'，不能即服，故曰'三年'也。五处中位，体包明德。既居尊位，不夺物功。九四既有功劳而乃以百里之国赏之，谓封以茅土，故曰'有赏于大国'也。"

杨万里曰："未济之九四，圣人喜其伐鬼方之赏；既济之九三，圣人忧其伐鬼方之怠。何也？既济之世，利用静；未济之世，利用动也……马援请行征蛮于建武之隆，李靖请行伐狄于贞观之盛，既济之九三以之。宣王兴衰拨乱之世，而吉甫伐玁狁，召虎伐淮夷，方叔伐蛮荆，未济之九四以之。"（《诚斋易传》）

六五：贞吉，无悔。君子之光，有孚，吉。
《象》曰："君子之光"，其晖①吉也。

【音注】①晖："光也。"（《说文》）光辉。

【义译】六五，以柔中之才，而居天子之尊位，当未济尚未成功之时，乘承皆阳刚（上下皆阳），用圣贤俊杰在位，能者在职，得阳刚贤臣之助，能变未济为既济，以持正而获吉，就没有后悔。这是君子的光辉，有孚信于人，是吉利的。

《象辞》说，"君子之光"，是说光辉照耀天下而获得吉利。

【象证】六五，"贞吉，无悔。君子之光"，即《彖辞》所谓"'未济：亨'，柔得中"者也，变正则吉而"无悔"。离为火、为明、为光辉，坎为孚，二至五互体既济，变正，则上卦成乾，乾为君子，故"君子之光，有孚，吉"。

昔周成王继统尚幼，能信周公，卒赖周公之力，平乱而安天下。既长，周公返政，成王乃能承文、武、周公之鸿绪以王道治民，下传其子康王，亦能守成，史称"成康之治"。

上九：有孚于饮酒，无咎。濡其首，有孚失是。
《象》曰：饮酒濡首，亦不知节也。

【义译】上九以阳刚，居未济尚未成功之终点，是衰极必盛，否极泰来，未济终能济渡成功的，所以有孚信于燕享酒食作乐，这是无咎的。但以阳处阴，位既不正，若不知节制，以致乐极生悲，沉湎不已，必会喝得大醉，而沾湿他的头，像这样荒唐、沉湎不醒的话，就会失去孚信，不能成功而必至于失败了。

《象辞》说，饮酒而至沾湿其首，这是沉湎不醒、荒唐过度、不知节制啊。

【象证】坎为水、为玄酒、为孚，初至五互双坎，兑口半见，故"有孚于饮酒"。五变正，外卦乾为首，互体双坎，坎为水、为濡，故"濡其首"，而"不知节也"。故圣人戒饮酒，有节，治不忘乱，安不忘危，则身安而国家可保也。

盖兴尽悲来，乐极生悲，泰极必否，治极必乱，故桀、纣因饮酒濡首，沉迷酒色、不知其极而亡国灭家。石崇富贵至极，立金谷园金谷酒数，终至富贵奢侈，沉湎酒色，而家亡身灭。唐明皇于天宝之末与杨贵妃荒唐不节，亦妻死国破，身仅得免。

系辞上译注

第一章

先为研读讲授方便，依辞义分章。此章述作《易》之始、《易》之条例及《易》含三义：不易、变易、简易。

天尊地卑①，乾坤定矣；卑高以陈，贵贱②位矣。动静有常，刚柔③断矣。方④以类聚，物以群分，吉凶生矣。

【音注】①天尊地卑：尊，尊贵、崇高，天之德性；卑，谦卑低下，地的德性。太极生两仪，两仪者，阴阳也、天地也、乾坤也。乾为阳、为天、为高；坤为阴、为地、为低。《易经》法象于天地，故乾为阳、为君，象征着天的尊贵崇高；坤为阴、为臣，象征着地的谦顺低下。 ②贵贱：《易经》六爻贵贱之位有二说。一者，五为君位，余为臣位。二者，汉《易》及《易纬·乾凿度》以初为元士、二为大夫、三为三公、四为诸侯、五为天子、上为宗庙。 ③刚柔：刚就是阳，柔就是阴，《易经》卦爻完全由阴（--）阳（—）爻的符号所组成，阳曰九，阴曰六。 ④方：犹道也。君子以仁义为道，故以类相聚。小人各以赌、盗、淫、妄、邪、杀、恶毒为道，皆各以其同道为类而相聚。与君子善、德同道则吉，与小人恶、邪同道则凶。

【义译】天尊贵于上，地卑微于下；《易经》中乾为天、为高、为阳，坤为地、为低、为阴的象征就定了。天地间万事万物莫不由低下以至高大，杂然并陈，《易经》中六爻贵贱的位置，也依序而排列着。天地间万事万物动极必静，静极必动，动静有一定的常态，《易经》中阳刚阴柔，阳极生阴，阴极生阳的道理，也就由此断定了。天下人各以其道而以类相聚，物各以其群而以类相分。同于君子、同于善的事物则吉，同于小人、同于恶的事类则凶就产生了。

【象证】此节述圣人作《易》因天地阴阳、宇宙万物、尊卑上下、刚柔动静、吉凶而制定卦爻的法则，明不易之理，谓《易经》的真理，永恒不变。

虞翻曰："天贵故尊，地贱故卑，定谓成列。乾高贵五，坤卑贱二，列贵贱者，存乎位也。"又"物三称群，坤方道静，故'以类聚'；乾物动行，故'以群分'；乾生故吉，坤杀故凶，则'吉凶生矣'"。

荀爽曰："否七月万物已成，乾坤各得其位定矣。"又"断，分也，乾刚常动；坤柔常静，分阴分阳，迭用柔刚"。

在天成象，在地成形，变化见矣。是故刚柔相摩①，八卦相荡②，鼓③之以雷霆④，润⑤之以风雨，日月运行，一寒一暑。乾道成男，坤道成女。乾知大始⑥，坤作成物。

【音注】①摩：相切擦。刚就是阳，柔就是阴，阴阳相互切摩变化，相刃相靡，由是有万物的产生。 ②荡：推动激荡。八卦乾为天、坤为地，震为雷、巽为风，坎为水、为雨、为月，离为日、为电、为火，艮为山、为大陆，兑为海洋、为泽，此八种自然物象，相与鼓动推荡而创造宇宙万物万事。 ③鼓："动润泽。"（虞翻） ④雷霆：急雷震动。 ⑤润：沾湿滋益。 ⑥大始：最早、最大的开始，是天。

【义译】天为阳，地为阴。在天成就日月星辰、昼夜晦冥的诸般现象，在地成就山川河岳、动植高下的诸般形态，而宇宙间错综复杂的万事万物，由是变化产生。阴阳二性就是如此相互不停地切磋琢磨，而产生四象、八卦，乃至宇宙万事万物。八卦之天、地、风、雷、水、火、山、泽，不停地相互推动激荡，由是而产生宇宙万有，也就是说，宇宙间的万物是由于天地阴阳八卦的变化产生的。比如说宇宙万有的开始，先以雷霆之气鼓动万物的生机，继则以风雨润泽、滋益万物的气机，而有了日月的运行，就构成了人间的昼夜寒暑。乾为天、为父、为阳，是构成男性的象征。坤为地、为母、为阴，就构成女性的象征。乾为天，代表时间，故知天地的原始。坤为地，代表空间，故能开创作成万物。

【象证】此节说明阴阳八卦的变化，创造了宇宙万有。明变易之道，宇宙万物由于不停地变易进步，而生生不息，日新又新地开展。

虞翻《八卦·纳甲》："谓日月在天，成八卦。震象出庚，兑象见丁，乾象盈甲，巽象伏辛，艮象消丙，坤象丧乙，坎象流戊，离象就己，故'在天成象也'。'在地成形'，谓震竹巽木，坎水离火，艮山兑泽，乾金坤土，在天为变，在地为化，刚柔相推而生变化矣。旋转称摩、薄也，乾以二、五摩坤成震坎艮，坤以二、五摩乾成巽离兑，故'刚柔相摩'，则'八卦相荡'也。"

乾以易知，坤以简能。易则易知，简则易从。易知则有亲，易从则有功。有亲则可久，有功则可大。可久则贤人之德，可大则贤人之业。易简而天下之理得矣，天下之理得而成位乎其中矣。

【义译】乾为天，为阳（—）的符号，是很容易知道的；坤为地，为阴（--）的符号，是很简单而又能够让人理解的。容易则易于了解，简易则易于遵从。人容易了解则容易亲附，容易遵从则行之有功。容易亲附，则可以长久；有能成功，则可以创造伟大的事业。可以长久的，是贤人的德泽；可以成为伟大的，是贤人的事业。《易经》的道理如此简易，而能包含天下的道理；能了知天下的道理，则可以与天地同参，而成不朽的事功名位了。

【象证】此节明"简易"之理。易之起源，即始于一阴一阳，效法乾易坤简之理，而去弥纶天地宇宙之道。能以简御繁，则万事理；万事理，则可以与天地参矣。

郑玄《六艺论》云："'易'之为名也，一言而含三义，易简一也，变易二也，不易三也。故《系辞》云：'乾、坤其《易》之蕴耶'，又云：'《易》之门户邪。'又云：'夫乾确然示人易矣，夫坤隤然示人简矣。易则易知，简则易从。'此言其简易之法则也。又云：'为道也屡迁，变动不居，周流六虚，上下无常，刚柔相易，不可以为典要，唯变所适。'此则言其顺时变易，出入移动者也。又云：'天尊地卑，乾坤定矣。卑高以陈，贵贱位矣。动静有常，刚柔断矣。'此则言其张设布列不易者也。据此三义，而说《易》之道，广矣，大矣。"

虞翻曰："阳见称易，阴藏为简，简，阅也，乾息昭物，天下文明故'以易知'；坤阅藏物，故以'简能'矣。乾县（悬）象著明，故'易知'；坤阴阳动辟，故'易从'。不习无不利，地道光也。阳道成乾为父，震坎艮为子，本乎天者亲上，故'易知则有亲'；以阳从阴，至五多功，故'易从则有功'矣。易为乾息，简为坤消，乾坤变通，穷理以尽性，故'天下之理得'矣。"

蜀才曰："以其'易知'，故物亲而附之；以其'易从'，故物法而有功也。"

荀爽曰："阴阳相亲，杂而不厌，故可久也。万物生息，种类繁滋，故可大也。阳位成于五，五为上中；阴位成于二，二为下中，故《易》成位乎其中也。"

杨诚斋曰："此章言作《易》之本始也。盖《易》有二，有未画之《易》，有既画之《易》。未画者《易》之理，既画者《易》之书……因彼之天地，定吾二卦为乾坤；因天地之卑高，列吾六位之贵贱；因天地之动静，判吾九、六之刚柔；因天地之间万物之聚散，生吾八卦之吉凶；因天地之示形象，见吾六十四卦之变化……乾坤者，礼之祖而《易》之门也……圣人之德始乎法天地，终乎参天地也。圣人法乾德之易，故天下皆可以易知；圣人法坤之简，故天下皆可以易从。易知则有亲，乐其中之无险也。若德宗之猜忌，人亦猜之，何亲之有？易从则有功，信其成而争先也。若苻坚之妄动，人皆危之，何功之有？有亲则天下附之而不可解，故可久；有功则天下成之而不知倦，故可大。圣人之德业，于是为至。而乾坤易简之理，吾自得之矣；乾坤易简之理得，而圣人成位乎乾坤之两间，而与天地参矣。夫圣人以《易》简成，而昧者以智巧败。《易》简之理无它，因天地自然之理而顺之耳，因尊卑以定乾坤，于是天地之理，不在天地，而在《易》，因乾坤而得《易》简，于是天地之理不在《易》，而在圣人。"（《诚斋易传》）

第二章

圣人设卦观象，系辞焉而明吉凶，刚柔相推而生变化。是故吉凶者，失得之象也；悔①吝②者，忧虞③之象也；变化者，进退之象也；刚柔④者，昼夜之象也。六爻之动⑤，三极⑥之道也。

【音注】①悔：懊悔，后悔。 ②吝：吝惜。 ③忧虞：忧虑。 ④刚柔：阳为刚、为昼；阴为柔、为夜。 ⑤六爻之动：八卦各有三画，下为地、上为天、中为人。六十四卦各有六画，初与二为地之道，三与四为人之道，五与上为天之道，是为六爻三才之位。动者变也，初、三、五为阳位，二、四、上为阴位。阳居阴位，阴居阳位，谓之不当位。不当位则宜变动，而成为得位。阳居阳位，阴居阴位，谓之得位，当位，亦曰正位。 ⑥三极：即三才，天、地、人也。

【义译】圣人设置八卦、六十四卦，是由观察宇宙间万事万物的现象而设置的，每卦设有六爻，六十四卦共有三百八十四爻以规范之；圣人复于各卦、爻下，系以卦辞、爻辞的吉凶悔吝而表明吉凶的趋向。《易经》中阳刚阴柔的相与切磋琢磨，推荡鼓动而产生变化。所以《易经》中所言"吉凶"，就是成功或失败的现象；"悔吝"就是表示忧虑的现象；"变化"是前进或后退的现象；"刚柔"即是昼夜，昼尽夜来，正如阴阳、日夜、圆缺、成败、治乱相互循环的现象。"六爻的动态"就是天、地、人三才的道理。

【象证】此节说明观察宇宙人生万事万物的现象，而设置六十四卦三百八十四爻，复系以卦辞、爻辞、象辞，以表明吉凶悔吝，以示进退得失变化之道，以显天、地、人三才之理。

李鼎祚曰："圣人谓伏羲也，始作八卦，重为六十四卦矣。"又"文王观六十四卦三百八十四爻之象，系属其辞"。

荀爽曰："因得明吉，因失明凶也……忧虞小疵，故悔吝也……春夏为变，秋冬为化，息卦为进，消卦为退也……刚谓乾，柔谓坤；乾为昼，坤为夜，昼以喻君，夜以喻臣也。"

虞翻曰："刚推柔生变，柔推刚生化也……吉则象得，凶则象失也……悔则象忧，吝则象虞也。"阴阳失位则动变，得位则否，故以阳居阴位，阴居阳位，则动。

干宝曰："悔亡则虞，有小吝则忧；忧虞未至于失得，悔吝不入于吉凶。事有小大，故辞有急缓，各象其意也。"

陆绩曰："天有阴阳二气，地有刚柔二性，人有仁义二行。六爻之动法乎此也……三才，极至之道也。初、四，下极；二、五，中极；三、上，上极也。"

是故君子所居而安者，《易》之序①也；所乐而玩者，爻之辞也。是故君子居则观其象而玩其辞，动则观其变而玩其占②。是以"自天佑之，吉无不利"。

【音注】①序：秩序、次序。若以阴阳而言，阳上阴下，阳为君、为大，阴为民、为小，大小尊卑有一定之次序。以八卦而言，乾天、坤地、震雷、巽风、坎月、离日、艮山、兑泽，各有先后天及象数所表现的次序。以六爻而言，初士位、二大夫、三三公、四诸侯、五天子、上宗庙。始于初、成于二、极于三、变于四、盛于五、终于上，亦有一定先后、始终、本末之次序。以六十四卦而言，除邵康节《六十四卦方圆图》之次序，还有文王、孔子序卦之次序（已著录于《周易·序卦》），即乾、坤、屯、蒙、需、讼、师……未济之次序也。 ②动则观其变而玩其占：一有行动，即以《易》占筮其吉凶祸福之征兆；若善于《易》者，明于《易》序，虽不筮，亦能预知吉凶。玩（wán），研讨，玩味。

【义译】所以君子平常居处的时候，能心安理得，安时而处顺，这是因为能了解《易》的次序，而预知吉凶祸福的先机。君子所以快乐而研求玩味的，是《易》的爻辞。所以君子平常居处之时，就观察《易》象而探索玩味它的文辞；一有行动，则观察《易》的变化，而玩味占筮的吉凶。所以能如大有上九爻辞所说"从上天佑助之，完全吉而没有不利的"。

【象证】此节述君子能观象研辞，观变研占，知《易》、明《易》而用《易》，所以能安时处顺无所处而不当，故得天佑助，吉而无不利。

杨诚斋曰："学《易》必有序，有致知之学，有力行之学，其先后之序不可紊也……由其序则自得之而居之安矣……何谓致知？居而静则观《易》之象，玩爻之辞以自乐。玩其辞者愈味之而愈无穷，乐而玩其辞愈乐之而愈有得，此致知之学也。何谓力行？出而动则观象之变，玩爻之占而后动……吾不自动，动必以时，吾不自为时，时必以《易》，此力行之学也。其知以《易》，其行以《易》，有所不动，动罔不吉矣。非吾动也，以《易》动也。非《易》动也，以天动也。"（《诚斋易传》）

来知德曰："辞因象而系，占因变而决。静而未卜筮时，《易》之所有者象与辞也；动而方卜筮时，《易》之所有者变与占也。《易》之道一阴一阳，即天道也，如此观玩，则所趋皆吉，所避皆凶，静与天俱，动与天游，冥冥之中，若或助之矣。"（《周易集注》）

第三章

补足上章未尽之意，再释象、爻、吉凶、悔吝、无咎、爻位、卦辞之义，并教吾人用"明辨""知几""反省"的功夫以学《易》。

彖①者，言乎象者也。爻②者，言乎变者也。吉凶者，言乎其失得也。悔吝者，言乎其小疵也。无咎者，善补过也。

【音注】①彖：原义为"豕走也"（《说文》）。王弼云："总一卦之义也。"引申为断，以卦象、卦德解说卦辞及卦意者也。　②爻：阴阳的符号，阳爻（—）曰九，阴爻（--）曰六。

【义译】"彖辞"就是解释全卦的道理现象的。"爻辞"是说明每一爻的变化的。"吉凶"是说明其成功或失败的。"悔吝"是说明其小有弊病与过错的。"无咎"是要人善于补救过失。

【象证】此节说明彖、爻、吉凶、悔吝、无咎之意，再补述前章之意。

虞翻曰："在天成象，八卦以象告；彖说三才，故言乎象也……爻有六画，所变而玩者，爻之辞也。谓九、六变化，故言乎变者也。"

是故列贵贱①者存乎位，齐②小大者存乎卦，辩③吉凶者存乎辞④，忧悔吝者存乎介⑤，震⑥无咎者存乎悔。是故卦有小大，辞有险易。辞也者，各指其所之。

【音注】①贵贱：六爻贵贱之位，已注于前。又初位卑、二多誉、三多凶、四多惧、五多功、上过亢。　②齐："正也。"（王肃）　③辩：音义同"辨"。　④辞：爻辞。　⑤介：纤介之间，或解为耿介。　⑥震：动也。

系辞上译注　｜　577

【义译】所以分出六爻贵贱，就在于它所居的位置而定。齐一各卦所包含的大小，则在各卦的卦象而知。辨别吉凶的，就在各卦各爻文辞可知。忧虑于悔吝之来临者，则在于吉凶祸福、义利、善恶、几微纤介之间，谨慎小心（或解在乎耿介）。能从"无咎"之中变动而吉者，则在于能反省与悔改。所以卦有指小事大事，卦爻之辞也有极危险的，如剥、刖、征凶，也有极平易的，如利见大人、利涉大川。各卦爻之辞，皆各指各卦各爻旨意的趋向。

【象证】此节述爻位贵贱、卦象卦理所含大事小事，并教人由"明辨""知几""反省"以学《易》。

侯果曰："二、五为功、誉位，三、四为凶、惧位，凡爻得位则贵，失位则贱；故曰'列贵贱者，存乎位矣'。"

王肃曰："阳卦大，阴卦小，卦列则小大分，故曰'齐小大者，存乎卦也。'"

第四章

言《易》道包天地、育万物、范阴阳，其运无乎不在。吾人用易，可以济天下、成万物，可以遍行不失，乐天、知命、安土、敦仁，故不忧不惧而能博施济众。

《易》与天地准①，故能弥纶②天地之道。仰以观于天文，俯以察于地理，是故知幽明③之故。原始反终，故知死生之说。精气④为物，游魂⑤为变，是故知鬼神之情状。

【音注】①准："水平谓之准。"（《说文》）谓法则、准则。 ②弥纶：弥，弥漫，包括。纶，经纶。 ③幽明：幽暗光明。幽则为鬼神，明则为人。阴为幽、为游魂，阳为明、为精气。 ④精气：精神气力（物质）。 ⑤游魂：灵魂神游无方，故谓之游魂。

【义译】《易》理准于天地，所以能包括、统贯、经营、涵盖天地间一切的道理。上则观察天上日月星辰的文采，下则观察大地山河动植的理则，所以知道阴阳、昼夜、光明幽晦的道理。追原万事万物的始终，故知生死始终循环的道理。精神、气力、物质合而构成生物。灵魂是生命的泉源，它是随生老病死而变化的，了达阴阳幽明之理，由是我们可以探知鬼神的情形状态。

【象证】此节明《易》理准天地，统括天地万有之道，上通天文，下识地理，中识生死幽明阴阳鬼神之理。

虞翻曰："准，同也；弥，大；纶，络。谓《易》在天地，包络万物，以言乎天地之间则备矣，故'与天地准'也。"是以与天地合德、鬼神合吉凶，故不违。

故刘向云："《易》曰'仰以观于天文，俯以察于地理'，是故知幽明之故。夫天文、地理、人情之效存于心，则圣智之府。是故古者圣王既临天下，必变四时、定律历、考天文、揆时变、登灵台，以望气氛。"（《说苑·辨物》）

与天地相似，故不违。知周乎万物而道济天下，故不过。旁行①而不流②，乐天知命，故不忧。安土敦乎仁③，故能爱。范围天地之化而不过，曲成万物而不遗，通乎昼夜之道而知，故神无方而《易》无体。

【音注】①旁行：普遍而行。 ②不流：不失。 ③安土敦乎仁：此爱情哲学之先决条件。土者，人之所居。安土，安守本分，不逾越规矩准绳。敦仁，敦厚行仁。

【义译】《易经》的道理与天地的道理相似，故不违背。用《易经》能周知万物的情态，而其道足以匡济天下，故能致用而不会有过失。能普遍实行天下而未有流弊，通《易》道者能乐天道之所当然，知天命之造化，故无忧虑。安守本分不逾矩，以安处所处之境，而敦行仁道，故能爱人、爱己、爱天下。能范围、包括天地一切的变化，而不会有过失。能委曲成全造成万事万物，开创万有而不会遗漏。能通明于昼夜、阴阳的道理，而尽知宇宙人生之道。所以神的奥妙难测，是无方不在、无所不存的；《易》理之周备宇宙万物万事，是无体不包、无体不含的。

【象证】此节明《易》道包天地，周万物，故可以救济天下，并行不失，故无所不在。吾人用《易》可以乐天知命、安土敦仁，而范围天地、曲成万物矣。

干宝曰："否泰盈虚者，神也；变而周流者，《易》也。言神之鼓万物无常方，易之应变化无定体也。"

第五章

述《易》内圣外王之道，基于一阴一阳，根于性善，成于仁、义、礼、智、信的德性。用之则行，舍之则藏，可以创盛德大业。宜于日新又新，生生不已，自强不息，以通变创事，而至乎阴阳不测。

一阴一阳①之谓道。继之者善也，成之者性②也。仁者见之谓之仁，知③者见之谓之知。百姓日用而不知，故君子之道鲜④矣。

【音注】①阴阳：凡天地间相对待的，相反相生，相依相助，如日夜、刚柔、强弱、成败、天地、男女，皆谓之阴阳。　②性：德性，仁、义、礼、智、信之德性。　③知：智也。　④鲜（xiǎn）：少也。

【义译】一阴（--）一阳（—）两两相对、相助、相反、相生、相依持，而运转不息、开创宇宙万物的，这就是道。继续一阴一阳之道，而发展、繁荣宇宙万物的就是善；成就万事万物的就是天命的德性，亦即仁、义、礼、智、信的德性。有仁德的人见此德性，即认为是仁；聪明的人体察此德性，就认为是智。百姓日常受用、遵循此道、此德性而各遂其生，而不知其所然；所以君子之道能涵盖万有，为万物之根，而知之者却很少呀！

【象证】此节述创造宇宙万物者为一阴一阳之道，继之而发展宇宙万物者为善，成就宇宙万物者为仁、义、礼、智、信之德。一般人则见仁见智，各有偏重，而百姓则日用而不知，唯圣贤君子能知阴阳之道、性善之理，而全其仁、义、礼、智、信"五常"的德性。

韩康伯曰："道者何？无之称也，无不通也，无不由也。况之曰'道'。寂然无体，不可为象，必有之用极，而无之功显，故至乎神无方而易无体，而道可见矣。故穷变以尽神，因神以明道，阴阳虽殊，无一以待之。在阴为无阴，阴以之生；在阳为无阳，阳以之成，故曰'一阴一阳'也。"

世俗人及告子皆曰"食色性也"者，非也。食与色，人之欲望也，可以性善"五常"之德节之。今有一碗饭焉，得之则生，失之则死，而上有老母之人必不敢食也，而欲与老母者，仁也、义也、礼也；而老母亦不敢食也，亦必以让其子。母子相让焉，是仁、义、礼善良本性之存也；最后或许母子分而食之，智也。是仁、义、礼、智、信"五常"之德性，人人本具者也。有此"五常"之德性而可以不食也，是食非性也，欲也。色者，欲望之冲动也，非性善之本性也；如是性也，则父母兄弟姊妹之间乱伦矣。今人多能循"五常"之德而不犯欲望之色，是色者，欲也，非本性也。故《礼记·礼运》曰："饮食男女，人之大欲存焉。"

孔子曰："性相近也，习相远也。"（《论语·阳货》）是皆善性德性，凡人皆相近者也，而欲望习气使君子、小人相远耳，故曰凡人皆性善，食色非性也，欲也。后之人，勿以耳食，而谓孔子或孟子曰"食色性也"，孔、孟只说性善而已。告子以及俗人好食、好色之徒乃曰"食色性也"，以掩饰其欲望耳。悲哉！世俗之人黑白不分，奸佞得志，圣王不兴，吾儒内圣外王之至道，孰与兴理？

显诸①仁，藏诸用，鼓②万物而不与圣人③同忧。盛德大业，至矣哉！富有之谓大业，日新④之谓盛德。生生之谓《易》，成象之谓乾，效法之谓坤，极数知来之谓占，通变之谓事，阴阳不测⑤之谓神。

【音注】①诸：之于。　②鼓：鼓舞、鼓动。　③圣人：指天子。老子曰："圣人不死，大盗不止。"意指专制之君，如魏、晋、宋、齐、梁、陈之天子大盗相与篡位是也。　④日新：汤之盘铭曰："苟日新，日日新，又日新。"《易经》即此生生不已、新新不停、自强不息以进德修业者也。　⑤测：测度、忖测。

【义译】君子之道（即《易》道）显现之以仁道，是可以见之于实行的。其德智兼修的内圣外王之道，蕴藏之以致用，是可以舍之则藏的。能鼓舞鼓动万物的生机，开创成万事万物，而不与得天子位的圣人同其忧思。可以树立盛明的德行，创造伟大的事业，是多么伟大至极而完美呀！事业和德业的富有，就是伟大的事业了。日新又新，就足以完成盛明的德行了。生生不息，变化前进不已，就是《易》。成就现象就是"乾"天阳刚为君的象征。效法而行就是"坤"地阴柔为臣的象征。极尽数术的推演，知道将来的变化就是《易经》的"占"。通达变化之道，就能创造"事（业）"。能运用阴阳之道，至神奇奥妙、变化莫测的，就是"神"了。

【象证】此节述《易》内圣外王之道，可以用之则行，舍之则藏，可以创盛德大业，当日新又新，生生不已，并从而参赞乾坤、通达占事，以至乎阴阳不测之神。

王凯冲曰："万物皆成，仁功著也；不见所为，藏诸用也。物无不备，故曰富有。变化不息，故曰日新。"

侯果曰："圣人成务不能无心，故有忧；神道鼓物寂然无情，故无忧也。"

荀爽曰："盛德者，天；大业者，地也。"又"阴阳相易，转相生也"。

徐干曰："君子非仁不立、非义不行、非艺不治、非容不庄。四者无怠，而圣贤之器就矣。《易》曰：'富有之谓大业。'其斯之谓欤。"（《中论·艺纪》）

第六章

赞《易》内圣外王之道之广大，而归宗于动静之正道，务知变通，识阴阳，而以《易》简之善，立至德之基。

夫《易》广矣！大矣！以言乎远，则不御①；以言乎迩②，则静而正；以言乎天地之间，则备矣。

【音注】①御：止也。 ②迩：近也。

【义译】《易》道真是广大呀！论说它的远大，则无所止境；说到近处，则《易经》这本书，很文静而又端端正正地放置在我们前面；以谈论天地之间，就具足一切万事万物的道理了。

【象证】此节言《易》道广大，远则无止境，近则在眼前，具备天地间一切事理。

虞翻曰："乾象动直故大，坤形动辟故广也……远谓乾，天高不御也；迩谓坤，坤至静而德方，故正也……《易》广大悉备，有天地人道焉，故称备也。"

夫乾①，其静也专，其动也直，是以大生焉。夫坤②，其静也翕③，其动也辟，是以广生焉。广大配天地，变通配四时，阴阳之义配日月，《易》简之善配至德。

【音注】①乾：乾为天，纯阳刚健故静专动直。 ②坤：坤为地，纯阴柔顺故静合动辟。 ③翕（xī）：合也。

【义译】乾为天，六画皆阳，纯阳刚健，当它静而不变时，则专一而无他，当它动而变化时，则正直而不挠（老子云："天道无亲，常与善人。"），所以广大的宇宙持此产生。坤卦六画皆是阴，柔顺敦厚，当它静而不变之时，则收敛深藏，当它动而变化的时候，则广开展布，所以广大的万物皆由是产生。《易》理的广大，配合天地的无穷；变化通达，配合四时的运转、日新而不已；阴阳之理，配合日月；《易》简的至善，配最高的德性。原是如此的尽善尽美！

【象证】此节言乾坤阴阳动静开合，不违正直之善，故能造成天地之大，四时之变，而归之于《易》简至善之哲理。

宋衷曰："乾静不用事，则清静专一，含养万物矣。动而用事，则直道而行，导出万物矣。一专一直，动静有时，而物无夭瘁，是以大生也。翕，犹'闭'也，坤静不用事，闭藏微伏，应育万物矣；动而用事则开辟群蛰，敬导沉滞矣。一翕一辟，动静不失时，而物无灾害，是以广生也。"

第七章

圣人效法天地，以《易》崇德广业，务先成就其仁、义、礼、智、信"五常"的德性，存之再存，蕴存不已，方可入道。

子曰："《易》其至矣乎！夫《易》，圣人所以崇德而广业也。知崇礼卑①；崇效天，卑法地。天地设位，而《易》行乎其中矣。成性存存，道义之门。"

【音注】①卑：谦卑，低下。

【义译】孔子说："《易经》的道理，是最伟大的了！《易经》正是圣人用以崇高他的道德而广大他的事业的！智慧要到崇高，而礼节则自谦卑入手。崇高效法天道，谦卑效法地道。天地既设位，《易经》的道理也就行于天地之间了。成就此崇高广大的德性，当不停地蕴存之、存养之，这就是道义所由产生的门户。"

【象证】虞翻曰："崇德效乾，广业法坤也……知谓乾效天崇，礼谓坤法地卑也……位谓六画之位，乾坤各三爻，故天地设位。《易》出乾入坤，上下无常，周流六虚，故《易》行乎其中矣。"

第八章

圣人有以见天下之赜①，而拟诸其形容，象其物宜，是故谓之象。圣人有以见天下之动，而观其会通，以行其典礼，系辞焉以断其吉凶，是故谓之爻。言天下之至赜而不可恶②也，言天下之至动而不可乱也。

【音注】①赜（zé）：幽深难见。"赜"之今字，"大呼也"（《说文》）。或争论，

系辞上译注 | 583

引申为繁杂高深之意。　②恶：厌恶。

【义译】圣人见天下万事万物的繁杂幽深，因而拟测万事万物的情形状态，而归纳为八个基本卦，以象征万事万物所适宜的物象，所以叫作"象"。圣人见天下一切动作营为的千变万化，而观察它可以会而通之之道，制成六十四卦、三百八十四爻，以显现一切动作营为的常体规范，复各系之以辞，以断定它的吉凶，因此就称为"爻"了。有了八卦以代表万事万物，所以面对天下最繁杂幽深的万事万物，也不致嫌弃厌恶了。有了三百八十四爻以拟像天下一切的动作营为，所以面对天下最动荡不安的事情，观察《易》爻，也不至于繁乱了。

【象证】此节释象、爻之义，有了象则可以简御繁，有了爻则动作有准则。

荀爽曰："三百八十四爻，阴阳动移，各有所会，各有所通。"

拟之而后言，议之而后动，拟议以成其变化。"鸣鹤在阴①，其子和之。我有好爵②，吾与尔靡③之。"

子曰："君子居其室，出其言善，则千里之外应之，况其迩④者乎？居其室，出其言不善，则千里之外违之，况其迩者乎？言出乎身，加乎民；行发乎迩，见乎远。言行，君子之枢机⑤；枢机之发，荣辱之主也。言行，君子之所以动天地也，可不慎乎？"

【音注】①阴：水的南岸，阴暗，见中孚九二爻辞。阴是阴暗处，水的南面叫阴，北面叫阳；山的南面叫阳，北面叫阴。　②爵：爵位。　③靡：治理。　④迩：近。　⑤枢机：关键。

【义译】八卦，六十四卦之象，三百八十四爻之辞，既是从拟议而得，则吾人于世间处事应物，亦当拟测揆度之后，才可以发出言论。议论、探讨周详后，才可以有所动作。如果吾人的言行能如此拟测揆度，议论探讨，斯能成就变化如神的事业。如中孚九二的爻辞说："鹤鸣于阴暗处，其子即能和其音以响应。我有好的爵位，我将与你共同来治朝理政。"

孔子申论之云："君子住在家里，发出善美的言论，则千里之外的人，也会闻风响应兴起，何况是接近他的人呢？君子住在家里，如发不善的言论，则千里之外的人，也会违背他，而不以为是，何况于接近他的人呢？言语是从本身发出的，而能影响于百姓；行为是从近处着手的，而能显现于很远之处。言行是君子做人处事的关键要枢；关键的发起，是受到光荣或是受到侮辱的主宰。

言行正是君子所以感动天地的原因，可以不谨慎吗？"

【象证】此节谓吾人处世，应对进退、待人接物，必当先拟测揆度其言，而后言，先衡量讨论其行，而后行，方能得荣去辱。并引中孚九二以申论发挥，以证一己之言行，实与全人类相应，不可不慎。

荀爽曰："艮为门，故曰枢；震为动，故曰机也。"

翟元曰："枢主开闭，机主发动，开闭有明暗，发动有中否，主于荣辱也。"

桓谭云："夫言行在于美善，不在于众多，出一美言美行，而天下从之，或见一恶意丑事而万民违之，可不慎乎？故《易》曰：'言行君子之枢机，枢机之发，荣辱之主，所以动天地者也。'"（《新论·言体》）

"同人，先号咷①而后笑。"子曰："君子之道，或出或处，或默或语，二人同心，其利断金。同心之言，其臭②如兰。"

【音注】①号咷：大哭大叫状。见同人九五爻辞。 ②臭：气味。

【义译】同人九五云："居尊得位，在削平天下、天下和同之先，本有艰难，故有号咷大哭之危；以至诚感人，大中至正，终至天下和同，定于一尊，成功立业，故后快乐而笑。"孔子申论之说："君子之道，或出而服务天下，或隐处而独善其身，或沉默或语言，如二人同心，其利足以切断坚硬的金属。同心的意思，是说二人精诚团结，心意齐同，其气味相投，犹如兰花的芬芳。"

【象证】今人之"义结金兰""臭味相投"之成语出于此处。此节拟议同人九五爻辞，以释同心同德，方能共济时艰，成功立业。

"初六，藉用白茅，无咎。"①子曰："苟错②诸地而可矣，藉之用茅，何咎之有？慎之至也。夫茅之为物薄，而用可重③也。慎斯术④也以往，其无所失矣。"

【音注】①首句为大过初六的爻辞。 ②错：即措，放置之意。 ③重："国之大事，在祀与戎。"（《左传·成公十三年》）祭祀也是大事，很重要。

【义译】大过初六的爻辞说："藉用白茅，承垫在祀品之下，这是无咎的。"孔子申论之说："祭祀品如放在地上，也就可以了，而又承垫之以白茅，又哪有灾咎呢？是谨慎到极点了。茅草之为物是很纤薄、不贵重的，而可用于承垫祭祀的祭品，则其用处很重大的了。人如能以此谨慎之道以行，就不会有所错失了。"

【象证】此节引大过初六爻辞，以拟议谨慎行事，可以不败，虽小物亦可

系辞上译注 | 585

以作重用，不可以其小而不慎重，遂以忽视，忽视则将败事也，故君子敬慎以将事。

"劳谦，君子有终，吉。"子曰："劳而不伐，有功而不德，厚之至也。语以其功下人者也。德言盛，礼言恭。谦也者，致恭以存其位者也。"

【义译】谦卦九三爻辞上说"劳苦功高而又谦虚的君子，最终是吉利的"。孔子说："有功劳而并不夸耀，有功绩而并不自以为德，这是敦厚到极点了。是说以其劳苦功高还谦下于人。德是称其有盛明的德行，礼是说其能恭敬。谦虚就是表现发挥恭敬以保存他的职位。"

【象证】此拟议谦卦九三经文，以教人虽劳苦功高，犹须谦虚恭敬、谦卑谦下，方能保存其位，而功名可全。

孔颖达曰："欲求外物之应，非唯谨慎，又须谦以下人。"

"亢龙有悔。"子曰："贵而无位，高而无民，贤人在下位而无辅，是以动而有悔也。"

【说明】此重录乾《文言》上九之辞，以证不谦虚则有悔，故君子虽劳苦功高，犹不可不谦虚也。详见乾《文言》注释。

"不出户庭，无咎。"①子曰："乱之所生也，则言语以为阶。君不密则失臣，臣不密则失身，几事不密则害成。是以君子慎密而不出也。"

【音注】①引节卦说明保密防谍的重要。

【义译】节卦初九爻辞上说："不出门庭，是没有灾咎的。"孔子说："扰乱所生起的原因，是言语以为阶梯。国君不保密，则失去臣子；臣子不保密，则失去生命；机密的事情不保密，则造成灾害。所以君子是谨慎守密，而不泄漏机密。"

【象证】此拟议节卦初九爻辞于保密防谍，慎言守密，以存身安国。

孔颖达曰："又明拟议之道，非但谦而不骄，又当谨慎周密，故引节初周密之事以明之也。"

杨诚斋曰："处世事者戒漏言。唐高宗告武后以'上官仪教我以废汝'，此君不密则失臣也。陈蕃乞宣臣章，以示宦者，此臣不密则失身也。失臣失身，可悼也！几事不密，唐几为周，汉几为魏，尤可悼也！然则谨密而不出，遂忘世

乎？曰仲尼不云乎：'邦有道，危言危行；邦无道，危行言孙。'"（《诚斋易传》）

子曰："作《易》者，其知盗乎！《易》曰：'负且乘，致寇至。'负也者，小人之事也；乘也者，君子之器也。小人而乘君子之器，盗思夺之矣；上慢下暴，盗思伐之矣。慢藏诲①盗，冶②容诲淫。《易》曰：'负且乘，致寇至'。盗之招也。"

【音注】①诲：教导，虞氏作"悔"。　②冶：妖媚。汉人传述之《易》多作"野"，如《周易集解》作"野容"，即妖野仪容。

【义译】孔子说："作《易经》的人，大概知道强盗之所起吧！《易经·解卦》六三爻的爻辞说：'背负着东西，又且乘在车上，势必招致盗寇的来临。'负着东西本是小人之事；乘坐车子，本是君子治国平天下乘坐的器具。今小人窃乘君子的器具，必无能匡济，大盗必想强夺它了。君上傲慢，臣下暴敛，大盗必想侵犯讨伐其国了。散漫地储藏财富，就等于教诲盗寇的偷盗；妖冶其容貌，就等于教诲人来侮辱。《易经》曰：'负且乘，致寇至。'原是说自己招致盗贼的来临！"

【象证】拟议解卦六三爻辞于不安分守己则招盗寇。不敬慎其身，散慢暴戾，妖野其容，散慢其藏，必遭盗寇之来侮。

孔颖达曰："此又明拟议之道，当量身而行，不可以小处大，以贱贪贵。"

杨诚斋曰："小人之致盗有三，其为盗亦有三；一曰盗位，二曰盗势，三曰盗货。小人身为负贩之役，而僭乘君子之车，此盗位也。既得君子之位，而公行暴慢之恶，此盗势也。以负贩之窭（困穷也），而骤得千金之富，矜其有，忽于藏，此盗货也。己盗其三，盗亦将盗其三，己以盗而得，盗亦将盗其得，是故得车，而盗夺之，得势而盗伐之，得货而盗取之……小人实教盗以盗己之有也。司马氏安能盗魏，曹操教之也；萧衍安能盗齐，萧道成教之也。故仲尼曰：'作《易》者，其知盗乎？'"（《诚斋易传》）

第九章

述占筮之法，及阴阳爻的策数，引申之可以显道神德行，可以通变达用。

大衍①之数五十，其用四十有九；分而为二以象两，挂②一以象三，揲③之以四以象四时，归奇于扐④以象闰；五岁再闰⑤，故再扐而后挂。

【音注】①衍：演也，广也。 ②挂：悬挂。 ③揲（shé）：以某数为计算单位。"阅持也。"（《说文》）又"著也"（《广韵》）。即数蓍草以占卜吉凶。 ④扐（lè）：筮时挂著于指间。 ⑤闰：多余的日子，累积起来，农历三年多一个闰月，五年多两个闰月，称为闰，故曰"五岁再闰"。此教人筮法也。

【义译】大演天地之数以卜筮，用五十根蓍草（亦可以吸管或竹木条代之，一加至十为五十五，减五行为五十），其用唯四十九根而已（留一不用，放回袋中，以象太极安处不动）。将其任意分为两堆，以象两仪（天地也，阴阳也）。从右手堆中取出一根，挂于左手小指和无名指间，以象天地人三才。以四根、四根地去分之，以象四时（四象）的运行。

先以右手取左边的蓍草，以四根、四根之数而分之，将其余数，或一、或二、或三、或四，挂于无名指与中指之间，以象农历三年一闰；再以左手取右手堆的蓍草，用四根、四根的数而分之，将其余数或一、或二、或三、或四，挂于中指与食指之间，以象征农历的五年两闰。如是将挂于左手的蓍草取出，非五即九，即成一变，是谓"再扐而后挂"。

复将左右堆之蓍草（非四十即四十四）合之，再顺"分二象两"至"再扐后挂"之序行之，将挂于左手指之数（非四即八）取出，是为第二变。

再将左右堆之蓍草合之，再顺前面的次序，复将挂于左手的蓍草取出（非四即八）是为第三变。

复将左右堆之蓍草合之，如剩下三十六根则为老阳，记以"▬"，三十二为少阴，记以"--"，二十八为少阳，记以"—"，二十四为老阴，记以"×"的符号。由是三变成一爻，十八变即成一卦。

占法则以老阳老阴为断，无则以卦辞为断。其占筮前之祷辞，应当非常诚敬地去先祈祷，云："兹有某人，某国某地人也，生于某年代，现在住在某地址，兹因某事疑而未决，恳求伟大之筮神伏羲上帝、神农、黄帝、文王、周公、孔子，吉兮告我，凶言其灾。"默念至少三遍，能焚香置案桌，更佳。先将准备之五十根蓍草，用锦囊盛好，以备占筮之用。

【象证】此明占筮之法。

天一地二，天三地四，天五地六，天七地八，天九地十。天数五、地数五，五位相得而各有合。天数二十有五，地数三十。凡天地之数五十有五，此所以成变化而行鬼神也。

【音注】此即古代河图之来源。天即阳奇数也，代表"○"白圈。地即阴偶数也，代表"●"黑圈。天数一、三、五、七、九，凡二十五；地数二、四、六、八、十，凡三十。所谓合者：一六共宗，合水；二七同道，合火；三八为朋，合木；四九为友，合金；五十同涂，合土。

【义译】天即阳，地即阴。阳数是奇数，即一、三、五、七、九；阴数是偶数，即二、四、六、八、十。阴阳之数各有五个，五个奇数、五个偶数各相参合，阳数共有二十五，阴数共有三十。阴阳之数合之共有五十有五，如是阴阳十位之数，推而大之，可至百京兆亿，推而小之，可至丝毫厘撮，这就是《易》道之所以成就变化，而如鬼神行驶的高深了。

【象证】此节有错简，郭京、程子、朱子、来氏知德皆以此节加在大衍之数前，今考汉《易》之序，当移至此。详见拙作《两汉十六家易注阐微》及《虞氏〈易〉述解》，并见中国书店出版之《汉易阐微》及先师屈万里翼鹏夫子对《汉石经》之研究结论。

虞翻曰："天数五，谓一三五七九，地数五，谓二四六八十也。五位谓五行之位：甲乾乙坤，相得合木，谓天地定位；丙艮丁兑，相得合火，山泽通气也；戊坎己离，相得合土，水火相逮也；庚震辛巽，相得合金，雷风相薄也；天壬地癸，相得合水，言阴阳相薄而战于乾。故五位相得而各有合，或以一、六合水，二、七合火，三、八合木，四、九合金，五、十合土也。（天数二十有五）一三五七九，故二十五也。（地数三十）二四六八十，故三十也。天二十五，地三十，故五十有五，天地数见于此。故大衍之数略其奇五而言五十也。"此则大衍之数五十有五，蓍龟所从生，圣人以通神明之德，以类万物之情。虞翻配以十天干，与五行八卦之纳甲、乾纳甲壬、坤纳乙癸、震纳庚、巽纳辛、坎纳戊、离纳己、艮纳丙、兑纳丁。兹图示之（《易》为立体图）。

荀爽曰："在天为变，在地为化；在地为鬼，在天为神。"

姚信曰："此天地之数五十有五，分为爻者，故能成就乾坤之变化，能知鬼神之所为也。"

侯果曰："夫通变化，行鬼神，莫近于数，故老聃谓子（孔子）曰：'汝何求道？'对曰：'吾求诸数，明数之妙，通于鬼神矣。'"

河　图

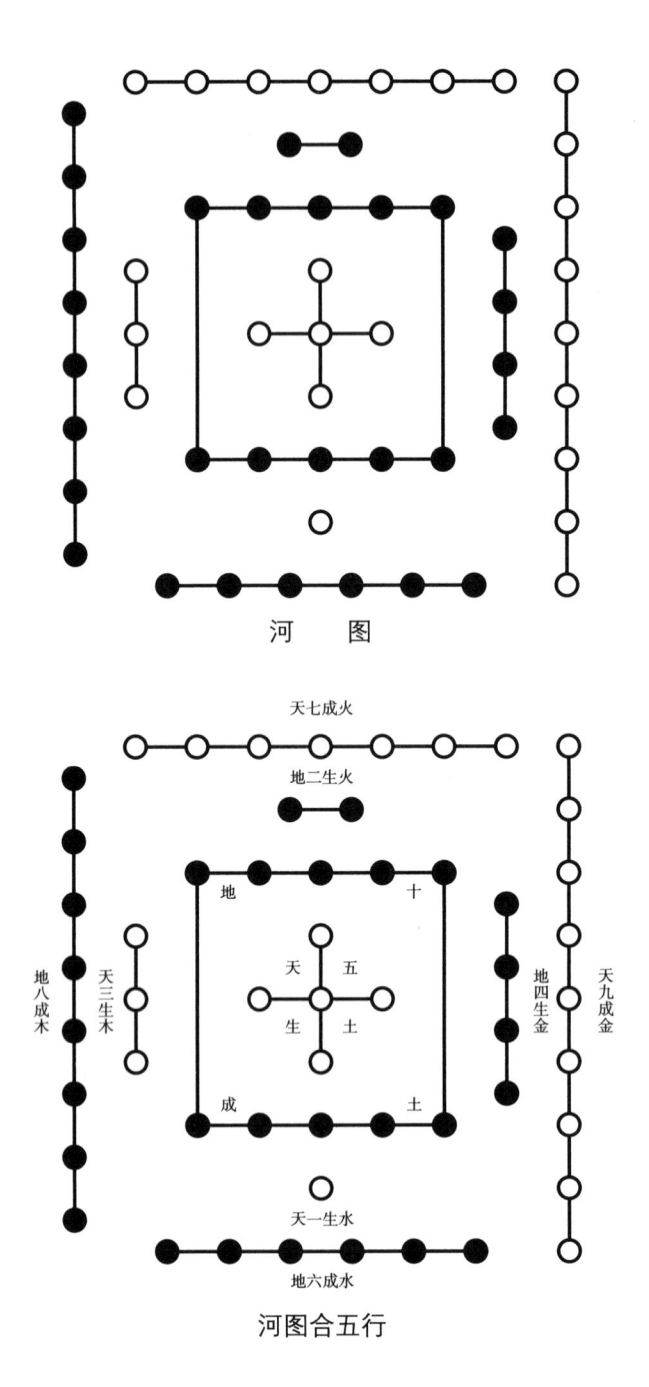

河图合五行

虞翻河图平面图

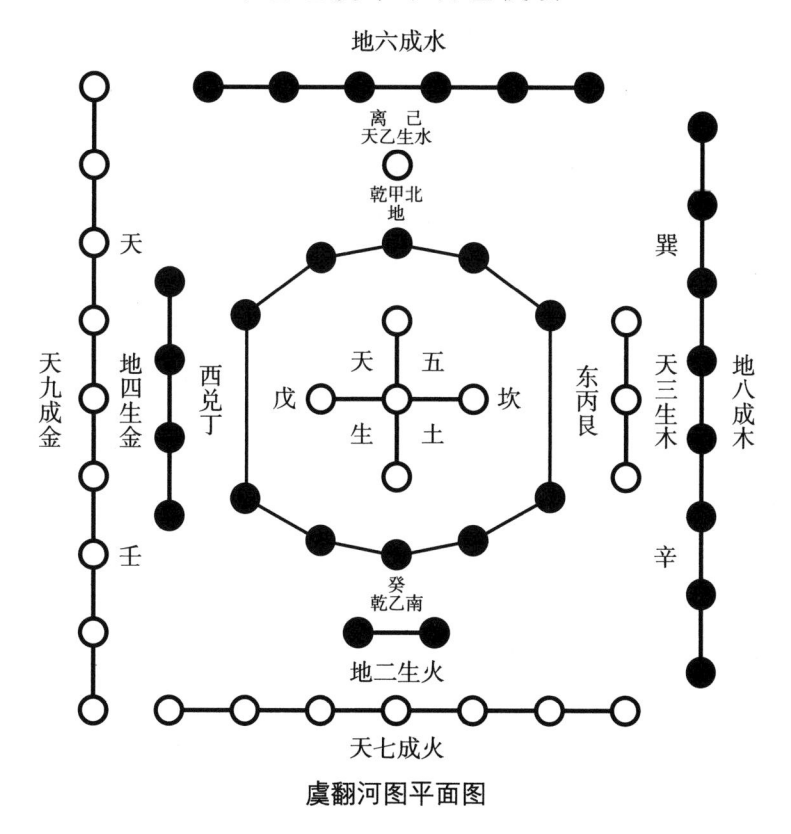

乾之策①，二百一十有六；坤之策，百四十有四。凡三百有六十，当期之日。二篇之策，万有一千五百二十，当万物之数也。

【音注】①策：《汉易》多作"册"。乾为阳，坤为阴，阳用九，阴用六，策即推算用的蓍草。

【义译】乾为阳，乾用九，以四时乘之为三十六；乾卦有六爻，再以六爻乘之为二百一十六策。坤为阴，坤用六，以四时乘之为二十四；坤卦有六爻，再以六爻乘之为一百四十四。乾坤二策相加凡三百六十，相当于一年的日数。《易经》上下二篇六十四卦，共有三百八十四爻，阴阳爻各一百九十二。以阳数三十六，阴数二十四，各乘一百九十二而加之，总计一万一千五百二十，相当于万物之数字。

【象证】此节解释乾坤阴阳之策数，及六十四卦三百八十四爻之总策数，是象征天地、日月、四时、万物之数，明占筮之合于天文、历法、星象也。

陆绩曰："日月十二交会，积三百五十四日有奇为一会，今云三百六十当期，则入十三月六日也，十二月为一期，故云当期之日也。"

侯果曰："二篇谓上下经也，共六十四卦，合三百八十四爻，阴阳各半，则阳爻一百九十二，每爻三十六册，合六千九百一十二册；阴爻亦一百九十二，每爻二十四册，合四千六百八册，则二篇之册，合万一千五百二十，当万物之数也。"

是故四营①而成《易》，十有八变而成卦，八卦而小成。引而伸之，触②类而长之，天下之能事毕矣。显道，神德行，是故可与酬酢③，可与佑神矣。子曰："知变化之道者，其知神之所为乎！"

【音注】①营：经营、操作。　②触：接触。　③酬酢：应对进退，应酬，交际往来。酬，主人向客人劝酒。酢，客人回敬主人。

【义译】所以以"揲之以四"去营求，而构成《易经》占筮的方法，三变即成一爻。卦有六爻，十八变就可以筮成一卦。昔者圣人作《易》，画八卦以括万事万物之象，仅为小成而已。引而推之，顺接其类而推求之，增长之，即构成六十四卦，三百八十四爻，而作成一部《易经》，天下之能事皆尽在此《易经》之中了。故《易经》可以使道术显明于天下，而德行神妙莫测，所以可以应酬于人世之用，而获得神的佑助了。所以孔子说：知道变化道理的人，就能如神明的高深莫测，就能知道神明之所作所为了吧。

【象证】后一句从虞翻之说列入此节之末，以结占筮之神妙。此节述四营成《易》，十八变成卦，总结此章。而通《易》筮者，自可显道神德行；及最善《易》者，可以不占而通神，知神之所为，知神之所不为。至矣哉！尽《易》之道矣。

虞翻曰："引谓庖牺引信（伸）三才，兼而两之，以六画触动也，谓六画以成六十四卦，故引而信（伸）之，触类而长之。其取类也大，则发挥刚柔而生爻也。"

《九家易》曰："阳往为酬，阴来为酢，阴阳相配谓之佑神也。孔子言大衍以下至于能事毕矣，此足以显明《易》道，又神《易》德行，可与经义相斟酌也，故喻以宾主酬酢之礼，所以助前圣发见于神秘矣。礼，饮酒，主人酌宾为献，宾酌主人为酢，主人饮之又酌宾为酬也。先举为酢，答报为酬，酬取其报，以象阳唱阴和，变化相配，是助天地明其鬼神者也。"

第十章

总述《易》有圣人之道四焉。

《易》有圣人之道四焉：以言者尚其辞，以动者尚①其变，以制器者尚其象，以卜筮者尚其占。

【音注】①尚：上也，崇尚。

【义译】《易经》具有圣人之道四种，就是辞、变、象、占。以《易经》来谈论的人，则崇尚《易经》的辞句；以《易经》来创业、来有所动作营为的人，则崇尚《易经》的变化；以《易经》来发明制造器具的人，则崇尚《易》经的象；以《易经》来筮卦占吉凶的人，则崇尚《易经》的占。

【象证】此节述《易》有圣人之道四，即"辞、变、象、占"是也。

崔憬曰："圣人德合天地，智周万物，故能用此《易》道，大略有四，谓尚辞、尚变、尚象、尚占也。"

虞翻曰："圣人之情见于辞，系辞焉以尽言也……乾蓍称筮，动离为龟。龟称卜，动则玩其占，故尚其占者也。"

是以君子将有为也，将有行也，问焉①而以言，其受命也如响②，无有远近幽深，遂知来物。非天下之至精，其孰③能与④于此？

【音注】①焉：之也。　②响：有声之发，有响应者。　③孰：谁也。　④与：参与。

【义译】所以君子将有所作为，将有所行动的时候，探问于《易经》，或参阅《易经》的文本，或用《易经》占筮吉凶，而《易经》即以其六十四卦、三百八十四爻当中的言辞应答，君子即可得吉凶祸福的指南，则受《易》道的指引，如响之应声，无论远、近、幽、深，终于知解将来事物之变化。除非天下最精深最伟大者，谁能如此呢？

【象证】此释"尚辞""尚占"，预知吉凶，而知所趋避。

《尚书·洪范》曰："汝则有大疑，谋及乃心，谋及卿士，谋及庶人，谋及卜筮。"

参伍以变，错①综②其数，通其变，遂成天地之文。极其数，遂定天下之象，非天下之至变，其孰能与于此？

【音注】①错：纵横交错，本为磨刀石之意。 ②综：综合、综核，本为丝交错之意。

【义译】三才五行，或阴阳之数，参合五位的变化，纵横交错统计综核其数字的推演，通达它的变化，终于成就了天地的神妙文采，而《易》中阴阳卦爻的文辞，也由此可以推知了。极尽数字的变化，终以范畴、制定天下万事万物的物象，非天下最神奇变化的人，谁能如此呢？

【象证】此节释"尚变""尚象"，遂成天地之文，定天下之象。卓哉伟矣！

虞翻曰："逆上称错。综，理也。谓五岁再闰，再扐而后挂，以成一爻之变，而倚六画之数，卦从下升，故错综其数。则三天两地而倚数者也。"

《汉书·律历志》曰："三微之统既著，而五行自青始（东方甲乙木，青色、青龙星座。丙丁南方火，红色、朱雀。庚辛西方金，白色、白虎。壬癸北方水，玄色、玄武。戊已中央土，黄色），其序亦如之。五行与三统相错。《传》曰：'天有三辰，地有五行。'然则三统五星可知也。《易》曰：'参五以变。错综其数，通其变，遂成天下之文，极其数，遂定天下之象。'太极运三辰五星于上，而元气转三统五行于下，其于人皇极统三德五事'。"

【笺注】三统者，天地人三才也。周代建子、尚文、尚赤曰天统。商代建丑、尚质、尚白曰地统。夏代建寅、尚忠、尚黑为人统。三辰者，日月星辰。三德者，正直、刚克、柔克。五事者，貌、言、视、听、思。五行者，金木水火土。五星者，木为岁星、金为太白、水为辰星、火为荧惑、土为填星。

《易》无思也，无为也，寂①然不动，感而遂通天下之故。非天下之至神，其孰能与于此？

【音注】①寂：寂静。

【义译】《易经》是一本书本，本身是没有思虑的，是没有动作营为的，是很安详寂静不会动的，是要吾人能感发兴起而运用《易经》，则终于能够通达天下一切的万事万物的缘故。除非天下最神奇美妙的人，谁能如此呢？

【象证】《易》本无思无为寂然不动，吾人能知《易》而用之，则有思有为，能通天下之故而达到于至神之地步。

夫《易》，圣人之所以极深而研几也。唯深也，故能通天下之志。唯几也，故能成天下之务。唯神也，故不疾而速，不行而至。子曰："《易》有圣人之道四焉"者，此之谓也。

【义译】《易经》是圣人极尽幽深、研究神机莫测的一门大学问。正唯它的幽深，所以能够通达天下人的心志。正唯它的神机莫测，所以能够成就天下的大事业。正唯它的神妙，所以能够快速感应，好像看不见其行动，而都能快速到达。孔子说："《易经》有圣人之道四种。"就是指此而言。

【象证】通《易》之圣人，极深研几于《易》，所以能通天下之志，能成天下之务，能具"辞、变、象、占"之功，故"不疾而速，不行而至"。

荀爽曰："谓伏羲画卦，穷极《易》幽深，文王系辞，研尽《易》几微者也。"

第十一章

述《易》所以开物成务、冒天下之道、通天下之志、定天下之业、断天下之疑之故。洗心藏密，知来神武之方；斋戒变通，圣人致用之神。

子曰："夫《易》何为者也？夫《易》开物成务，冒①天下之道，如斯而已者也。"是故圣人以通天下之志，以定天下之业，以断天下之疑。

【音注】①冒：覆冒，包括，统筹。

【义译】孔子说："《易经》是做什么的？《易经》即是开创宇宙万物，成就事业，包括天下的一切道理，如此而已的一门学问。"所以圣人以《易经》通达天下一切人的心志，以《易经》安定天下的事业，并以《易经》决断天下一切的疑问。

【象证】此节述《易》开物成务，可以覆冒天下之道，定天下之业，通天下之志，断天下之疑。

是故蓍①之德圆而神，卦之德方以知，六爻之义易以贡②。圣人以此洗心③，退藏于密，吉凶与民同患。神以知来，知以藏往，其孰能与于此哉？古之聪明睿④知神武而不杀者夫！是以明于天之道，而察于民之故，是兴神物，以前民用，圣人以此斋⑤戒，以神明其德夫！

【音注】①蓍：产于中原地区，多年生草本，用以占卦之筮草。以吸管、筷子、竹子代之亦可。 ②贡：贡献。 ③洗心：汉《易》或作"先心"（如《周易集解》），先知天下人之心。 ④睿：深明通达、超卓高深的智慧。 ⑤斋：祭祀前沐浴、更衣、不喝酒、不吃荤，以示诚敬，曰祭祀之斋。心胸诚敬，一念不生，坐忘心定，曰心斋。

【义译】所以用蓍草占筮时用四十九根，是象征其德性的圆通而神妙；六十四卦的德性是象征着方正有睿智；每卦皆有六爻，其意都是很简易地贡献在我们面前的。圣人以洗涤修炼其心（或解先知天下之心），退藏于深密之处，他的吉凶与百姓同其忧患。《易经》的神妙，足以知道将来变化之理，其智慧足以储藏既往的知识经验，谁能参赞于此呢？唯有古之聪明、深智、神武而不嗜杀人者能如此。所以明晓天的道理，而复能观察百姓的事故，因此天地兴起蓍草的神妙之物，以为民做事之前运用，使趋吉避凶于未做事之前。圣人以此斋戒其心，以神明他德业的幽深吧！

【象证】此节述蓍卦之神知，圣人洗心斋戒，故能聪明睿智，而又神武至仁不杀。

崔憬曰："蓍之数七七四十九，象阳圆；其为用也，变通不定，因之以知来物，是蓍之德，圆而神也；卦之数八八六十四，象阴方，其为用也，爻位有分，因之以藏往知事，是卦之德，方以知也。"

是故阖①户谓之坤，辟②户谓之乾；一阖一辟谓之变，往来不穷谓之通。见③乃谓之象，形乃谓之器。制而用之，谓之法；利用出入，民咸用之，谓之神。

【音注】①阖：合也，关闭也。坤阴的象征。 ②辟：开也。乾阳的象征。

③见：表现、显现。

【义译】《易经》所显现的阴阳变通、器法神妙的道理，随处可见。如以门户来比喻，关起门户来则幽静阴暗，这就是"坤"阴的象征；打开门户来则流畅而光明，此即"乾"阳的象征。一关一开，相续不穷，就叫作"变化"；一开一关，使人们可以自由自在出入往来，无有穷尽，就叫作"成功通达"。显现于外面有物象可观，就叫作"象"；表现于器用，有尺度、大小、长短、方圆各种的形状，就叫作"器具"。制定屋宇之时，即用门户以出入，有法度可寻就叫作"法"；出出入入都利用它，往来不穷，百姓常常利用它而不知，就叫作"神"。

【象证】此节以门户之开关，喻阴阳变通、象器法神之微义。

是故《易》有大极①，是生两仪②，两仪生四象③，四象生八卦，八卦定吉凶，吉凶生大业。

【音注】①大极：即太极。在天地未生之前，浑茫广大，不可得而名象，为万象之根者曰太极。 ②两仪：即天地。天为阳、地为阴，凡天地间两两相生相反、相依相因者，皆两仪之法象。 ③四象：四时。或解为老阴、少阴、老阳、少阳。或解为金、木、水、火。凡宇宙间可以用四表象者，皆四象之象征也。

【义译】所以《易》之原始有太极，太极即阴阳未生、浑茫广大、无量无边，能生一切之气机。太极变而产生天地，是谓两仪。两仪变而产生金木水火，是谓四象。四象变而生天、地、水、火、风、雷、山、泽，是谓乾、坤、坎、离、巽、震、艮、兑八卦。由此八卦相重而产生六十四卦、三百八十四爻，以涵盖宇宙万象，而系之以辞，可以用来断定吉凶，因此有了《易经》。遵循《易经》之道神而明之，即能趋吉避凶，而造就伟大的事业。

【象证】此节明太极、两仪、四象、八卦构成《易经》，用《易经》可以定吉凶、创大业之理。

虞翻曰："太极，太一；分为天地，故生两仪。""四象，四时也；两仪，谓乾坤也。乾二、五之坤成坎离震兑。震春兑秋，坎冬离夏，故两仪生四象。归妹卦备，故象独称天地之大义也。"

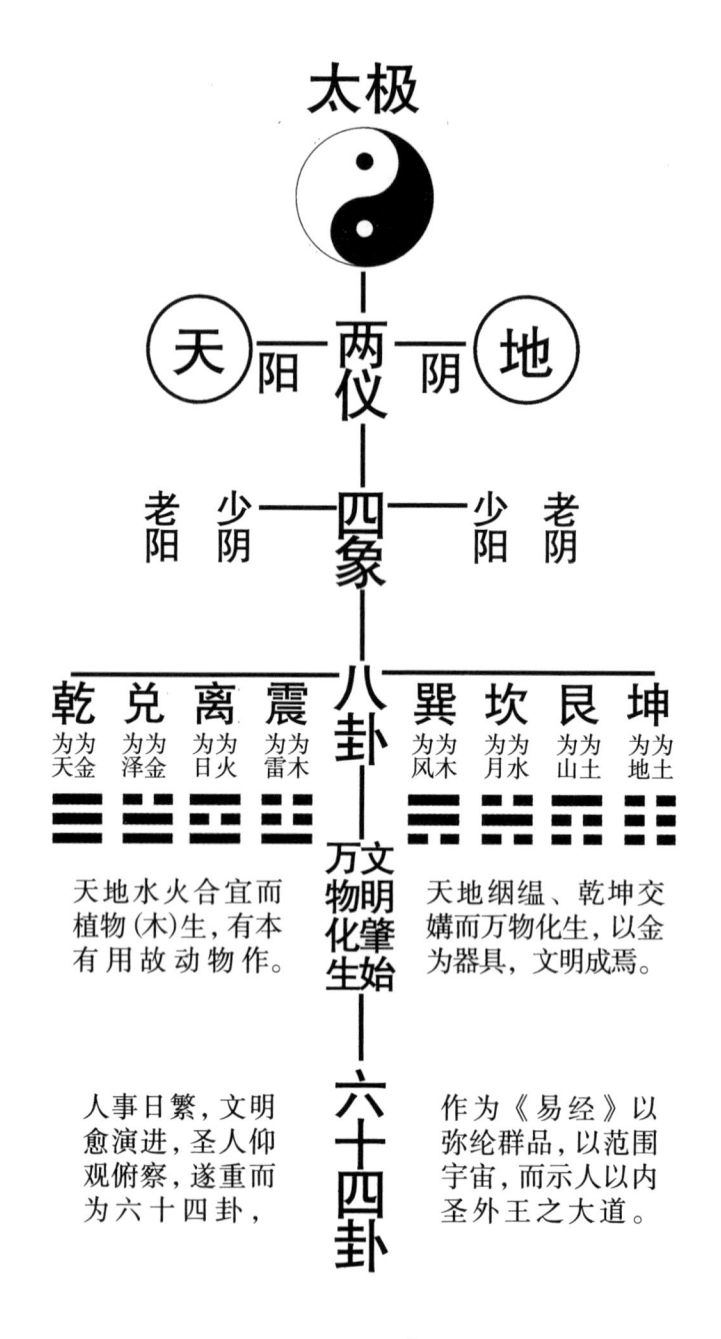

```
                    太极
                    ☯
                    │
        ┌───────────┼───────────┐
       (天)阳──── 两仪 ────阴(地)
        │           仪            │
        │                         │
    ┌───┴───┐   ─四─   ┌───┴───┐
    老   少   ─       ─  少   老
    阳   阴   象         阳   阴
    │    │              │    │
 ┌──┼──┬──┼──┐ 八 ┌──┼──┬──┼──┐
 乾  兑  离  震  卦  巽  坎  艮  坤
 为为 为为 为为 为为    为为 为为 为为 为为
 天金 泽金 日火 雷木    风木 月水 山土 地土
 ☰  ☱  ☲  ☳      ☴  ☵  ☶  ☷
         │      文     │
         │      明     │
  天地水火合宜而  肇  天地絪缊、乾坤交
  植物（木）生，有本 物  媾而万物化生，以金
  有用故动物作。 化  为器具，文明成焉。
                生
                │
                六
                十
                四
                卦
  人事日繁，文明     作为《易经》以
  愈演进，圣人仰     弥纶群品，以范围
  观俯察，遂重而     宇宙，而示人以内
  为六十四卦，      圣外王之大道。
```

是故法象莫大乎天地，变通莫大乎四时，县①象著明莫大乎日月，崇高莫大乎富贵。备物致用，立成器以为天下利，莫大乎圣人；探赜②索隐③，钩深致远，以定天下之吉凶，成天下之亹亹④者，莫大乎蓍龟⑤。

【音注】①县（xuán）：悬挂。　②赜：幽深难见，"啧"之今字，"大呼也。"（《说文》）引申为幽深繁杂。　③索隐：索，搜求，索取。隐，隐藏。　④亹（wěi）：古作"娓娓"，勤勉的事业。　⑤蓍龟：筮用蓍，卜用龟。

【义译】所以可以使人取法的现象，没有比天地更大的了；穷则变，变则通，能推变通以成功的，没有比四时更大的了；悬挂现象，表现光明，照耀天下，没有比太阳和月亮更伟大的了。崇高的事业，没有比天子富贵拥有天下的事业，以及圣人以学问德行为富贵的事业更大的了。具备器物以适人类的应用，设立完成许多各种不同的器具以利益天下的，没有比圣人更伟大的了；探求繁杂的物象，索求幽隐的事理，探求深远的道术，使人获致远大的前途，以决定天下的吉凶，成就天下勤勉的事业的，没有比卜筮所用的蓍草和龟甲更灵验的了。

【象证】法象于天地，变通如四时，功业德行之光辉，如日月，崇高需富贵方能行其抱负。制器致用，探赜研深，定吉凶，成伟业，则在于圣人与蓍龟。

班固曰："天子下至士，皆有蓍龟者，重事决疑，亦不自专。《尚书》曰：'女则有大疑，谋及卿士，谋及庶人，谋及卜筮。'定天下之吉凶，成天下之亹亹者，莫善乎蓍龟。"（《白虎通·蓍龟》）

是故天生神物①，圣人则之；天地变化，圣人效之；天垂象见吉凶，圣人象之；河出图②，洛出书③，圣人则之。《易》有四象，所以示也；系辞焉，所以告也；定之以吉凶，所以断也。

【音注】①神物：蓍龟。　②河出图：伏羲取以画卦（河图注见前）。　③洛出书：大禹由是有《洪范》。洛书者，法龟而作，为奇门遁甲九宫九星之原。《青囊经》曰："中五立极、临制四方。背一面九。三七居旁。二八四六，纵横纪纲。"亦即"戴九履一，左三右七。二四为肩，六八为足，五居中央"。

【义译】所以天生蓍草和龟这些神物，圣人就取用它以定卜筮的方法，为人所取法。天地的变化，圣人就效法它。天垂示物象，现出吉凶的征兆，圣人就取法它。黄河有龙马负图、洛水有神龟负书的祥瑞征兆，圣人于是效法它，运用它。《易》有以上"神物、变化、天象、河图洛书"四象，所以启示圣人作成《易经》；将《易经》六十四卦、三百八十四爻，系之以文辞，所以告诉我们智慧的哲理；复定之以吉凶、悔吝、无咎的征兆，所以断定人事的吉凶祸福，而教人趋吉避凶，以成大业。

【象证】《易》有四象，启示作《易》、因《易》以断吉凶、成大业。

系辞上译注 | 599

孔颖达曰："谓成蓍龟圣人法则之，以为卜筮者也。"

陆绩曰："天有昼夜四时变化之道，圣人设三百八十四爻以效之矣。"

荀爽曰："'天垂象见吉凶，圣人象之'，谓在璇玑玉衡以齐七政也。"

宋衷曰："天垂阴阳之象以见吉凶，谓日月薄蚀，五星乱行，圣人象之。亦著九六爻位得失，示人所以有吉凶之占也。"

孔安国曰："河图则八卦也，洛书则九畴也。"

侯果曰："圣人法河图洛书，制历象以示天下也……四象谓上'神物也，变化也，垂象也，图书也'，四者治人之洪范，《易》有此象所以示人也。"

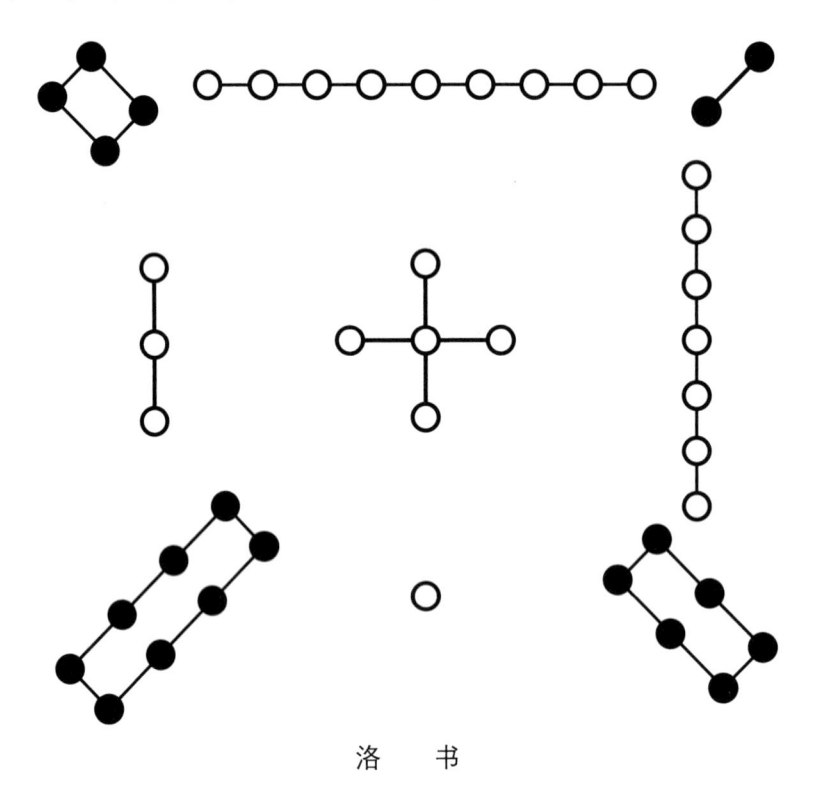

洛　书

【笺注】洛书配先后天八卦之法：

①洛书配后天八卦：一属坎兮二属坤，三震四巽五中宫，六乾七兑八艮九离宫。

②配奇门遁甲八门：一白坎休门，八白艮生门，三碧震伤门，四绿巽杜门，九紫离景门，二黑坤死门，七赤兑惊门，六白乾开门。

天时、地利与三奇、六仪、九星、八门，随时变动，变动不居，周流六虚，不可为典要，唯变所适，运用之妙，在乎贤哲俊杰。

③洛书配先天八卦：乾九、兑四、离三、震八、巽二、坎七、艮六、坤一。

④河图洛书玄空五行，卦运相合：一六共宗水，二七同道火，三八为朋木，四九为友金，五十同涂土。一运贪狼，二巨门，三禄存，四文曲，五廉贞，六武曲，七破军，八左辅，九右弼。

如现公元2004—2023年为八运左辅星值运，次二十年为九运，如此循环不息。一百八十年为阳，一百八十年为阴，合三百六十年为天运一周，万古循环不息。

第十二章

尽人事之信顺而尚贤，变通鼓舞形上形下之道器，善用《易》道而神明其德，以创内圣外王之业。

《易》曰："自天佑之，吉无不利。"子曰："佑者，助也。天之所助者，顺也。人之所助者，信也。履①信思乎顺，又以尚贤也。是以'自天祐之，吉无不利'也。"

【音注】①履：行也，践履也，守也。

【义译】《易经》大有上九爻辞说："从上天获得佑助，完全吉而没有不利。"孔子说："助是扶助的意思。上天所扶助的，是能顺大道规范的人。人们所扶助的，是能笃守诚信，又能崇尚贤能的人。所以就能从上天得到佑助，完全吉利，而没有不吉利的了。"

【象证】履信顺，尚贤能，则得天佑而上吉矣。

侯果曰："此引大有上九辞以证之义也。大有上九履信思顺自天右（佑）之，言人能依四象所示，系辞所告，又能思顺，则天及人皆共右（佑）之，吉无不利者也。"

子曰："书不尽言，言不尽意。"然则圣人之意，其不可见乎？子曰："圣人立象以尽意，设卦以尽情伪，系辞焉以尽其言，变而通之以尽利，鼓之舞之以尽神。"

【义译】孔子说："书是不能完全表达作者所讲的言语的，言语是不能完全表达心意的。"那么，圣人的心意，难道就不能看到了吗？孔子说："圣人树立象数的规范，以竭尽未能完全表达的心意，使人因象以悟其心意；设计六十四卦三百八十四爻，以竭尽宇宙间万事万物情态的真伪；复系以文辞，以尽其所未能表达的言语；又作变化而通之，以竭尽其利；鼓动之，激扬之，以竭大《易》神奇奥妙的能事。"

【象证】书不尽言，故设卦以尽情，系辞以尽言；言不尽意，故立象以尽意。至于变通鼓舞，尽利尽神，则在乎吾人。

虞翻曰："谓书《易》之动，九、六之变不足以尽《易》之所言，言之则不足以尽庖牺之意也。""神，易也。阳息震为鼓，阴消巽为舞，故鼓之舞之以尽神。"

管辂曰："夫物不精不为神，数不妙不为术。故精者，神之所合；妙者，智之所遇，合之几微可以性通，难以言论。是故鲁班不能说其手，离朱不能说其目，非言之难。孔子曰'书不尽言'，言之细也；'言不尽意'，意之微也。斯皆神妙之谓也。"（《三国志·魏书·管辂传》注引《辂别传》）

乾坤①其《易》之缊②邪！乾坤成列，而《易》立乎其中矣。乾坤毁，则无以见《易》。《易》不可见，则乾坤或几乎息矣。

【音注】①乾坤：即天地。乾为阳，坤为阴。 ②缊：即精蕴。

【义译】乾坤就是天地，也就是阴阳的符号，它是《易经》的精蕴呀！乾坤既陈于上下，《易经》的道理也就树立于其中了。如果乾坤毁灭，就没有办法见到《易经》的道理了。《易经》的道理如果不可看到，则天地乾坤的道理也就几乎要熄灭了。

【象证】乾坤，为立《易》之本；《易》者，乾坤之妙用。

虞翻曰："缊，藏也。《易》丽乾藏坤，故为《易》之缊也。"

荀爽曰："毁乾坤之体，则无以见阴阳之交易也。"

是故形而上者谓之道，形而下者谓之器，化而裁之谓之变，推而行之谓之通①，举而错②之天下之民谓之事业。

【音注】①通：成也。 ②错：安置。

【义译】所以在形器之上，无形体度量，抽象不可形，而为万物所共由者，就叫作"道"（今人或谓之"形上学"）。在形体之下，有形体可寻，是具体之物，就叫作"器"。就形上之道，形下之器，变化而裁制之以致用，就叫作"变"。

推而发挥之，扩充之以实行于天下，谓之"通"。举而设施于天下的百姓，就叫作"事业"。

【象证】将形上之道，形下之器，变化而推行之，以之创业成功，推之于民，以成内圣外王之事业。

崔憬曰："此结上文，兼明《易》之形、器、变、通之事业也。凡天地万物皆有形质，就形质之中，有体有用；体者，即形质也；用者，即形质上之妙用也。言有妙理之用，以扶其体，则是道也。其体比用，若器之于物，则是体为形之下，谓之为器也。假令天地圆盖方轸为体为器，以万物资始资生为用为道；动物以形躯为体为器，以灵识为用为道；植物以枝干为器为体，以生性为道为用。"

是故夫象，圣人有以见天下之赜，而拟诸其形容，象其物宜，是故谓之象。圣人有以见天下之动，而观其会通，以行其典礼，系辞焉以断其吉凶，是故谓之爻。极天下之赜者存乎卦；鼓天下之动者存乎辞；化而裁之存乎变；推而行之存乎通；神而明之存乎其人；默而成之，不言而信，存乎德行。

【义译】所以《易经》所谓象，乃圣人见天下万事万物的幽深繁杂，而拟测其形态的所似，象征其物象的适宜，所以谓之"象"。圣人看见天下一切动作营为，而观察它可以会而通之的道理法则，以制定其经常的规范，订成三百八十四种动态的指规，又系以辞以断定它的吉凶，所以谓之"爻"。

极尽天下繁杂之物象的，在于"六十四卦"；鼓动天下的动作营为的，在于六十四卦、三百八十四爻的"文辞"；变而裁之，在乎"变"；发挥而推行之，在于"通达成功"；明其神奇奥妙之道，在乎其人的运用；默默地成就其内圣外王之事业，不形之以言，而天下皆相信，则在于其德行的深厚。

【象证】解象、爻、卦、辞、变、通之微言。吾人能神而明之以立德，则内圣外王之业可成。

系辞下译注

第一章

以简易立本,以变通立业,坚持贞正,理财正辞,居仁由义,以行道业。

八卦成列,象在其中矣;因而重之,爻在其中矣。刚柔①相推,变在其中矣;系辞焉而命②之,动在其中矣。吉凶悔吝者,生乎动者也;刚柔者,立本者也;变通者,趣时③者也。

【音注】①刚柔:阴阳之意。阳为刚、为成、为日。阴为柔、为败、为夜。日往夜来,夜往日来,成极必败,败极必成。 ②命:指示。 ③趣时:适合时宜。趣,音义同"趋"。

【义译】八卦乾为天、坤为地、震为雷、巽为风、离为火、坎为水、兑为泽、艮为山的符号与物象,既成序列,举天地间所有一切的理象,都包含在八卦之中了。八卦虽包含宇宙万象,但仍不足以尽繁杂的人事变化,因此圣人将八卦两两相重,组成六位之卦,每卦有六爻,因而八八六十四卦、三百八十四爻都在其中了。

阴阳刚柔,递相推移,宇宙间千变万化,都在其中了。各卦各爻,圣人都系以文辞,分别指出吉凶的征兆,于是乎人间所有的动作规范,都在其中了。人与人之间,所有吉凶悔吝的产生,是动作营为的结果。阴阳两爻,是设立卦象,以推演宇宙间万事万物之根本。变化通达,正是所以善用时机以趋吉避凶而达建功立业的关键。

【象证】明阴阳八卦为易象之本,变通趣时为立业之方。

虞翻曰:"象谓三才成八卦之象:乾、坤列东,艮、兑列南,震、巽列西,坎、离在中;故八卦成列,则'象在其中'。天垂象,见吉凶,圣人象之是也。"

来知德曰:"八卦行体之象,不特天地雷风水火山泽之象。凡天地所有之象,无不具在其中也。因而重之者,三画上复加三画,重乾重坤之类也。阳极于六,阴极于六,因重成六画,故有六爻八卦……六十四卦如乾为天,乾下变一阴之巽,二阴之艮,三阴之坤是'刚柔相推'也。'系辞'者,系六十四卦三百八十四爻之辞也。'命'者,命其'吉凶悔吝'也;'动'者,人之动作营为,即趋吉避凶也。《易》六十四卦,三百八十四爻,不过一刚一柔,九、六而已。《易》有九、六，是为之本；无九、六，则以何者为本？故曰'立本'。《易》穷则变，变则通，不变则不通；有一卦之时，有一爻之时；时之所在，理之所当然，势不得不然。"（《周易集注》）

吉凶者，贞胜者也。天地之道，贞观者也。日月之道，贞明者也。天下之动，贞夫一者也。

【义译】吉凶的标准，是以正为胜的。吉而行正则吉，吉而不正则凶。凶而正，则可逢凶化吉，或杀身成仁，虽死犹荣；凶而不正，更凶。所以天地的道理，以正而观万物。日月的道理，以正而光明，普照万方，都公正无私，使万物各遂其生，各得其所。天下一切的动作营为，都是归于端正专一，才能有所成就。

【象证】吉凶以正为胜，天地、日月、天下皆正于一，一正百正。

来知德曰："天地有此正理而观，故无私覆无私载。日月有此正理而明，故无私照。天地日月且如此，而况于人乎？故天下之动，虽千端万绪，惟贞夫一，能无欲则贞矣。"惟正故，虽凶亦吉；其正大光明，足以与天地之贞观，日月之贞明，同乎其道矣。故圣人一部《易经》，皆利于正，乃以道配祸福也。

夫乾，确①然示人易矣；夫坤，隤②然示人简矣。爻也者，效此者也；象也者，像此者也。爻象动乎内，吉凶见乎外。功业见乎变，圣人之情见乎辞。

【音注】①确：刚健坚决。　②隤（tuí）：柔顺柔弱的样子。

【义译】乾阳刚之道，很刚健地昭示众人，是非常平易而容易知道的。坤阴柔之道，很柔顺地昭示众人，是非常简易的。圣人制作卦爻，便是效法乾坤简易的道理而作的。卦象的设立，也是模拟象征乾坤简易的道理而作的。卦爻之象，变动于内，吉凶的真象，就表现在外了。进而裁制机宜，导致功业的成就，就表现于变化的神秘了。圣人的心情，在《易经》卦辞爻辞中可以看得很清楚。

【象证】再释《易》阴阳、乾坤简易之理，圣人拟之以作《易》，示吉凶，众人依此建功立业，须以简易为基，变通为用。

天地之大德曰生。圣人之大宝曰位。何以守位？曰仁；何以聚人？曰财。理财、正辞、禁民为非，曰义。

【义译】天地的大德，在于使万物生生不息。圣人的大宝，在于崇高的地位。如何守着职位呢？那就要靠仁爱的道德了。如何招致人群呢？那就要有财物、有经济了。调理财务，端正言辞以正名分，禁止老百姓为非作歹，这就是道义所应做的。

【象证】体上天好生之德，圣人居政要之位，以仁守之，而以经国济民、理财正辞为先。

宋衷曰："守位当得士大夫，公侯有其仁贤，兼济天下。"

陆绩曰："人非财不聚，故圣人观象制器，备物尽利，以业万民而聚之也，盖取聚人之本矣。"

第二章

发明八卦、六十四卦，以通神明之德，以类万物之情，以制器尚象。

古者包牺氏①之王②天下也，仰则观象于天，俯则观法于地，观鸟兽之文③，与地之宜，近取诸身，远取诸物，于是始作八卦，以通神明之德，以类④万物之情。

【音注】①包牺氏：即伏羲氏。　②王：为王于天下，治理天下。　③文：羽毛的文彩，此指生态环境。　④类：比类，归类。

【义译】古时包牺氏治理天下，上则观察天上日月星辰的现象，下则观察大地高下卑湿种种的法则，又观察鸟兽羽毛的文彩及其生态环境和山川、水土地利的适宜，近取象于人的一身，远则取象于宇宙万事万物的现象，于是创作八卦，以融会贯通最高的智慧、神明的德性，参赞天地的化育，以比类归纳万物的情状。

【象证】伏羲发明八卦，乃以六种方法的实验观察、归纳、深思，综合以成。作八卦之目的，在通神明之德、类万物之情。

虞翻曰："庖牺、太昊氏，以木德王天下，位乎乾五，五动见离，离生于木，故知火化、炮啖、牺牲，号庖牺氏也。"

《九家易》曰："艮、兑为山泽也，地有水火五行，八卦之形者也。谓四方、四维、八卦之位，山泽高卑，五土之宜也。"又"六十四卦，凡有万一千五百二十册，册类一物，故曰'类万物之情'。以此庖牺重为六十四卦明矣"。

荀爽曰："（仰则观象于天）震巽为雷风，离坎为日月也……（观鸟兽之文）乾为马，坤为牛，震为龙，巽为鸡之属是也。（近取诸身）乾为首，坤为腹，震为足，巽为股也。（远取诸物）乾为金玉，坤为布釜之类是也。（以通神明之德）乾坤为天地，离坎为日月，震巽为雷风，艮兑为山泽，此皆神明之德也。"

作结绳而为罔罟①，以佃②以渔，盖取诸离。

【音注】①罔罟：皆网也，然"取兽曰罔，取鱼曰罟"（《经典释文》）；罔，"网"之古字；罟，捕鱼的网。 ②佃：捕捉野兽。

【义译】编织绳索做成罗网，以打猎、以捕鱼，是取离卦的象征。

【象证】离为目，离中虚，为罗网象。从太古时代进步到渔猎社会，是取离象。

包牺氏没，神农氏作，斲①木为耜②，揉③木为耒④，耒耨⑤之利，以教天下，盖取诸益⑥。

【音注】①斲（zhuó）："斫"之古字，砍削。 ②耜（sì）：犁头。 ③揉：用火烘木，用水松木，使之曲伸。 ④耒（lěi）：犁柄。 ⑤耨（nòu）：起土除草的器具。 ⑥益：增加；易卦之名。

【义译】包牺氏死后（数百年）神农氏兴起，砍削树木做成犁头，曲转木材为犁柄，以便耕种和除草，创作耒耜的耕作器具，教导人民，使天下增加粮食，大致是取象于益卦的象征。

【象证】人类早先没有农业，现在进步到农业社会，增加了生产，所以取益卦的现象。益卦上巽为木，下震为动，二至四互坤为土，木动于土中，是发明耒耜耕种的现象，故农业的兴起，与益卦的现象相类。

虞翻曰："（没）终，作起也。神农以火德继庖牺王，火生土，故知土则利民播种，号神农氏也……否四之初也（否卦之初与四互换，即益），巽为木、为入，艮为手，乾为金，手持金以入木，故斫木为耜，耜止所逾，因名曰耜。艮为小木，手以挠之，故揉木为耒。耒耜，籽器也。巽为号令，乾为天，故以教天下。坤为田，巽为股，进退震足动耜，艮手持耒，进退田中，耕之象也。益万物者，莫若雷风，故法风雷而作耒耜。"

日中为市，致天下之民，聚天下之货，交易而退，各得其所，盖取诸噬嗑①。

【音注】①噬嗑：☲☳易卦之名。噬，食也。嗑，合也。上离为日，下震为动，日中而动，是古代交易的现象。

【义译】规定中午为买卖的时间，招致天下的人们，聚天下的货物，互相交换所需要的货物，各人各得自己所愿，大致是取象于噬嗑卦的。

【象证】进步到商业社会，聚合天下之人与货，解决食的问题，故取象于噬嗑。上离为日，下震为动，故曰"日中为市"。互体坎艮，坎中男，艮少男，离中女，震长男，"致天下之民"之象也。坎豕、离雉、艮狗、震龙，震为木，为山、为土，坎为水，离为火、为明。震东，坎北，艮东北，离南，"聚天下之货"之象也。

虞翻曰："否五之初也（否卦之五与初互换，即成噬嗑），离象正上故称日中也。震为足，艮为径路，震又为大涂否。乾为天，坤为民，致天下民之象也，坎水艮山，群珍所出，聚天下货之象也。震升坎降，交易而退，各得其所；噬嗑食也，市井交易，饮食之道也，故取诸此也。"

神农氏没，黄帝、尧、舜氏作，通其变，使民不倦，神而化之，使民宜之。《易》穷则变，变则通，通则久，是以"自天佑之，吉无不利"。黄帝、尧、舜垂①衣裳而天下治，故取诸乾坤②。

【音注】①垂：垂下，喻无为而治。 ②乾坤：乾☰为天，坤☷为地。

【义译】神农氏死后，黄帝、尧、舜氏兴起，由于社会演进日趋繁荣，旧日的典章文物制度已不敷使用，所以黄帝、尧、舜氏兴起后，为了使人民过上安定生活，便随着时代而不断改变，通达其变化，使百姓生活不至于刻板而产生厌倦的心思，又能神奇地去变化，使人民能够适应。《易经》的道理，是穷极则变化，变化则能通达，能通达，则能恒久。能循此变通的原则，则何事不成？所以有如大有上九爻辞："得上天的佑助，吉无不利了。"黄帝、尧、舜氏设立文物制度，百官分职，各尽其力，终致天下太平，以至于垂拱而治，无为而成，大致是取象于乾、坤两卦的意象。

【象证】天地无为而无不为，圣人效法它的精神，而致天下太平。

虞翻曰："变而通之以尽利，谓作舟楫服牛乘马之类，故使民不倦也。""神谓乾，乾动之，坤化成万物以利天下。坤为民也，象其物宜，故使民宜之也。""乾为治，在上为衣，坤下为裳，乾坤万物之缊，故以象衣裳，乾为明君，坤为顺臣，百官以治，万民以察，故'天下治'盖取诸此也。"

陆绩曰："穷则变，变则通，与天终始，故可久。民得其用，故无所不利也。"

刳①木为舟，剡②木为楫，舟楫之利，以济不通，致远以利天下，盖取诸涣③。

【音注】①刳（kū）：钻凿，挖掘。　②剡（yǎn）：斩削。　③涣：☴☵易卦之名。上巽为木，可以作舟楫；下坎为水，互震动可航行。

【义译】将木材凿成舟船，削锐木头做成宽平的船楫，使两岸的人，能解决交通问题，互相来来往往，且可以航行至远的地方，便利天下的人，大致是取象于涣卦的象征。

【象证】这是水上交通工具的发明和演进。涣是离散的意思。发明船只，使河流两岸离散的人，能因船而相聚，这是取自涣卦的现象。

《九家易》曰："木在水上，流行若风，舟楫之象也，此本否卦九四之二（即☴☵涣卦也）刳除也。巽为长，为木，艮为手，乾为金，艮手持金，故刳木为舟，剡木为楫也。乾为远天，故济不通，致远以利天下矣。法涣而作舟楫，盖取斯义也。"

服牛乘马，引重致远，以利天下，盖取诸随①。

【音注】①随：☱☳易卦之名。随从，追随。

【义译】征服了牛马，用来拖载重物，奔驰远地，便利世人，大致是取象于随卦。

【象证】这是陆上交通工具的演进。自此有了牛车和马车，于是有了牛马来载物载重，牛马就随人的意思去做，是取之于随卦的现象。三变乾为马，四变坤为牛，上兑为毁折，四、五乾象半见，二、三坤象半见，故"服牛乘马"。乾金为重，震为动，互巽为长、为远，艮手为引，巽为近利市，乾为天，故"引重致远，以利天下"。

重门击柝①，以待暴客②，盖取诸豫③。

【音注】①柝（tuò）：巡更时所击之器具。通常是用两木相击。　②暴客：暴徒，恶人。　③豫：☳☷易卦之名。预备、预防，能预备则能成功，成功则乐矣，故亦解为乐。互坎，坎为盗，故须预防。二、三、四爻互艮，艮为门。初至四互体艮，故"重门"。

【义译】巡逻防御制度的发明，人类设置重门以防备，又击柝巡夜，以防御盗贼的侵入，大致是取诸豫卦的现象。

【象证】这是巡逻防御的警卫设施。

《九家易》曰："下有艮象，从外示之，震复为艮，两艮对合，重门之象也。柝者两木相击以行夜也，艮为手、为小木，又为上持，震为足又为木、为行；坤为夜，即手持橹（柝）木，夜行击门之象也。坎为盗虣（'暴'之古文），水虣长无常，故以待虣客，既有不虞之备，故取诸豫矣。"

断木为杵①，掘地为臼②，臼杵之利，万民以济，盖取诸小过③。

【音注】①杵：舂米的木椎。 ②臼：舂米的容器。 ③小过：䷽易卦之名。稍有所过之意。上卦震为动，互兑为毁折，下卦艮为山、为土，二、三、四爻互巽为木，初、二坤象半见，故"断木为杵，掘地为臼"。

【义译】砍断树木作杵，挖掘地作臼，发明杵臼助万民得以精米为食，大致取象于小过。

【象证】这是精米养生工具的演进。

虞翻曰："晋上之三也（即小过卦䷽），艮为小木，上来之三断艮，故断木为杵；坤为地，艮手持木以阙坤三，故辟地为臼；艮止于下，臼之象也，震动而上，杵之象也，震出巽入，艮手持杵，出入臼中，舂之象也，故取诸小过。本无乾象，故不言以利天下也。"

弦①木为弧，剡木为矢，弧②矢之利，以威天下，盖取诸睽③。

【音注】①弦：弓弦，直的为弦。 ②弧：弓弯的部分为弧。弧的两端用绳子缚着的为弦。 ③睽：䷥易卦之名。违背之意。上卦坎为弧、为弓，二、三、四爻互离为矢、为干戈，二、三与五、上巽象半见，巽为木，兑为毁折，故有作弓矢威服象。

【义译】将柔韧的木条做成弧，将绳子缚成弦，就成弓了。把木材削成箭，用弓箭的利益，来威服天下，大致是取象于睽卦。

【象证】兵器的演进，正是用以威服叛离违背的分子，故取睽䷥卦的现象。

上古穴居①而野处②，后世圣人，易之以宫室，上栋下宇，以待③风雨，盖取诸大壮④。

【音注】①穴居：居于穴内。　②野处：处野外。　③待：防备。　④大壮：䷡易卦之名。上震为雷，下乾为天、为宇，三、四、五爻互兑为泽水。兑反巽为风。

【义译】上古时，冬天则居住洞穴，夏天则处在野外；后世圣人，为了防止风雨及洪水猛兽的侵袭，遂教民建筑宫室，上有栋梁，下有檐宇，以防御风雨。大致是取象于大壮的象征。

【象证】这是屋子的演进。天上有雷雨交加，其势甚壮，解决之法，在发明屋子以避难，故取象于大壮。

古之葬者，厚衣之以薪①，葬之中野，不封②不树，丧期无数。后世圣人，易之以棺椁③，盖取诸大过④。

【音注】①薪：木材。　②封：堆土为坟墓。　③棺椁（guǒ）：古代士人的棺材有两层，内棺而外椁。　④大过：䷛易卦之名，大大超过的意思。上兑为毁折，下卦巽为木；二至五互体乾，乾为衣、为金、为远、为野。

【义译】古时候的丧葬，是用木材厚厚地堆在尸体上面，埋在荒野中，不设立坟墓，也不植树，非常简单，居丧又没有一定的期限。后代的圣人，制定葬礼，换用棺椁以殡丧，大致是取象于大过。

【象证】这是丧礼的演进。养生之具已备于前，送死之礼又备于此。古代中国之文明于此可见。

上古结绳而治，后世圣人易之以书契，百官以治，万民以察，盖取诸夬①。

【音注】①夬：䷪易卦之名。决去，排除。上兑为金，下乾亦为金；初至五互体乾，乾为书契之状。

【义译】上古无文字，结绳以记事，而治理天下，圣人更从而发明文字书契，万民也赖有此书契而有所稽察，不至于误事，是取象于夬卦。

【象证】这是说明文字的演进。

《九家易》曰："古者无文字，其有约誓之事，事大大其绳，事小小其绳，结之多少随物众寡，各执以相考，亦足以相治也。夬本坤世，下有伏坤，书之象也。上又见乾，契之象也，以乾照坤察之象也。夬者，决也。取百官以书治职，万民以契明其事，契刻也。大壮进而成夬，金决竹木为书契象，固法夬而作书契矣。"

系辞下译注 | 613

第三章

又释《易》之《象》《彖》《爻》之意。

是故《易》者，象也；象也者，像也。彖者，材①也。爻也者，效天下之动者也。是故吉凶生，而悔吝著也。

【音注】①材：作才德解。

【义译】所以《易经》就是描述宇宙万事万物的现象的。《易经》的卦象，就是用以拟效宇宙间万事万物的形象的。《彖辞》是解释全卦的意义，说明其卦才卦德（才德）的。每卦六个爻位的安排，都是仿效天下万事万物错综复杂的行动而产生的。因事物的变动得失，而有吉凶的发生，而细小疵病的悔恨，忧虑困扰的灾吝，也由是而显现了。

【象证】崔憬曰："上明取象以制器之义，故以此重释于象，言易者象于万物，象者形象之象也。"

第四章

释阳卦奇，象征君子之道；阴卦耦（偶），象征小人之道。

阳卦①多阴，阴卦②多阳，其故何也？阳卦奇，阴卦耦。其德行何也？阳一君而二民，君子之道也；阴二君而一民，小人之道也。

【音注】①震长男、坎中男、艮少男，为阳卦。　②巽长女、离中女、兑少女，为阴卦。

【义译】本来阳卦适宜阳爻居多，阴卦适宜多阴爻，为何现在反而阳卦多阴，阴卦多阳呢？就以奇偶来说，阳卦为奇为主，例如震、坎、艮卦为阳卦，都是一阳二阴，所以说阳卦多阴。阴卦以偶数为主，如巽、离、兑卦为阴卦，都是二阳一阴，所以说阴卦多阳。（若以阴二划而论，则阳五阴四，亦是阳奇阴偶。）

阴阳两卦，它们的德性象征，有什么不同呢？阳卦象征众多的臣民拥护一位人君，团结一致，这是正人君子的大道。反之，阴卦象征着君多而民少，这就要相互倾轧，以致天下大乱了。这是小人之道。

【象证】此明阴卦耦，象征小人之道；阳卦奇，象征君子之道。

崔憬曰："此明卦象阴阳与德行也，阳卦多阴谓震、坎、艮，一阳而二阴；阴卦多阳，谓巽、离、兑，一阴而二阳也。阳卦一阳故奇，阴卦二阳故耦。谓德行，何可者也。"

仲长统曰："《易》曰：'阳一君二臣，君子之道也；阴二君一臣，小人之道也。'然则寡者，为人上者也，众者为人下者也。一伍之长，才足以长一伍者也；一国之君，才足以君一国者也；天下之王，才足以王天下者也。愚役于智，犹枝之附干，此理天下之常法也。"（《昌言·损益》）

第五章

拟议咸卦九四等爻义。

《易》曰："憧憧①往来，朋从尔②思。"子曰："天下何思何虑？天下同归而殊涂③，一致而百虑；天下何思何虑？"

【音注】①憧憧：往来不定、心意不宁的样子。　②尔：你。　③涂：途径。

【义译】咸卦九四爻辞说："人世间的思虑，往来不定，憧憧万端，熙熙攘攘，你怀着何种思想，你所交的朋党也相续地跟从你的思想，物以类聚。"孔子说："天下有何思想，有何考虑呢？天下同归于一个目标，而所走的途径有所不同；同达到一个好的理想，而有百种不同的思虑。天下有何思考，有何忧虑呢？"

【象证】《汉书·艺文志》："诸子十家……皆起于王道既微，诸侯力政，时君世主好恶殊方，是以九家之术，纷出并作，各引一端，崇其所善，以此驰说，取合诸侯……犹水火相灭亦相生也，仁之与义，敬之与和，相反而相成也。《易》曰：'天下同归而殊涂，一致而百虑。'"

日往则月来，月往则日来，日月相推而明生焉。寒往则暑来，暑往则寒来，寒暑相推而岁成焉。往者屈也，来者信①也，屈信相感而利生焉。

【音注】①信：音义同"伸"，伸张。古代"信"与"伸"同音通假。

【义译】宇宙自然的运行，循环不息。太阳走了，月亮就来，月亮走了，太阳又来；日月往来交替，因而有光明的出现。冬寒去了，暑热就来；暑热去了，冬寒就来；寒暑往来交替，遂有春夏秋冬四时递相推移的岁序。已往的事情比如屈缩，将来的事情比如伸展，屈缩伸张，互相交感而用，而利益的产生，也就在其中了。

【象证】此述阴阳的相与感应、相与推动、相与交替，犹彼成极必败，败而努力，定必成功，循环如此。

阳：昼、日、暑、伸、明、成、起、生、治、兴……

阴：夜、月、寒、屈、暗、败、仆、死、乱、衰……

凡人世间两两相反相生者，皆此阴阳的循环。知此理，则成功伸张之时不值得骄傲，当慎防失败之来临，而预防之不使失败；当失败之时，不必灰心，此天理运行之或然，努力则成功即在目前。

崔憬曰："言日月寒暑往来虽多，而明生岁成，相推则一，何思何虑于其间哉。"

尺蠖①**之屈，以求信**②**也。龙蛇之蛰**③**，以存身也。精**④**义入神，以致用也。利用安身，以崇德也。过此以往，未之或**⑤**知也。穷神知化，德之盛也。**

【音注】①尺蠖（huò）：一屈一伸而行走的虫。 ②信：伸。 ③蛰（zhé）：虫类冬眠。 ④精：专精。 ⑤或：有。

【义译】屈行虫尺蠖把身子屈缩起来，正是养精蓄锐，等待时机的来临，以求伸展行进的准备。龙蛇之类，在严冬酷寒的时候，躲藏在深土里冬眠，以保全它们的躯体。吾人专精地研究微妙的义理，到达神而化的境界，则从心所欲而不逾矩，为的就是学以致用。利用易学所显示的道理，而安治其身，则可以随遇而安，怡然自得，心广体胖，以崇高吾人的德业了。超过此理而有所前往，就没有人能知道了，穷极于神明之高深境界，就能知道宇宙万事万物的变化，这是内圣外王之德的极其盛大了。

【象证】精义入神以致用，利用安身须崇德，穷神知化，内圣外王之极盛者也。

荀爽曰："以喻阴阳气屈以求信（伸）也。"又"出乾之外，无有知之"。

姚信曰："阳称精，阴为义，入在初也。阴阳在初，深不可测，故谓之神，变为姤复，故曰致用也。"

《易》曰："困于石，据于蒺藜①，入于其宫②，不见其妻，凶。"子曰："非所困而困焉，名必辱；非所据而据焉，身必危。既辱且危，死期将至，妻其可得见邪？"

【音注】①蒺藜：草名，茎平卧，有刺。 ②宫：家。

【义译】困卦六三爻辞说："前进受困于坚硬的巨石，后退又依据于多刺的蒺藜上面，异常痛苦。如此进退失据，没有归宿，即使返家，也见不到自己的妻子，这样的凶灾是多么不利。"孔子说："不是自己所应该受困的困境，却是为了欲望而受困，必遭致声名俱裂的恶果。不是自己所应该占据的位置，却占据了，必遭致本身的危机。名辱身危，死亡的日期将到，妻子哪里能见得到呢？"

【象证】以拟议困卦九三爻辞，于所据非位，故遭凶咎。六三从困辱变之大过，为棺椁死丧之象，故死期将至，妻不可得见。

《易》曰："公用射隼①于高墉②之上，获之，无不利。"子曰："隼者，禽也。弓矢者，器也。射之者，人也。君子藏器于身，待时而动，何不利之有？动而不括③是以出而有获，语成器而动者也。"

【音注】①隼：鸷鸟，凶恶似鹰。 ②墉：城墙。 ③括：闭结。

【义译】解卦上六的爻辞说："王公出猎，射鹰隼于高墙之上，并捉获，是无往不利的。"孔子说："隼是禽鸟，弓矢是器具，能执弓矢而射禽兽的是人。君子蕴藏着弘大的才器在身上，等待时机的来临，而有所行动，还有什么不利的呢？君子不鸣则已，一鸣惊人，一有所行动决无闭结与障碍，所以一出必有收获。这就是说，平常蕴蓄积成弘大的才器，然后才可以有所行动。"

【象证】此拟议解卦上六爻辞，须成才器，待时而动，方能解时难济世艰。

孔颖达曰："前章先须安身，可以崇德，故此明藏器于身，待时而动，是有利也。"

子曰："小人不耻不仁，不畏不义，不见利不劝，不威不惩①。小惩而大诫，此小人之福也。《易》曰'屦②校③灭趾，无咎'，此之谓也。"

【音注】①惩：惩戒、警惕。 ②屦：穿着践履。 ③校：刑具。

【义译】孔子说："世上令人感到可耻可畏的是不仁不义，但小人不以不仁为可耻，不怕背弃信义，没有见到利益就不知道劝勉向上，不被以刑罚恫吓，

系辞下译注 | 617

就不知道警戒害怕。能在其犯小过之初，给以小小的惩罚，就能使其得到大大的警戒，不至于酿成滔天大祸，这实是小人的幸运了。噬嗑初九的爻辞说：'最初轻微触犯刑法的人，被加上脚镣的刑具，脚趾被纳入刑具里，足趾都灭没了，虽受刑，但过失尚小，能从此改过自新，也就无咎了。'就是此意。"

【象证】以噬嗑卦初九证不能姑息小人。对小人小惩大戒，乃为政教所应该。

刘向曰："昔尧诛四凶以惩恶，周公杀管蔡以弭乱……孔子斩少正卯以变众。佞贼之人而不诛，乱之道也。《易》曰'不威小，不惩大'，此小人之福也。"（《说苑·指武》）

善不积不足以成名，恶不积不足以灭身。小人以小善为无益而弗为也，以小恶为无伤而弗去也，故恶积而不可掩，罪大而不可解。《易》曰："何①校灭耳，凶。"

【音注】①何：荷也，负荷，担负。

【义译】善行不累积，就不足以成名于天下；罪恶不累积，也不足以灭亡其身。小人做事，完全以利害关系为出发点：以为做出小小的善事，不会得到什么利益，便索性不去做了；以为做些小的错事，无伤大体，便不改过去恶，因此日积月累，邪恶积累盈满天下，以致无法掩盖，罪恶重大，而到不可解救的地步。噬嗑卦上九爻辞说："罪恶深重，刑具已负荷在头部，两耳都被灭没了，这是凶害达到极点的意思。"

【象证】以噬嗑卦上九拟议小人累积罪过，惟日不足，故以灭身。刘备谓阿斗："勿以善小而不为，勿以恶小而为之。"累小善而至大善，则成圣贤君子。内圣外王之道，由是积累而成矣。

《九家易》曰："噬嗑上九爻辞也，阴自初升五，所在失正，积恶而罪大，故为上所灭，善不积，斥五阴爻也。聪不明者，闻善不听，闻戒不改，故凶也。"

虞翻曰："乾为积善阳称名，坤为积恶为身，以乾灭坤，故灭身者也。""小善谓复初""阴息姤至遁，子弑其父，故恶积而不可弇（掩）。""阴息遁成否，以臣弑君，故罪大而不可解也。"

子曰："危者，安其位者也；亡者，保其存者也；乱者，有其治者也。是故君子安而不忘危，存而不忘亡，治而不忘乱。是以身安而国家可保也。《易》曰：'其亡其亡，系①于苞②桑③。'"

【音注】①系：缚。 ②苞：草名，可以编席，其草丛生。 ③桑：灌木，根固而韧，其叶可以养蚕。

【义译】孔子说："凡是遭遇危险的人，都是因为他先前安逸于他的职位。灭亡的国家，是因为先前自以为国家可以长久保存。扰乱的国家，是因为先前自以为已经治好而忽略荒殆，因此国家危乱以致灭亡。所以君子必须居安思危。在安定的时候，不要忘记危险。国家存在的时候，不要忘记也有失败而亡国的时候。治理的时候，不忘祸乱的惨烈。以如此谨慎小心，所以本身安定，而国家可保。否九五爻辞说：'它（指国家而言）将危亡吧？将危亡吧？天下国家的重大，就好像维系在苞桑一样。'是要常常戒慎警惕。"

【象证】以否卦九五拟议居安思危，处存忧亡，在治虑乱，则身安而国可保矣。如谷永对上所问，曰："臣闻王天下有国家者，患在上有危亡之事，而危亡之言不得上闻；如使危亡之言辄上闻，则商周不易姓而迭兴，三正不变改而更用。夏商之将亡也，行道之人皆知之，晏然自以若天有日莫能危，是故恶日广而不自知，大命倾而不寤。《易》曰：'危者有其安者也，亡者保其存者也。'……"（《汉书·谷永传》）

再如刘向上成帝的谏疏云："臣闻《易》曰：'安不忘危，存不忘亡，是以身安而国家可保也。'故贤圣之君，博观终始，穷极事情，而是非分明。王者必通三统，明天命所授者博，非独一姓也……"（《汉书·楚元王传》）

子曰："德薄而位尊，知小而谋大，力小而任重，鲜不及矣。《易》曰：'鼎折足，覆公餗①，其形渥②，凶。'言不胜其任也。"

【音注】①餗：美食，佳膳。 ②形渥：汉儒作"刑剭"，诛杀之刑；古时处决大臣，在室内行刑，叫作"屋诛"。一解作厚大的形器。并参鼎卦。

【义译】孔子说："德性浅薄却身居尊位，才智狭小却图谋大事，力量很小却担当天下的重任，很少有不及于灾祸的。"鼎卦九四爻辞说："鼎足折断，倾覆了公爵的美食，象征着倾覆家国，身遭刑辱，是有凶害的。"这是说才德不足以胜任。

【象证】以鼎卦九四拟议不胜任对国家及本身之凶危。

王符云："季世之臣，不思顺天，而时主是谀，谓破敌者为忠，多杀者为贤。白起、蒙恬，秦以为功，天以为贼；息夫、董贤，主以为忠，天以为盗。此等之俦，虽见贵于时君，然上不顺天心，下不得民意，故卒泣血号咷，以辱终也。《易》曰：'德薄而位尊，智小而谋大，力小而任重，鲜不及矣。'是故德

不称其任，其祸必酷；能不称其位，其殃必大。"（《潜夫论·忠贵》）

子曰："知几其神乎？君子上交不谄^①，下交不渎^②，其知几乎？几者，动之微，吉之先见者也。君子见几而作，不俟终日。《易》曰：'介于石^③，不终日，贞吉。'介如石焉，宁用终日？断可识矣。君子知微知彰，知柔知刚，万夫之望。"

【音注】①谄：媚上。　②渎：不敬。　③介于石：有二解。一，障碍于石之坚刚；二，耿介如石。

【义译】孔子曰："能有先见之明，预先晓得几微的事理，则将达到神妙的境界了吧？君子对上绝不谄媚阿谀，对下绝不傲慢，可说是有先见之明、了达神机的人了吧？几是事情微小的征兆，能预先见到吉利的先见之明。君子能见机遇的来临，能够把握时机而兴起，而有所行动，不必等待一整天。豫六二爻辞上说：'被坚硬的石头阻隔，不必等到一整天才离开，要想当下脱离此境，这是贞固而吉利的。'像被硬石阻隔，应当机立断而离开，何待终日？是断然可以知道认识的了。君子晓得事理的微妙，也知道事理的彰显，知道柔弱的一面，也晓得刚强的一面，能通达而应变自如，就是万众所景仰的万人领袖了。"

【象证】拟议豫卦六二爻义于见几达用，知微知彰，刚柔并用，而养成见几之能，先见之明。

干宝曰："言君子苟达于此，则万夫之望矣。周公闻齐鲁之政，知后世疆（强）弱之势，辛有见被（披）发而祭，则知为戎狄之居。凡若此类，可谓知几也，皆称君子。君子则以得几，不必圣者也。"

崔憬曰："此爻得位居中，于豫之时，能顺以动而防于豫，如石之耿介，守志不移，虽暂豫乐，以其见微而不终日，则能贞吉。"

子曰："颜氏之子，其殆^①庶^②几乎！有不善，未尝不知；知之，未尝复行也。《易》曰：'不远复，无祗悔，元^③吉。'"

【音注】①殆：将。　②庶：近。　③元：大。

【义译】孔子赞赏他的学生颜回说："颜家的这位孩子，要算是知几通达、接近圣人的君子了吧！不善的事情，他从来没有不知道的，一经反省发觉以后，他立即改正，不再犯了。复初九爻辞上说：'迷途了，走到未远的地方，即时回头恢复，便不会有大的后悔，经此警戒，便不致多走冤枉路，而有大吉之喜了。'"

【象证】此以复卦初九赞美颜渊之不贰过、不迁怒、几至圣人矣。

虞翻曰:"几者,神妙也,颜子知微,故'殆庶几'。孔子曰:'回也,其庶几乎?'复以自知。老子曰:'自知者明。'颜回不迁怒、不贰过,克己复礼,天下归仁。"

侯果曰:"复初九爻辞。殆,近也。庶,冀也。此明知微之难,则知微者唯圣人耳。颜子亚圣,但冀近于知微而未得也。在微则昧,理章而悟,失在未形,故有不善,知则速改,故无大过。"

徐干云:"夫才敏过人,未足贵也;博辩过人,未足贵也;勇决过人,未足贵也。君子之所贵者,迁善惧其不及,改恶恐其有余。故孔子曰:'颜氏之子,其殆庶几乎!有不善未尝不知,知之未尝复行也。'"(《中论·虚道》)

天地絪缊①,万物化醇②。男女构精,万物化生。《易》曰:"三人行,则损一人;一人行,则得其友。"言致一也。

【音注】①絪缊:亦作"氤氲"。天地的气氛相感相合、相缠绵之状。絪,麻帛。缊,绵絮。 ②醇:纯粹,朴厚,香醇。

【义译】天地二气互相感应,互相会合,使万物感应精纯完固。万物之中,雄雌阴阳相感,万物始得以生生不息。损卦六三爻辞说:"三人同行,各有主张,行动难以一致,三心两意,势必减损一人的成见。一人独行,一心一德,容易得到志同道合的友伴,同心协力,共患难、共甘苦。"这是说理无二致,天下的事理都归于一致。

【象证】拟议损卦六三,于天地阴阳专心感应之理。

子曰:"君子安其身而后动,易其心而后语,定其交而后求。君子修此三者,故全也。危以动,则民不与也。惧以语,则民不应也。无交而求,则民不与也。莫之与①,则伤之者至矣。《易》曰:'莫益之,或②击之,立心勿恒,凶。'"

【音注】①莫之与:与,助也。莫之与,是莫助之也。 ②或:有。

【义译】孔子说:"君子必先安定其身,然后才可以有所作为、行动。心平气和,先在心中研究,至安易,然后说话。先以诚信待人,建立信誉,决定其交接的大纲,然后才可以对人有所要求。君子能修此三者,有了三项基本修养,与人必能和睦相处,无所偏失而全始全终。冒险地举动,人们不会帮助你、拥护你。用言语去威惧人民,人民也不会去响应你。诚信和恩惠交友,尚未施于人民，竟要对人民有所征发和要求，则人民不会赞助。若无人赞助帮忙，则随时有人会到来伤害你的。所以益卦上九爻辞说：'没有得人助益，有时候会遭人攻击，立心不坚定恒久的人，有凶。'"

【象证】拟议益卦上九于安其身、易其心、定其交，方可得益而保全。

侯果曰："益上九爻辞也，此明先安身、易心，则群善自应，若危动惧语，则物所不与故凶。"

崔憬曰："君子将动有所为，必自揣安危之理，在于己身，然后动也。""君子恕己及物，若于事心难，不可出语，必和易其心而后言。"

第六章

述《易》由乾坤阴阳之合德，而通神明之德，起于忧患衰世，可以显征阐幽，彰往察来，其文字美妙，意旨远大，以正言而断辞，明失得之报。

子曰："乾坤，其《易》之门邪？乾，阳物也；坤，阴物也。阴阳合德而刚柔有体，以体天地之撰①，以通神明之德，其称名也，杂而不越。于②稽③其类，其衰世之意邪！"

【音注】①撰：操作，营为，道也。 ②于（wū）：叹辞。 ③稽：考察。

【义译】《易经》是从乾坤两卦开始，像人们启门而出，乾坤相对，该是《易经》之道所从而出的两扇门吧？乾为阳，坤为阴，阴阳的德性相与配合，阳刚阴柔，刚柔有一定的体制，以体察天地间一切撰作营为之道，以通达造化神明自然的德性。《易经》称述万事万物的名义虽繁杂，但不超越事理。我们考察它创作的事类，大概是衰乱时代所创的意象吧！

【象证】由乾坤阴阳之合德，树《易》之门户，并以之通神明之德，体天地之道。而其称名也，或言物象，或言事变，可说非常复杂，但不曾超越情理之外。由于社会凌乱，政治暴乱，于是圣人考察事物种类，每卦每爻都系上文辞，推陈象理、昭示吉凶，其用意是拯救末俗。

荀爽曰："阴阳相易，出于乾坤，故曰门。""阳物天，阴物地也。"

《九家易》曰："撰，数也，万物形体皆受天地之数也，谓九天数、六地数也。刚柔得以为体矣。隐藏谓之神，著见谓之明，阴阳交通乃谓之德。"

夫《易》彰往而察来，而微显阐①幽，开而当名、辨物②、正言、断辞，则备矣。其称名也小，其取类也大；其旨远，其辞文；其言曲而中，其事肆③而隐；因贰④以济民行，以明失得之报。

【音注】①阐：阐发说明。②当名、辨物：当六十四卦之何卦，辨该卦六爻之何爻，而说明各卦各爻所指的意义。③肆：直截了当，放肆而不隐瞒。④贰：指一阴一阳之道，两仪也，阴阳之符号。

【义译】《易经》彰明以往宇宙万事万物演变的事迹，以体察未来宇宙万事万物事态的演变，而使细微的理则显著，以阐发宇宙的幽深奥秘。我们一打开《易经》，就可以看到每个卦爻有适当的名称，明辨天下万事万物的形态，以正确的言论指陈吉凶变化的道理，推断吉凶祸福、悔吝无咎的辞语，是非常完备的。如其发展是吉，则明确指出是吉象，反之，凶则指出凶象，毫无偏差，可说是完备无缺的了。《易经》文辞中所指的物名，虽似细小，但探取其旨意，却很广大。它的旨意非常深远，它的文辞又非常文雅，它的言辞委曲婉转，旁推侧引，无不中理。就因天地间阴阳两仪相反相生、相依相持、相循环的道理，教导吾人并济助人民的行事，以明辨是非、吉凶、得失的报应，及其相生相应之道。

【象证】此节述《易》之彰往察来、显微阐幽，具备正言断辞，其辞美妙而婉转，含义广大无边，以济民行，以明得失，以知吉凶。其所因者，阴阳两仪之道也。

干宝曰："辨物类也。正言，言正义也；断辞，断吉凶也。如此则备于经矣。"

虞翻曰："神以知来，知（智）以藏往，微者显之，谓从复成乾，是察来也；阐者幽之，谓从姤之坤，是章（彰）往也。阳息出初，故开而当名。"

第七章

圣人因忧患作《易》，殷忧正所以启圣，故孔子三陈九卦之德。

《易》之兴也，其于中古乎？作《易》者，其有忧患乎？是故履，德之基也；谦，德之柄①也；复，德之本也；恒，德之固也；损，德之修也；益，德之裕②也；困，德之辨也；井，德之地也；巽，德之制也。

系辞下译注 | 623

【音注】①柄：器物上所拿的部分，手把，权柄，把柄。　②裕：充裕，宽裕。

【义译】《易经》的兴起，大概是在中古时代吧？创作《易经》的圣人，大概有忧患、有遇到艰难吧？在艰难有忧患意识的时候，正是修德的时候，所以履卦教人行礼，行礼正是确立德行的基础。谦卦教人卑己尊人，谦虚待人，这正是道德的权柄。复卦教人除去物欲，克己复礼，这正是德性的根本。恒卦教人始终如一，恒久不已，这正是道德稳固之所由来。损卦教人减少物欲，惩忿窒欲，这正是修德的功夫。益卦增益的时候，教人迁善改过，这正是德性宽裕可以博施济众的时候。困卦教人处穷困时守着正道，这正是君子小人道德的分辨。井卦教人居下养上，从基层做起，以达到道德之地步。巽卦教人恭顺谦逊，这正是道德的制宜。

【象证】《易》因忧患而起，忧患正所以修德，故以九卦为例，初次陈说九卦修德之理。以为一隅之举。

履，和而至；谦，尊而光；复，小而辨于物；恒，杂而不厌；损，先难而后易；益，长裕而不设；困，穷而通；井，居其所而迁；巽，称①而隐。

【音注】①称：轻重适均，相称。

【义译】履卦履行礼节，就能处世和睦而达到立身行事的准则。谦卦谦虚待人，则愈得他人敬仰，德业自然更加尊贵而光明。复卦克己复礼，虽微小的一阳位于群阴暗昧之下，但不为五阴所掩没，能克制人欲的私情、恢复天理之正气，所以能辨别万事万物的是非善恶。恒卦有长远恒久之心，对事物的繁杂，不会厌倦。损卦惩忿窒欲，起初是很艰难的，以后日久习惯成自然，便容易了。益卦进德修业，可以长久地增裕布施而无需设施。困卦在困境之中，虽困穷，然足以磨炼身心，"困于心、衡于虑，然后作"，故能成功通达。井卦安处于下，而奉公事上，终能升迁。巽卦谦卑恭逊，因时制宜地去称量衡估万事万物的情态，它的高深道理却隐藏其中。

【象证】此节第二次陈说九卦修德之理。

虞翻曰："谦与履通，谦坤柔和，故履和而至；礼之用，和为贵者也。""阳始见故小；乾阳物，坤阴物，以乾居坤，故称辨物。"

履以和行，谦以制礼，复以自知，恒以一德，损以远害，益以兴利，困以寡①怨，井以辨义，巽以行权。

【音注】①寡：少。

【义译】履卦是教人以礼的实践为基础，而和顺地去行事。谦卦是教人谦卑谦虚，是制定礼节的精神。复卦克己复礼，要自知回复本性。恒卦是教人恒久如一，长久其德行。损卦是教人摒除私欲，以修德远害。益卦是教人增兴福利。困卦是教人艰苦奋斗，所以很少有人怨恨他。井卦是教人居下奉上、辨识义理。巽卦是教人顺合时宜，能行权便，当机立断。

【象证】此节第三次陈述九卦以修德之事，来为六十四卦忧患修德、殷忧启圣，作一隅之举，乃孔子教吾人学《易》、用《易》之一方。

《九家易》曰："巽象号令，又为近利；人君政教进退，择利而为权也。《春秋传》曰：'权者，反于经，然后有善者也。'此所以说九卦者，圣人履忧济民之所急行也。故先陈其德，中言其性，后叙其用以详之也。西伯劳谦，殷纣骄暴，臣子之礼有常，故创易道以辅济君父者也。然其意义广远幽微，孔子指撮，解此九卦之德，合三复之道，明西伯之于纣不失上下。"

第八章

《易》以变易为用，总要度其出入，外内知惧，率辞揆方，操其典常。

《易》之为书也不可远，为道也屡①迁，变动不居，周流六虚②，上下无常，刚柔相易，不可为典要③，唯变所适。

【音注】①屡：数。 ②六虚：是六位。初爻至上爻，六爻之位。 ③典要：典常之道。

【义译】《易经》这部书，讲的是经世致用的学问，人生不可须臾疏远。《易经》是以阴阳运行相互推移变化的，故其道常常变迁。它的变动，不拘限于一爻一卦，如乾卦初九是潜龙，九二是见龙，九三是健龙，九四是跃龙，九五是飞龙，上九是亢龙；还有阴阳六爻，外三爻为上，内三爻为下，更互变动，周流于六个爻位之间。从上位降至下位，由下位升向上位，上下没有经常不变的爻位，阳刚阴柔，互相变易，在另一卦爻时，解释又不同，不可固执于一种常态。唯有观其变的所往，才能明白它的道理。

【象证】此节述《易》以变动为用。

侯果曰："居则观象，动则玩占，故不可远也。""六爻刚柔相易，远近恒唯变所适，非有典要。"

虞翻曰："迁，徙也。日月周流，上下无常，故屡迁也。""变易动行。六虚，六位也。日月周流，终则复始，故周流六虚，谓甲子之旬辰巳虚，坎戊为月，离己为日，入在中宫，其处空虚，故称六虚。五甲如次者也。""刚柔者，昼夜之象也。在天称上，入地为下，故上下无常也。""典要，道也。上下无常，故不可为典要。适乾为昼，适坤为夜。"

其出入以度，外内使知惧。又明于忧患与故，无有师保，如临父母。初率①其辞，而揆②其方③，既有典常，苟非其人，道不虚行。

【音注】①率：遵循。 ②揆：忖度。 ③方：义理，道。

【义译】《易经》之理，启示我们出入进退、内外往来都要合于法度。或在外以安边定国，匡济天下；或在内以正心诚意，修身齐家。皆使我们知道戒惧谨慎，以免除灾祸。同时又明了忧患的原因，虽无老师保姆在旁，却似父母亲临自己面前，不致有过越颠损。最初遵循辞义，以揆度卦爻之道理所在，就有经常的法则，可让我们恪遵不二了。《易》学是一门经世致用的学问，若非笃信《易》道的人，则《易》道也不能凭虚为他而行。

【象证】此节述用《易》之要，在出入以度，外内知惧，初循其辞，而揆其方，以操其典常。

侯果曰："率修'方'道也。言修《易》初首之辞，而度其终末之道，尽有典常，非虚设也。"

干宝曰："言易道以戒惧为本，所谓惧以终始，归无咎也。外为丈夫之从王事，则夕惕若厉；内谓妇人之居室，则无攸遂也。虽无师保切磋之训，其心敬戒，常如父母之临己者也。"

韩康伯曰："明出入之度，使物知外内之戒也。出入犹行藏，外内犹隐显，遁以远时为吉，丰以幽隐致凶，渐以高显为美，明夷以处昧利贞，此外内之戒也。"

虞翻曰："出乾为外，入坤为内，日行一度，故'出入以度'；出阳知生，入阴惧死。神以知来，故明忧患；知以藏往，故知事故。'作《易》者其有忧患乎！'"

第九章

述圣人撰述六爻之法及六爻的特质，启示学者以学《易》的理则。

《易》之为书也，原始要终，以为质①也。六爻相杂，唯其时物②也。其初难知，其上易知，本末也。初辞拟之，卒成之终。
若夫杂物撰③德，辨是与非，则非其中爻④不备。噫！亦要存亡吉凶，则居可知矣。知者观其彖辞，则思过半矣。

【音注】①质：本质，要素。　②时物：时机是指卦。物，是事，指爻。　③撰：述也。　④中爻：二、三、四、五爻在中，故谓之中爻；或特指第二爻在内卦之中，第五爻在外卦之中。来知德以指互卦，即二、三、四爻构成一卦；三、四、五爻互成一卦。互卦有九种，详卦例。

【义译】《易经》这部书，是探求万事万物的始终，以成其根本要素的一本书，有六十四卦、三百八十四爻，以包括万事万物的要素。一卦分为六爻，虽六爻阴阳刚柔相杂不一，但只要观察处在何等时机（卦），何等事物（爻），便可以判断吉凶了。初爻是很难了解的，它的上爻容易知道，因初爻为根本，卦的形体尚未形成。而上爻为卦末，全卦形体已经具备，含义自然容易领会，先拟测初爻的文辞，再顺此以推，顺爻位次序，立二、三、四、五爻的文辞，最后终于立下上爻的文辞。

至于阴阳杂陈、撰述宇宙万事万物的德性，辨别是非，必须加上二、三、四、五中爻，互相审度观察，才能完备。若想要探存亡吉凶的大要，就在平常居处中推求也可得知了。聪明贤达的人，看看《彖辞》，再加以综合的思考，则大半可知道了。

【彖证】此节述圣人撰述爻辞的方法。吾人学《易》在就其时（卦）物（爻）原始要终，既探初爻上爻的精意，亦辨中爻之幽旨，更探《彖辞》的大意，则思过半矣。至于吉凶存亡的大要，则在平时居处时观测。

侯果曰："本末初上也，初则事微，故难知；上则事彰，故易知。""失在初微，犹可拟议而之福；过在卒成，事之终极，非拟议所及，故曰卒成之终。假如乾之九三，噬嗑初九，犹可拟议而之善，至上九则凶灾不移，是事之卒成之终极，凶不变也。"

干宝曰："一卦六爻，则皆杂有八卦之气，若初九为震爻，九二为坎爻也，或若见辰戌言艮、巳亥言兑也，或若以甲壬名乾，以乙癸名坤也，或若以午位名离，以子位名坎；或若德来为好物，刑来为恶物，王（旺）相为兴，休废为衰。""初拟议之故难知，卒终成之故易知，本末势然也。"

虞翻曰："质，本也。以乾原始，以坤要终，谓原始反终，以知死生之说……阴阳错居称杂，时阳则阳，时阴则阴，故唯其时物，乾阳物，坤阴物。"

二与四同功而异位，其善不同：二多誉，四多惧，近也。柔之为道不利远者；其要无咎，其用柔中也。三与五同功而异位：三多凶，五多功，贵贱之等也。其柔危，其刚胜邪？

【义译】第二爻与第四爻，同属于阴柔的功用，它们所居的时位的好处不同：二是大夫之位，在内卦之中，远应于居五爻的君王，为县长、市长级的高级公务员，所以多荣誉；四是诸侯之位，为太子、部委省长的高位，却多担心惧怕，这是因为接近于五爻的君王。阴柔之道，柔顺之人，致远不易；所以不利于远者，只要没有咎害便可以了。用柔之道，要使柔顺居中（一顺百顺，允执厥中，尽善尽美，像六二以阴居阴位，处内卦之中，多能获得吉利）。第三爻与第五爻同属于阳刚的功用，但位置不同：三居三公之位，为部委首长之职，日理万机，赞襄四之诸侯与五之君王，一有凶咎，灾害先及，故多凶；五居天子之位，故多功，这是因为贵贱的等第不同。六爻的吉凶，在其所处的时物位置而有不同，并不一定阴柔之爻就危险，而阳刚之爻则优胜（比如得正阳刚之亡国君，不如阴爻未居正位之阴柔之民）。

【象证】初为士农工商之位，上为宗庙隐士之位，不在官阶政权上故未叙入。二为大夫之位，多誉；三为三公之位，多凶；四为诸侯之位，多惧；五为天子之位，多功。至于阳刚阴柔，则变动不居，周流六虚者。非阴之多危、阳之必胜也，阴阳乃平等者也。阴则以"一顺百顺"为则，阳则以"无欲则刚"为用，"壁立千仞，无欲则刚"为阳的精神，"海纳百川，有容乃大"为阴之度量，两者皆宜存天理之正气，去人欲之私情。人人如此则国治天下平，世界进大同矣。

崔憬曰："此重释中四爻功位所宜也，二主士大夫位，佐于一国，四主三孤、三公、牧伯之位，佐于天子，皆同有助理之功也。"案：二者大夫位卑，四者孤、公、牧、伯位尊，故有异也。

崔憬曰："二、四皆阴位，阴之为道，近比承阳，故不利远矣。"案：二是阴违阳，虽则不利其要或有无咎者，以二柔居中，异于四也。

崔憬曰："三诸侯之位，五天子之位，同有理人之功，而君臣之位异者也。"案：三处下卦之极，居上卦之下，为一国之君，有权威之重，而上承天子，若无含章之美，则必致凶。五既居中，不偏贵，乘天位，以道济物，广被寰中，故多功也。此备参考。

第十章

述三才之位、阴阳之位，与说卦第二章同，可互参。

《易》之为书也，广大悉①备，有天道焉，有人道焉，有地道焉。兼三才而两之②，故六；六者，非它也，三才之道也。
道有变动，故曰爻；爻有等，故曰物；物相杂，故曰文；文不当，故吉凶生焉。

【音注】①悉：完全。　②兼三才而两之：六画之爻，初、二为地位，三、四为人位，五、上为天位。三才，天、人、地。三画之卦，初爻为地，中爻为人，上爻为天。

【义译】《易经》这部书，广大完备，有天道、人道、地道。独阴独阳不能生长，故兼天、地、人三才而两之，天则有阴有阳，地则有柔有刚（水陆），人则有男有女（有仁有义），所以有六爻。六爻非有其他的缘故，乃描述天、地、人三才之道而已（初、二地位，三、四人位，五、上天位。阳爻曰九，阴爻曰六。初、三、五阳位；二、四、上阴位）。

《易经》之道，变动不居，而周流于六位之间的奇偶两画，故称之为爻。爻有刚柔、大小、远近、贵贱的等次，好像物类的不齐，所以称之为物。阴阳两物交相错杂，似青黄两色相兼，所以称之为文。各卦各爻，阴阳参杂，时位有当与不当，于是就产生了吉凶之象。

【象证】三才之位，三画卦，初为地位，二为人位，三为天位；六爻则初、二地位，三、四人位，五、上天位。凡阳爻曰九为奇，阴爻曰六为偶。阴爻居阴位，阳爻居阳位，谓之当位，或曰得正；反之谓之不当位，或曰不得位。不

当位、不得正，则有凶的趋向；得正、当位者，则有吉利的趋向。惟犹需看其时物（卦爻）而定。（请参看《说卦》第一、二章）

陆绩曰："天道有昼夜日月之变，地道有刚柔燥湿之变，人道有行止动静吉凶善恶之变，圣人设爻以效三者之变动，故谓之爻者也。"

干宝曰："爻中之义，群物交集。五星四气，六亲九族，福德刑杀，众形万类，皆来发于爻，故总谓之物也。象'颐中有物曰噬嗑'，是其义也。其辞为文也，动作云为，必考其事，令与爻义相称也；事不称义，虽有吉凶，则非今日之吉凶也。故元亨利贞而穆姜以死；黄裳元吉，南蒯以败，是所谓文不当也。故于经则有'君子吉，小人否'，于占则王（旺）相之气，君子以迁官，小人以遇罪也。"

第十一章

述《易》兴于文王，惧以终始，其要无咎，此《易》之道也。危者使平，易者则倾，此《易》之理也。

《易》之兴也，其当殷之末世，周之盛德邪？当文王与纣之事邪？是故其辞危。危者使平①，易者使倾②。其道甚大，百物不废③。惧以终始，其要无咎，此之谓《易》之道也。

【音注】①平：平安。　②倾：危，倾覆。　③废：弃，遗。

【义译】《易经》之兴起，大概在商代的末期，周德正盛的时期吧？当文王和纣王时代的事情吧？所以文王所系的文辞，皆含有警戒危惧的意旨。常常居安思危，戒慎恐惧，操心危虑患深的人，必能化险为夷，得到平安。反之安逸懈怠，得意忘形，骄傲自恃，把事情看得太容易的，必遭致倾覆。《易经》的道理是如此广大，凡百事物，都包括无遗。始终不懈，自始至终，时存戒惧谨慎，最重要的就是保持平安不败，无有灾害，这就是《易经》的道理呀。

【象证】《易》起于文王，是其在忧患意识之中所作，故多危惧之辞。能操心危虑患深者，必成功，如文王是也；安易懈怠，荒废不知进取者必败，如商纣是也。故《易》示人"惧以终始，其要无咎"。如此戒惕，斯可保身安邦，立不败之地，图可成之基，成可久可大之业。

陆绩曰："文王在纣世，有危亡之患，故于《易辞》多趋危亡，本自勉济，建成王业，故《易》爻辞'危者使平'，以象其事。否卦九五'其亡其亡，系于苞桑'之属是也。易，平易也。纣安其位，自谓平易而反倾覆，故《易》爻辞'易者使倾'以象其事。明夷上六'初登于天，后入于地'之属是也。"

越王勾践以丧亡之余而霸越亡吴，此"危者使平"也。唐玄宗富盛之极，反以不终，此"易者使倾"也。故"其道甚大，百物不废"。《易》之兴也，唯当文王与纣之事，是故玩其辞，往往有警戒危惧之意，盖危惧必得平安，慢易必至倾覆。

第十二章

以《易》阴阳乾坤易简之理，作成《易经》，以知未来，以成事业。以六爻相感相取而知吉凶、悔吝、利害，以变动而趋利，以和谐仁智，以观人以知言。

夫乾，天下之至健也，德行恒易以知险；夫坤，天下之至顺也，德行恒简以知阻。能说①诸心，能研诸〔侯之〕虑②，定天下之吉凶，成天下之亹亹③者。是故变化云为④，吉事有祥，象事知器，占事知来。天地设位，圣人成能。人谋鬼谋，百姓与能。八卦以象告，爻象以情言，刚柔杂居而吉凶可见矣。

【音注】①说：悦。 ②能研诸虑：本又作"能研诸侯之虑"。为君王者以《易经》知其臣下之思虑。 ③亹亹：亦作"娓娓"，勤勉之事业。 ④云为：言行。

【义译】乾为天、为刚健，它是天下最刚健的；刚健的德行，在于恒久而平易，且无私意，所以可以明照出天下危险的事。坤为地、为阴柔，是天下最柔顺的；柔顺的德行，在恒久而简静，故可以明察天下烦壅阻隔的原因。易学的道理，能使身心和悦，能专门研判所有的思虑（一解：能研究他臣下诸侯的思虑），能断定天下吉凶悔吝的事理，能成就天下勤勉不息的事业。

所以，在天地阴阳变化下，无论人类言行举止如何，吉利的事情，必有吉祥的征兆。观察万事万物的现象，就知道各种事类的器宇或材具，未来尚未显现的事机，也可以由占卜而知未来将发生的详情。天地间万事万物，皆有一定的法则和位置，圣人仿之，演成《易经》的理象，所以成就参赞造化的才能。圣人以人的谋略智能作成《易经》，而达到鬼神高深莫测的智谋，民众学《易经》，也可以参与此能事了。八卦是告诉我们宇宙人生万事万物的现象，爻辞和象辞告诉我们宇宙间阴阳变化、事物消长的情态；刚柔两爻互相错杂，排列在六个爻位之间，它的时位也因而有当与不当，因此吉凶的征兆便可由此见到。

【象证】此述《易》乾坤阴阳简易的至德，演成《易经》，能定天下的吉凶，成勤勉的事业，虽百姓亦与能焉。吾人只在平时象事知器、占事知来，便可考验吉凶的人世。

变动以利言，吉凶以情迁①。是故爱恶相攻而吉凶生，远近相取而悔吝生，情伪②相感而利害生。凡《易》之情，近而不相得则凶。或害之，悔且吝。

【音注】①迁：迁移，改变。 ②情伪：实情与虚伪。

【义译】"变动"是指有利益才去变动而言的；"吉凶"的推迁，是随着实情常理而定的。处世合理则吉，反之，违背实情常理则陷入凶害。所以，贪爱和憎恶两种不同的情感，相互交攻，必有得失，于是有吉凶的产生。或远或近，不得其道，而任意相争、相取的话，就会有悔恨困吝的事情产生。事有真假虚实，若以真实相感应，则有利益而吉，若以虚伪相感应，则祸害应运而生。如以实情和虚伪相感应，格格不入，利害的冲突便发生了。凡《易》理的情况，以相互和谐为主，若近而不相和谐、不相协调，必有乖违的灾害而产生凶险的事情。甚至有自外来的伤害，因而蒙受后悔和困吝。

【象证】所谓变动，以成功有利为言者也。吉凶视实情之贞正与否而变。人世之间，七情六欲相感、相攻、相取，而有吉凶、悔吝、利害的产生。总以和谐合群、明德亲民为归，则不致有悔吝而受害矣。

此节指六爻之间的阴阳刚柔当位与否、相应不相应、得正不得正之相互关系。若不得正位，不和谐，则宜变正，宜变而通之以尽利。至于其吉凶，则尤须以实情守正为断。

凡初、三、五为阳位，二、四、上为阴位，阳爻（—）曰九，阴爻（- -）曰六。阳爻居阳位（初九、九三、九五），阴爻居阴位（六二、六四、上六），则曰"当位"，曰"正"，曰"得位"。阴爻居阳位（初六、六三、六五），阳爻居阴位（九二、九四、上九），则不正，不当位矣，不当位则宜变动方有利。

凡初九与六四、六二与九五、九三与上六，阴以应阳，阳以应阴，曰"应"。阴阳得正以交相感应，则吉而多助。

凡初六与九四、九二与六五、六三与上九，阴阳虽未得位，而能相应焉，则得助，其吉凶则宜视实情及贞正与否而定。其九二与六五，刚柔得中以相应，泰半得吉。

凡相近之爻曰"比"，或阳以比阴，或阴以比阳，其吉凶、悔吝、利害，视其相攻、相取、相感之是否相得而定，和谐则吉，不然则否，甚至有害，或得悔吝焉。

凡一爻在另爻之上曰"乘"。若阴柔乘在阳刚之上，不相得则"凶"。若阳爻乘在阴爻之上，则曰"据"，多得和谐之助。

凡一爻在另爻之下曰"承"。阴在阳下，能上承于阳，犹下级上承于上级，能以正而相承顺焉，则多吉。

凡初与四、二与五、三与上，未得正位、不能相应，则往往以变动使得正而相应，以取吉利。

若本欲相应，而中间或隔于二，或三、或四、或五，遂使不得相感应，曰"隔"。

至于初者士位、二者大夫之位、三者三公之位、四者诸侯之位、上者宗庙隐士之位，本多应当应于五者天子之位者也，而二、三、四之机会为多。四以近于五之天子，而多惧；三以三公极盛之位，或远或近于五之天子，而多凶；二以远臣得中，而多吉；上则在功名之外，以贞正自怡得吉；初则位卑，以守正为吉。

二、三、四欲应于五之君位，或相与阻隔焉，亦曰"隔"。总之，人世所有的现象，皆可在六爻之中显现。

崔憬曰："远谓应与不应，近谓比与不比，或取远应而舍近比，或取近比而舍远应，由此远近相取，所以生悔吝于《系辞》矣。"

韩康伯曰："近况比爻也，《易》之情，刚柔相摩、变动相逼者也。近而不相得，必有乖违之患也，或有相违而无患者得其应也；相须而偕凶，乖于时也。随事以考之，义可见矣。"

将叛者其辞惭，中心疑者其辞枝①，吉人之辞寡，躁人之辞多，诬善之人其辞游②，失其守者其辞屈。

【音注】①枝：分枝。　②游：虚浮。

【义译】将要阴谋叛变的人，说话时定有惭愧的神色。心中疑惑的人，说话语无伦次像树枝一样错杂分枝。有教养的吉利的人，言辞真善，故很少说话。轻浮躁急的人，喜欢多说话。诬害善良的人，心中不安，故言不由衷，他的说辞便浮游不定。亏待职守的人，他的言辞多屈折而不伸。

【象证】 此节《易经》教吾人知言之方。孟子说："我知言，我善养吾浩然之气，其为气也，至大至刚，以直养而无害，则塞于天地之间，其为气也，配义与道，无是馁也，是集义所生者，非义袭而取之也。""诐辞知其所蔽，淫辞知其所陷，邪辞知其所离，遁辞知其所穷。"与之有异曲同工之妙。夫惟养其浩然之气，方能知言知人。"

侯果曰："凡心不相得，将怀叛逆者，辞必惭恶（自愧也）。"又"中心疑贰，则失得无从，故枝分不一也"。"躁人烦急，故辞多。""失守则沮辱而不信，故其辞诎也。爻有此象，故占辞亦从矣。"

崔憬曰："妄称有善，故自叙其美，而辞必浮游不实。"

虞翻曰："（将叛者其辞惭）坎人之辞也，近而不相得故叛；坎为隐伏将叛，坎为心，故惭也。（中心疑者其辞枝）离人之辞也，火性枝分，故枝疑也。（吉人之辞寡）艮人之辞也。（躁人之辞多）震人之辞，震为决躁，'恐惧虩虩，笑言哑哑'，故多辞。（诬善之人其辞游）兑人之辞也，兑为口舌诬乾，乾为善人也。（失其守者其辞屈）巽人之辞也，巽诘诎，阳在初守，巽初阳入伏阴下，故其辞诎。此六子也，离上坎下，震起艮止，兑见巽伏，上经终坎离，则下经终既济未济；上系终乾坤，则下系终六子，此《易》之大义者也。"

杨诚斋曰："大抵歉于中者必愧于外。秦武阳色变，而荆轲为之辞谢是也。故曰'将叛者其辞惭'。将有言于人，而逆疑其不售，必左右其说以尝之，此不有售焉，则彼必售矣。商鞅之说孝公是也。故曰'中心疑者其辞枝'。直情无所烦言，至正无所揣摩。申公之对武帝是也。故曰'吉人之辞寡'。躁，竞也，人而躁竞，则危言以眩世而无所忌，强聒以撼人而不能已，能令人厌，亦能令人喜；厌者察其空空，而喜者意其有挟也。淳于髡之见梁惠王，连语三日三夜是也。故曰'躁人之辞多'。小人之疾君子也，而欲毁君子也，必深匿其毁之之迹，疾之愈甚，则毁之愈缓，或显誉其人而阴寓其忮；或泛为之说以旁见其意，故毁行而人不悟。公孙弘之谮董仲舒、汲黯是也。故曰'诬善之人其辞游'。人之心未有无所主者，所主者义乎，攻之者愈众，而主之者愈坚；所主者不义乎，外必周为之防，而内必深窒其隙。幸而遇庸人，虽欲攻之，莫知其所以攻之者；不幸而遇智者，先得其隙而入之，逆夺其防而据之，则一语而折。夷之之见孟子是也。故曰'失其守者其辞屈'。"（《诚斋易传》）